陈翰武 教授

1954年生。1993年武汉大学中文系研究生毕业，留武汉大学任教。一直从事“演讲与口才”的教学与研究工作。

曾获武汉大学“首届红枫艺术节辩论大赛”冠军队中最佳辩手，2002年被评为“湖北省语言文字先进个人”，2005年获得中华教育艺术研究会颁发的最高奖励“铸魂金杯奖”。近年来被湖北省暨武汉市多家单位聘为主题演讲赛评委和教练，辅导对象多获佳绩。

主编《演讲与口才》、《实用演讲教程》、《中外优秀演讲辞赏析》，参编演讲类专著多部。

现为中华教育艺术研究会理事，国家级普通话测试员，武汉大学全校通识课“演讲与口才”的主讲教师。

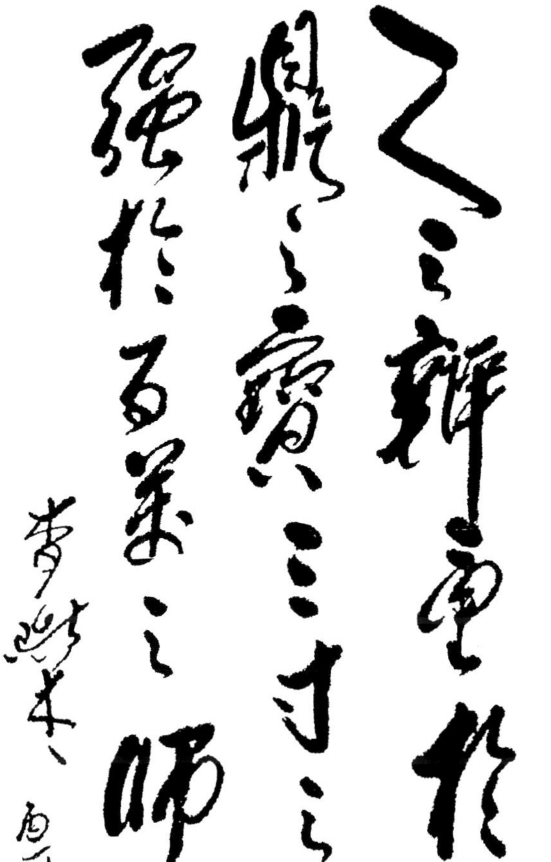
人之辯重於九鼎之寶三寸之舌強於百萬之師

语言沟通艺术

陈翰武 / 编著

WUHAN UNIVERSITY PRESS
武汉大学出版社

图书在版编目(CIP)数据

语言沟通艺术/陈翰武编著．—武汉：武汉大学出版社，2006.1
(2015.8 重印)
ISBN 978-7-307-04753-2

Ⅰ.语…　Ⅱ.陈…　Ⅲ.人间交往—语言艺术　Ⅳ.C912.1

中国版本图书馆 CIP 数据核字(2005)第 117828 号

责任编辑：王雅红　陶洪蕴　　责任校对：王　建　　版式设计：支笛

出版发行：**武汉大学出版社**　(430072　武昌　珞珈山)
(电子邮件：cbs22@whu.edu.cn 网址：www.wdp.com.cn)
印刷：崇阳县天人印刷有限责任公司
开本：880×1230　1/32　印张：11.5　字数：306 千字　插页：2
版次：2006 年 1 月第 1 版　　2015 年 8 月第 7 次印刷
ISBN 978-7-307-04753-2/C·153　　定价：18.00 元

内容提要

本书内容包括语言沟通概说和语言沟通的构成要素、语体、有效方法（第一章至第四章）以及按沟通对象分类的沟通实务（第五章至第十二章）。本书在阐述沟通实务时，按不同对象分类，同时应用心理学、文化学、伦理学、语言学、公共关系学等学科理论成果，富有哲理地阐述了不同环境、不同目的条件下沟通的具体要求。本书说理晓畅，例文丰富，博采众长，集知识性、趣味性、实用性于一体。

目　录

序　　言 ………………………………………………… 刘吉(1)

第一章　语言沟通概说 ……………………………………… (1)

语言沟通溯源 …………………………………………… (1)
语言沟通的社会功能 …………………………………… (3)
语言沟通的个人意义 …………………………………… (4)
语言沟通的特点 ………………………………………… (7)
语言沟通的基本原则 …………………………………… (9)

第二章　语言沟通的构成要素 ……………………………… (26)

语言沟通的构成和形式 ………………………………… (26)
语言沟通的层次 ………………………………………… (30)
语言沟通与社会环境 …………………………………… (38)
语言沟通与时空场合 …………………………………… (39)
语言沟通的对象 ………………………………………… (45)
语言沟通的双方关系 …………………………………… (48)

第三章　语言沟通的语体 …………………………………… (51)

口语体、书卷体、通用体范畴的形成 …………………… (51)
汉语的书卷体 …………………………………………… (56)
汉语的口语体及通用体 ………………………………… (62)
语音　词语　句子 ……………………………………… (79)

修辞与逻辑技巧 …………………………………………………… (88)

第四章 语言沟通的有效方式和方法 ………………… (99)

语言沟通能力表现 ……………………………………………… (99)
语言沟通的有效方式 ……………………………………… (109)
语言沟通的有效方法 ……………………………………… (130)

第五章 职 场 沟 通 ……………………………………… (143)

求职面谈沟通的技巧 ……………………………………… (143)
与上级有效沟通的技巧 …………………………………… (157)
与同事和谐沟通的技巧 …………………………………… (170)
与下属真诚沟通的技巧 …………………………………… (183)

第六章 交 友 沟 通 ……………………………………… (196)

择友有标准 …………………………………………………… (196)
沟通有诚意 …………………………………………………… (199)
沟通有忌讳 …………………………………………………… (205)

第七章 恋 爱 沟 通 ……………………………………… (208)

爱是心灵的语言沟通 ……………………………………… (208)
会意、赞美与幽默 ………………………………………… (210)
约会、赴约及禁忌 ………………………………………… (214)
求爱、拒绝及争吵 ………………………………………… (219)

第八章 家 庭 沟 通 ……………………………………… (225)

夫妻语言沟通 ……………………………………………… (225)
长辈与晚辈的沟通 ………………………………………… (230)
晚辈与长辈的沟通 ………………………………………… (233)
婆媳关系的沟通之道 ……………………………………… (236)

家庭角色沟通 …………………………………………… (241)

第九章 师 生 沟 通 …………………………………… (244)

授课的语言沟通 ………………………………………… (244)
课堂提问与导课的技巧 ………………………………… (264)
与学生个别谈话及家访诀窍 …………………………… (270)

第十章 商 务 沟 通 …………………………………… (285)

商务沟通的一般技巧 …………………………………… (285)
商务沟通的心理要素 …………………………………… (297)
商务沟通的变通法则 …………………………………… (300)

第十一章 媒 体 沟 通 ………………………………… (305)

采访的访问原则 ………………………………………… (305)
采访的沟通技巧 ………………………………………… (307)
主持人的沟通之道 ……………………………………… (316)
好主持的语言奥妙 ……………………………………… (319)
电话通讯语言艺术 ……………………………………… (323)

第十二章 应 酬 沟 通 ………………………………… (328)

介绍 ……………………………………………………… (328)
称呼 ……………………………………………………… (331)
拜访 ……………………………………………………… (336)
迎访 ……………………………………………………… (338)
问候 ……………………………………………………… (341)
探望 ……………………………………………………… (342)

第十三章 沟通中的非语言因素 ……………………… (345)

语言沟通的空间位置 …………………………………… (345)

语言沟通的面部表情 …………………………………(350)
语言沟通的身体动作 …………………………………(352)
语言沟通的副语言 ……………………………………(354)

后　　记 ………………………………………陈翰武(355)

参考书目 ……………………………………………(357)

序　言

当今社会，人们的联系日趋广泛，人与人之间的沟通越来越频繁。随着以人为本的文化理念的深入以及和谐社会构建的需要，人们越来越趋向“软语言”交流。得体语言、礼貌语言是对人际沟通的要求；从缺点中看出优点，火猛的批评中流露出深情，更有“良药未必苦口”的新论，从另一方面给沟通展示了难度，使人们越来越关注语言的沟通了。

当开口说话时，张口结舌、脸红心急、言不尽意是件遗憾的事，巧舌如簧、夸夸其谈、言过其实也会适得其反；而落落大方、言为心声、一语中的自然使你的沟通达到目的，人际关系得到改善，生活增添色彩，工作生机无限。

良好的语言沟通足以立身，足以成事。常言道：“病从口入，祸从口出”、“良言一句三冬暖，恶语伤人六月寒。”会说话的人具有强大的亲和力，能迅速与人打成一片，往往三言两语达到目的，从而获得成功的乐趣。

敏捷的思维、出众的智谋、渊博的知识、机敏的反应、清晰的表达等，并非一日之功，这要求人们必须有心、有志、有恒然后才会有得。同时，人际沟通是生活中必不可少的，不是先学好了再说，而是边说边学。从简单沟通做起，说话之余留心反省，日有所增，滴水也可穿石。

在知识经济时代，有关语言沟通的书籍也不少，值得一读。作者正是阅读之时心有所得，汇聚平日所遇、所思，分类凑成全书，以添饭后谈资。

编著者

2005 年 8 月 28 日

第一章　语言沟通概说

语言沟通溯源

人类用以沟通的工具和手段是多种多样的，如语言、文字、旗语、信号灯、电报代码、音乐舞蹈、体态语等。但在人类历史中，应用最广、使用人数最多、表达内容最丰富的，应该首推语言。

历史上人们对语言沟通的产生有多种解释，也曾赋予其许多神秘的色彩，使其具有许多离奇的传说和记载。

最早的学说认为语言是由上帝或神创造的。上帝创造语言的学说反映了当时人们的认识水平。随着人类认识水平的不断提高，我们发现神或者上帝创造语言的学说显然是没有科学依据的。

语言沟通的产生，还有一个关于“语言雨”的传说。传说认为，最初每个人都是哑巴，人们相互往来和表示意思都用手势、眼色、表情、动作等，他们当时发出的声音也只是简单的呼喊和吼叫。有一年发生大旱，地干裂，人干渴，人们连呼喊吼叫的力气也没有了。忽然有一天天空下起了大雨，干渴的人们高兴得手舞足蹈，每个人都张大了口来饮雨水解渴。这雨很奇怪，不但解了大家的渴，还向人们浇灌了许多词语。等雨一停，大家都能张嘴说话了。而且，人们还发现不同地区下了不同颜色的雨，饮用红色雨水的人和饮用白色雨水的人，彼此说着互相听不懂的话；而饮用同一种颜色雨水的人却都能听懂对方所讲的话。

当然，这个传说只是人们对语言沟通这一社会现象的一种想象性解释。虽然荒诞，它却反映了古代人对语言产生的思考和猜测，同时也反映了在古代就有许多不同的语言种类，而且也反映了人们需要语言沟通就像久旱求雨那样的渴望心情。

语言的产生真是一个不解之谜吗？随着人们对人类社会发展研究的不断深入，这个谜已经被逐渐揭开了。

语言既不是天上掉下来的，也不是其他什么神奇力量创造的，而是人类在创造自身的过程中诞生的。马克思、恩格斯在论述语言的本质时曾深刻指出："语言是从劳动中并和劳动一起产生出来的"①，这是因为"这些正在形成中的人，已经到了彼此间有什么非说不可的地步了"② 而产生出来的。由于原始人劳动和相互交往的需要，语言作为人与人之间的沟通媒介，就随之产生了，而且在不同地域、不同社会环境中，所形成的语言也有所不同。语言存在于人类这个群体中，存在于人们的语言沟通中。离开了人类，离开了人们的语言沟通，语言是不可能存在的。从沟通的角度来研究语言和从运用语言的角度来研究沟通一样，都是主要解决人们怎样说话的问题。

人类语言的产生需要两个方面的必备条件：1. 社会交往的需要；2. 生理条件，这个条件要求人们能发出音节分明的声音。原始人在长期劳动过程中产生了互相要说点什么的需要，正像恩格斯所说的那样，到了"非说不可"的地步，这种需要便会引起器官本身的适应性变化。直立行走，解放了呼吸器官——喉头和胸腔，使得人们可以更自由地运用肺和声带，并使口腔、喉部气流的通道形成了一个直角，从而可以发出各种不同的声音，音节分明的语言就此得以产生了。

---

① 恩格斯：《自然辩证法》（1873~1883），《马克思恩格斯全集》第20卷，人民出版社1972年版，第512页。

② 恩格斯：《自然辩证法》（1873~1883），《马克思恩格斯全集》第20卷，人民出版社1972年版，第512页。

当然，劳动创造语言说，是仅就人类初期而言的；然后这种语言一代代地传下来，在遗传和充而用之的共同作用下成为现代人类今天的语言形态，并且还将不断地丰富和发展。因此，我们现代人的语言不再需要如人类初期语言的产生那样一番过程，我们后天的任务有两个：一个是唤醒，一个是充而用之。具体来讲，即是唤醒我们的语言，唤醒我们的语言能力，并且在运用和积累中总结规律，丰富和发展我们的语言，提高和完善我们的语言能力。

语言沟通的社会功能

世界万物因交换能量而存在、变化和发展，宇宙万物在相互吸引、排斥与中和中保持动态平衡。语言沟通是能量交换的一种方式。人要在社会中协调，就要交往，就要沟通，语言因此而出现、存在和发展。语言存在于沟通之中，沟通之外没有语言。

语言产生于劳动，服务于沟通。沟通的目的是为了便于人们在劳动中合作，语言沟通究其原因是产生于并服务于合作需要。

作为社会现象，语言沟通对社会发展具有重要意义。

一方面，语言沟通是发展社会生产力、促进社会进步的必要前提和重要条件。

生产本身总是以个人之间的交往为前提的，而语言沟通又是人与人之间交往的最便捷的手段。因此，即使是原始社会的简单生产也离不开人们的语言沟通。沟通不仅直接影响着生产力的发展，而且还和生产一起决定着社会结构，促进人类社会不断向更高层次发展。这是因为结构本身就是各种要素间的联系。一个国家、民族乃至家庭，它们的内在结构都将随着人们生产和沟通的扩大而不断地变化。例如，在原始社会，由于沟通主要局限于以家庭为核心的部落内部，所以，这时的社会结构只限于家庭结构的扩大。随着生产力的发展和沟通范围的扩大，原始部落所有制逐步被奴隶制所代替，原始部落制结构也随之逐渐被奴隶制社会结构所代替。依次类推，封建制社会结构代替奴隶制社会结构，资本主义社会结构代替封建制社会结构，社会主义社会结构代替资本主义社会结构，都是社会生产力的发展和对外沟通范围不断扩大的结果。

另一方面，语言沟通还能够提高社会群体的向心力，增加社会群体的凝聚力，进而使整个社会变得和谐而健康。

我们明显地感受到，在一个家庭中，如果人们之间的语言沟通频繁，关系融洽，就能使每个人的健康而合理的心理需要得到不同程度的满足，从而使每个人都保持心情舒畅，家庭群体也就能因此保持一个宽松而和谐的氛围；如果在一个家庭中彼此之间的沟通很少，慢慢地人们就会因为相互之间不够了解和理解而产生误会，最终导致关系冷漠或紧张，每个人都会多多少少地感到孤独，家庭也就会因此充满压抑冷漠的气氛。以小见大，一个社会也是如此。十年“文革”中的情景，有些老年人谈起来似乎还历历在目；当时人人自危，他们害怕接触，避免沟通。实践证明，越是这样就越易加深人们相互之间的猜忌与隔阂，最终使整个社会都处于一种紧张的、压抑的、不正常的状态之中。

语言沟通的个人意义

人是属于社会的，离不开社会；人对社会的依赖，在很大程度上体现在人与社会的沟通之中。人没有了沟通，就会产生孤独等一系列的失落感，有的甚至会失去生命。语言沟通对于个人来说具有极为重要的意义

首先，语言沟通是人的最基本的需要，除个别语言残障者外，它一般会伴随着人的一生。

每个人都有需要，并且人的需要是多样的。美国心理学家马斯洛曾经把人的各种需要归纳为五个层次，按其重要性和先后次序分别为：生理需要、安全需要、交际需要、尊重需要和自我实现需要。在马斯洛看来，交际是人的最基本的需要之一。人是属于社会

的，这决定了他们本能的、强烈的归属感，因此他们渴望与他人沟通。古人说，植物有情不能动；动物有情而且能动，其中高等的还有义；人，有情有义、能动而且有理智，能够思考，因此人的需要不仅有物质方面的，更要有精神方面的。人们在相互之间需要进行信息的交流、思想的交流和情感的交流，而人们的这些精神需求正是通过语言沟通来得以满足的。

其次，语言沟通能促进人的身心健康，促进人的个性向积极的方面发展。

培根曾说：如果你把快乐告诉一个朋友，你将得到两份快乐；而你如果把忧愁向一个朋友倾吐，你将被分掉一半忧愁。这是他以一个哲学家的身份对语言沟通功能所做的部分概括。一般来说，语言沟通对于人的身心健康的作用主要表现为：通过他人的帮助减少个体心理上的痛苦；通过宣泄自己的愤怒或悲愁，减少自己心理上的压力，如果把自己的担忧诉说给他人还能够减少自己心理上的恐惧感，等等。

社会心理学家对语言沟通与人的身心健康之间的关系还进行过更加具体的研究。美国学者摩根曾在普林斯顿大学做过一次限制语言沟通的实验。他请一些学生单独住进悄然无声的封闭小屋中，并在里边放置了各种美味佳肴。学生们尽可自由吃喝，但没有任何东西可以阅读欣赏。这相当于切断了他们与外界进行语言沟通的一切渠道（阅读欣赏也是一种与外界交流的方式）。这几个学生在小屋中待了两天就拼命地敲打墙壁，要求出来。据说他们被放出来以后，所有的人都神情呆滞、表情麻木，动作也不协调了，并且经过很长一段时间的调整才得到恢复。这个实验表明，个人一旦脱离社会，失去交流，就会给身心健康造成非常严重的伤害。

再次，语言沟通还能使人们增长知识、广博见闻。

人们是在与外界沟通中获得信息、增长见识的。最典型的例子之一，就是我们都非常熟悉的蒲松龄和他的《聊斋志异》。小说《聊斋志异》就是蒲松龄在与外界进行广泛的语言沟通中创作出来的。据有关资料记载，蒲松龄在写《聊斋志异》的时候，曾在大道旁边开设了一个茶馆。人们路过这里讲了故事，就算是交了茶水费。通过这种方式，蒲松龄搜集到了大量的民间传说故事，增长了见闻，加深了对社会现实的深刻认识，从而为他日后有力地揭露社会黑暗的创作积累了丰富的素材。

日常生活和工作中的我们也是如此，如果我们多听、多看、多阅读，我们就比那些少听、少看、少阅读的人了解更多的知识和社会见闻。听、看、阅读的过程是我们在语言沟通中吸取的过程，说到底是一个吸收能量的过程。我们的知识多了，见闻广了，本领就自然增强了，我们的能量也自然就大了。当然，沟通其实是一个双向互动的过程，我们在听、看、阅读的同时，我们也在说、在做，提供给别人听、看；有时我们也在写、在创作，提供给别人阅读。从一个较高的角度看，这是一个前后结合在一起的、完整的沟通过程。万事万物时时刻刻都处在沟通过程当中，不同的只是频度的高低，高低不同的频度决定了万事万物的发展速度。人的语言沟通是众多沟通形态中的一种，它的频度的高低会直接或间接地影响到一个人发展进步的速度。

最后，语言沟通还是促进或加速事业成功的因素之一。

一个人取得事业上的成功需要很多因素，如聪明、勤奋、知识、胆略、机遇等，而沟通也是事业成功的一个重要因素之一。在20世纪初，美国就有人提出：一个人在事业上的成功，只有15%依靠业务技术，另外85%要依靠人际关系和处世技巧。而在这85%中，它很大程度上又取决于一个人的语言沟通能力。西方国家一直把语言沟通能力作为衡量人才的一个重要标准，他们还认为口才是发明创造的重要因素。所以，许多厂家在招聘各类人员、特别是高级技术人员时，都要进行口试。现在我们国内也是如此。口试，表面上是考察一个人的语言表达能力，而它的背后表现出的往往是一个人的综合素质和能力水平。

现代社会有太多的场合需要语言沟通能力，又有太多的机遇需要人们具备聪慧的头脑和良好的语言沟通来把握。杨澜曾经在《别误解我——杨澜自述》中，陈述自己考取中央电视台节目主持人的经过：考试中，主考官突然问她："你敢不敢穿三点式泳装?"这在当时是个很敏感的问题，无论回答"敢"还是"不敢"，效果可能都不是很好。她机敏地避开正面回答，巧妙地回答道："服装和社会生活有着密切关系。若是到海滨浴场，穿三点式未尝不可；若是在乡间小路、旅店客栈穿三点式，就不免显得对人不尊重。这不是敢不敢的问题，而是合适不合适的问题。"杨澜当时的出众表现和巧妙回答为她后来在强手如云的应聘者中，成功当选为中央电视台的节目主持人奠定了坚实的基础。

语言沟通的特点

语言沟通是人们相互联系、相互合作的一种手段和方式。从本质上看，语言沟通是一种社会现象，具有社会性；从形式上看，语言沟通是个体之间的具体行为，因此具有个体性；从过程上看，语言沟通是不能由单独一方完成的，即使直接面对的语言沟通对象不是人，它也必定存在着一个客体。比如阅读，我们阅读的过程也是一种语言沟通的过程，在这一过程中我们直接面对的沟通对象或者说沟通客体是语言文字，而实际上我们沟通的真实对象仍旧是隐藏在语言文字背后或者说存在于语言文字其中的人——该语言文字的作者。由于时空的限制，我们只是以这种中介的方式与作者进行语言沟通，进行信息交流、思想交流或情感交流。就此而言，语言沟通还具有双向性的特点。

语言沟通具有社会性，这是因为：第一，人类的沟通都是在一定的社会条件和时空场合下进行的，不同的社会条件和时空场合决定着语言沟通的具体方式和风格。第二，语言的社会性决定了语言沟通的社会性特点。语言随着社会的产生而产生，随着社会的发展而发展，社会性是语言的本质特点之一。第三，语言沟通的双方

——人具有社会性，也决定了语言沟通的社会性特点。人要生存，就要创造生存条件，以求得物质生活和精神生活需求的满足。所以，人与人之间势必发生互助、合作、竞争或敌对等各种接触关系，单个人是无法生存的。在原始社会，人们以打猎为生，如果相互之间不接触联系，就会被野兽掠取；在现代社会，分工越来越细，如果人们不互相往来，生活就难以进行，生产就无法发展。事实上，正是由于语言沟通，人们才互相联系起来，形成不同的群体，形成人类社会。

语言沟通具有社会性特点，这是从本质上对语言沟通进行分析得出的结论。而从语言沟通的具体形式上看，任何语言沟通又都有个体性特点。首先，无论是语言沟通中哪种形式的沟通都是通过个体来实现的，离开了个体的脑力和体力劳动，任何沟通都无法进行。其次，任何语言沟通都要最终落实在具体的个体之间。无论是国家间的、民族间的还是党派之间的沟通活动，也都是通过个人之间的语言沟通来实现的。分别属于不同群体的某两个人，常常会因为他们之间语言沟通的频繁以及良好人际关系的建立，从而使两个群体之间的关系得到发展、密切或改善。再次，语言沟通的出发点和归宿是个人的需要和对需要的满足。很多社会需要归根结底是由个人需要产生的，最终需要的满足也要落实到具体的个人身上。语言沟通能力的个体性最终需要的满足还体现在不同个体语言沟通能力的差异上。个人在社会经历、文化素质、从事职业以及气质、性格、教养等方面不同，所形成的思想意识、价值观念、生活习惯、兴趣爱好等就都会有所差异，人与人之间的语言沟通也会表现出各自不同的特点和水平。

语言沟通还有双向性特点，这是由沟通的特点决定的。沟通说到底是一种交流、交换，要做到交换必须有交换的双方或者两端，他们是对立统一的双方。最一般意义上的与人沟通，就是你说我听，然后我说你听，这是一种最显在的交换。它有时是信息交换，有时是情感交换，实质上都是能量交换。自言自语也是语言沟通，只不过此时信息的发出者和信息的接收者合二为一，两端归为一体，主客集于一身，是一种自我交换。

语言沟通的基本原则

合作原则

语言是为了沟通，而沟通无论是最初还是现在，其最终目的在一定程度上都是为了合作。合作和礼貌不同，礼貌不应该是语言沟通合作原则中的下位原则。有的沟通可能缺少形式上的礼貌但却是诚意要合作的，有的沟通礼貌有加，却是不合作的态度，甚至有时候越是表现得礼貌就越是代表着一种不合作的倾向。这是因为，礼貌其中的一个功能便是创造沟通双方之间的社会距离。

《演讲与口才》杂志 2001 年第 10 期上曾经有这样一篇文章，题目叫做“学会合作”。① 文章写道：

“加拉帕戈斯群岛中有一个叫品左思的岛屿，岛上生存着一群莺鸟，它们以仙人掌的花粉、果实和种子为食，故名食掌莺。

仙人掌开花的季节，有些食掌莺把公共区域那些尚未开放的花瓣用爪子撕开，然后用嘴扯开柱头，这样就可以吃到藏在花蕊里的花粉了。当然，它们并没有破坏自己地盘上的仙人掌。

柱头断了，仙人掌不能结果，无法形成种子，食掌莺也就有了断粮的危险。品左思岛上只有十几只这样‘聪明’的莺鸟，它们捷足先登，只是为了品尝其他莺鸟吃不到的花粉，它们竟以这种方式自取其亡。有一年大旱，再加上大面积的仙人掌因断了柱头不能结果，这导致品左思岛上的食掌莺全军覆灭。

食掌莺的悲剧让人深思，而另一个故事则令人感动。

---

① 《演讲与口才》，2001 年第 10 期，第 20 页。

在沙漠中有一口摇水井，它奇迹般地成为旅行者的生命之泉，这一切都缘于它有一条不成文的规则——为后来者留足一碗水。一碗水足可解燃眉之急，但人们总是把它灌进摇水机引水，吸上水后再留一碗。来来往往的旅行者都自觉地遵守着这一规则，因此一碗水成就了永不枯竭的水源。

生存是一门艺术，它的第一法则就是合作。急功近利、因一己之私而践踏合作法则，从短时间看是损人利己，从长远看却是害人害己，自取灭亡，比如食掌莺；相反，则不仅照顾和维护了别人，别人也会感恩并回报给我们一份善意，我们因别人而受益，别人也会因我们而受益。

是的，有人说，学会生活必先学会合作，而这种合作其实是一种发自内心深处的善意、关怀和配合。例如：

一对夫妻在商店的柜台前。妻子问丈夫：

> "你看，我穿那件衣服，粉红色的那件，怎么样？"
> "哪件？"
> "那边，从左边数，第五件。"
> "挺好。"
> "好像颜色太刺眼了。哦，那件怎么样，天蓝色的？"
> "不错。"
> "要不，那边那件，半边红半边黑，挺新颖，好吗？"
> "可以。"

这位丈夫对妻子的问话一律给予了肯定的回答，这很符合语言沟通中的礼貌原则和表面上的合作原则。但在这种场合下，妻子是不会十分满意的。妻子需要的不是这种语言上的表面合作，而是对方真心参与进来，给自己一个合理化建议的合作。夫妻两个一起出来买衣服，妻子最想听到的是丈夫的真实意见，而丈夫简单的肯定回答对妻子来说只是敷衍了事的表现，并非是真心合作的态度。

在语言沟通中，如何根据沟通目的和沟通对象，选择合适的语言积极配合非常重要。在上面的对话中，这对夫妻是一对特殊的沟通对象。说特殊，是因为他们关系很亲近，彼此说话时不需要客套，完全可以有话直说。其次，妻子向丈夫询问的目的显然是想得到丈夫明确的意见，而不是形式上的赞同。在这种情况下，丈夫应该真实诚恳地表达自己的意见，比如“我觉得那种款式不太适合你”、“你穿红色的更好”，等等。这样的回答虽然没有给妻子的话以正面肯定，但对妻子来说是明确、积极的，表现了丈夫积极合作的姿态。妻子听了这样的话不但不会生气，反而会很高兴。

合作原则是人们在语言沟通中尽量要遵循的重要原则，它要求沟通者在语言沟通过程中要尽量配合对方。礼貌原则是人们在语言沟通中应当积极追求的美德。当然在语言沟通中，我们最好是做到既遵循合作原则，又坚持礼貌原则。但如果二者发生矛盾，就要根据双方的关系和沟通目的来决定以哪条原则为主，这也正是我们将要在下一节中强调的“得体原则”。

像上面的对话，丈夫就应该舍弃表面的礼貌而说出自己的真实意见，即使不同意妻子的选择，那也是一种更高层次意义上的合作。当然，在表达自己的想法时，一方要注意说话的语气和方式，不能太尖刻，也不能像有些夫妻那样，与周围的人说话和和气气，与自己的妻子（或丈夫）说话时就句句带刺，好像仇人一样。

而一旦当双方对话陷入僵局，一方则尽量选择礼貌原则，哪怕是放弃自己的真实想法也要尽量寻求双方的协调一致。这也是一种更高层次上的合作原则的体现。

如上例的继续：

由于买衣服时的不快，这对夫妻从商店出来后就开始了舌战，并逐步升级。

“你变了。”

“你才变了呢！”

“你变得冷漠无情，对我毫不关心。五年前你是这样的吗？”

“五年前你是这样的吗？”

“早知你这么无情，我才不嫁给你呢！”

“早知你这么麻烦，我才不娶你呢！”

“谁让你娶的？”

“谁让你嫁的？”

当夫妻间谈话出现这种情况时，彼此针锋相对往往会使冲突更加尖锐。这时，一方就更需要注意礼貌原则，即尽量减少与对方在观点上的不一致，尽量增加与对方在观点上的共同点，避免做针锋相对的回答，此时一方的主动退让是休战的最好办法。

有时，语言沟通中的跳跃式回答背后表现出的是不愿意合作的情绪。比如：

顾客：这肉多少钱一斤？

售货员：你眼睛呢？

售货员不是要真正关心顾客的眼睛怎么样了，而是他不愿意和顾客合作。他的意思是“自己看，别问我，我懒得告诉你。”如果顾客也要表达因此而产生的不快，他可能会说：“你吃呛药啦？”这些不积极合作的态度在现实生活中是很常见的。

当然我们认为，只要出现了语言沟通，沟通双方就表现出了一定程度上的合作或者说有了一个要合作的基础或意向，不管在具体的语言沟通中其是否是得体的、礼貌的。从这个角度来说，语言沟通中的合作是分不同层次的。只表现为对对方语言的一种回应（总算比毫无回应要好），即使是对抗性的，也是一种合作，只不过它在态度和层次上是消极的、低层次的。

语言沟通中的合作原则有一个下位原则，即俯就准则。合作原则中的俯就准则是指沟通双方中的一方在语言能力上明显高于另一方，但是为了能够和沟通对象顺利地沟通，一方便将之转换为一种对方能理解的方式来表达，以求得语言沟通的顺利进行。

比如一个上幼儿园的小朋友见妈妈挽留客人吃饭，也拖着客人的衣角不让走。客人问小朋友："你有什么招待阿姨的啊？"小朋友瞪着眼睛，她听不懂什么叫"招待"。客人忙改口说："那你有什么好吃的给阿姨吃吗？"小朋友这次明白了，兴高采烈地回答说："有好多啊。巧克力，旺旺雪饼，冰淇淋。"这里，客人与小朋友说话所采用的方式就是一种合作原则中的俯就准则。

语言沟通中的语调和语气是情绪、情感的表现，因此也能够反映出说话人在语言沟通中具体的合作态度。比如：

A：我这样是为你！

B：谢谢！

沟通一方如果不是真诚地致谢，而是漠然地甚至是恶狠狠地说，就可能有"我并不感谢"的言外之意。当然，他能够说出"谢谢"二字还是表现出在一定程度上的合作态度——至少对对方的话有个回应。但通常此时语调降得很低，这表明 B 不想再和 A 多说，也不希望 A 再多说什么，希望对话到此结束。B 表现出的是不想继续合作的意向。

合作还体现在语言沟通发生矛盾时，沟通双方要积极主动地去解决。

夫妻沟通频率比较高，沟通内容比较复杂。因此，夫妻之间的矛盾冲突具有多发性。在产生矛盾冲突时，合作原则要求夫妻之间要互相体谅，宽以待人，不能总是按自己心目中的形象去苛求和衡量对方。互相体谅是解决夫妻矛盾冲突的前提条件，也是增进夫妻感情的有效途径。它在语言沟通中的表现方式有很多，例如以幽默的方式缓和双方的矛盾，缄默也是淡化双方矛盾冲突的一种有效方式。同时我们还要特别注意，在夫妻吵架时，有些话是千万不能说的。下面的话就是不合作的表现：如动辄说"离婚"、"窝囊废"等。夫妻之间最重要的是情感，双方即使在某些事情上出现了分歧或矛盾，如果不是非常严重，一般不会立刻伤及两人之间深厚的感情基础。但是，如果在这种时候两个人不注意呵护已经积累起来的感情，怎么解气怎么说，故意用最狠的语言去伤害对方，那么感情也会随着矛盾、争吵、伤害的增多而迅速地减退，直至最终无法挽救。

得体原则

得体原则是指在语言沟通中话语内容得当，表现方式得体。得体的语言沟通来源于知识、修养、阅历，以及由此产生出来的智慧等。

语言沟通的得体原则，就是根据语言环境和沟通目的等，充分运用此时、此景，以最佳的方式来传递最适当的信息。在语言沟通中，沟通者既要考虑自己，又要考虑沟通对象等诸多因素，说话要把握分寸；像做事一样，不说不及的或过头的话。过头的话往往比不及的话更糟糕。三国时候，杨修知道曹操爱惜有才能的人，希望能引起曹操对自己的重视。他处处表现自己的聪明才智，结果虽然得到口头上的几句称赞，却让曹操恨透了他，最后终于被曹操找了个机会把他杀了。杨修就是没有把握好说话做事的分寸，最终遭此下场的。

语言沟通中的得体原则，体现在两个方面：一是内容得体，二是形式得体。

首先要内容得体。

美国总统里根在一次国会开始前，为了试试麦克风是否好用，同时也希望调动在场议员的情绪，活跃气氛，他张口便说："先生们请注意，5 分钟之后，我将对苏联进行轰炸。"话没说完，便引起一阵骚动。里根在不合适的场合，开了一个不得体的玩笑。结果，苏联政府对此提出强烈抗议，里根因此碰了一鼻子灰。

其次要形式得体。

大家都知道朱镕基总理曾经有个"约法三章"，即不题词、不说情、不出席庆典。那么，中央电视台《焦点访谈》是如何得到

"舆论监督，群众喉舌，政府镜鉴，改革尖兵"的题词呢？说来这还和敬一丹的得体劝说很有关系。

1998年10月7日，朱镕基总理视察中央电视台。在这前一天，中央电视台的领导交给敬一丹一个任务，让她想办法得到朱总理的题词。敬一丹觉得十分为难：怎么提出这个请求呢？第二天，朱总理在中宣部部长丁关根同志的陪同下，来到中央电视台。他走进《焦点访谈》节目的演播室，跟大家寒暄之后，坐到了主持人常坐的位置上。大家站在总理的周围，七嘴八舌地和他交谈。一位编导说："在有魅力的人身上总有一个场，以前我听别人这样说过。我看您身上就有这样一个场。"朱总理笑了。一时间气氛十分融洽。敬一丹感到这是一个良机，一个很短暂的、稍纵即逝的良机，便走到朱总理面前说："总理，今天演播室里聚集在您身边的这二十几个人只是《焦点访谈》节目组的1/10。"总理很认真地听着，然后说："你们这么多人啊！"敬一丹接着说："是的。他们大多数都在外地为采访而奔波，非常辛苦。他们也非常想到这里来，想跟您有一个直接的交流。但他们以工作为重，今天没能到这里来。您能不能给他们留句话？"然后把纸和笔递到朱总理手中。这时丁关根同志上来说："不要让总理题词。"敬一丹不加思索地说："这不是题词，只是留句话。"敬一丹说得非常诚恳、得体，于是总理欣然命笔，写下了前边提到的、大家熟知的十六个字。

有人说"能言善辩"是好口才，有人说"口若悬河"是好口才，还有人说"沉默是金"是好口才，有好口才的人能有好的语言沟通。好的语言沟通有赖于好的口才，但是不一定有好的口才就能有好的语言沟通。得体的语言沟通才是最好的语言沟通，得体就是恰当，就是适度，就是刚刚好，就是面对此情、此景、此人，说的话恰到好处，说的方式恰到好处。

20世纪80年代初，港台流行歌曲开始在大陆流行。在一次政府官员与大学生进行联欢的晚会上，一群大学生竟然邀请一位年逾花甲的老处长"唱一首流行歌曲"。这位白发苍苍的老人站起来，拿起麦克风，信心十足地说："年轻人，你们一定要我这个老头子唱流行歌曲？好，我满足你们的要求。"学生鼓掌。"同时，我希望你们能同我一起唱。"学生活跃。"让我们一起高唱《团结就是力量》！"学生愕然。"你们不知道这是流行歌曲吗？可以回家问问你们的爷爷、奶奶、爸爸、妈妈，看这首歌是不是大江南北、长城内外曾经'最流行'的歌曲？"学生热烈地鼓掌，为老人的机智、善辩鼓掌。"这首歌我也好久没唱了，如果我万一唱得不好……"学生安静地等待下文，"请大家热烈鼓掌！"学生大笑，为老人风趣幽默而又十分恰当的言辞鼓掌。还是这位老人，假如他在人大会议上，在庄严的国徽下做报告时，也来一句"万一我报告做得不好，请大家热烈鼓掌"，恐怕代表们就笑不出来，更不用说鼓掌了。所以，语言是否得体还要看具体情境。据说每年的盛夏，中山大学一般都要为毕业班的同学举行欢送会。在欢送会上，领导、教师和学生代表通常都会有即席祝词，向即将毕业的同学表示祝福。在众多的即席祝词中，有一位老师的简短祝词给人的印象最为深刻，以至于十多年后同学们对那位老师当时的祝词还记忆犹新。那位老师当时的祝词是这样的：

"在同学们即将离开母校、奔赴社会的时刻（顺手拿起茶几上一块鲜红的西瓜），我送给大家一块西瓜，愿大家对国家、对民族'一片红心'。（又顺手抓起一把饱满的花生）我送给大家一把花生，祝大家到了新的工作岗位'落地生根'。（又顺手捧起几串新鲜的荔枝）我送给大家几串荔枝，祝大家在不久的将来'硕果累累'！"

老师的祝词赢得了满场欢快的笑声和响亮的掌声。这位老师的祝词之所以非常受欢迎，是因为他既脱离了俗套，又表现出新颖、生活化、恰到好处的表达特点。

美国前总统罗斯福沟通面很广，也很健谈，因此很多人想利用他这个特点去刺探情报。在一次他和朋友们谈海军建设前景谈得很有兴致的时候，一位朋友乘机问他关于美国新建潜艇基地的情况。

罗斯福不好正面拒绝，就问他的朋友："你能保密吗?"朋友说："能。"罗斯福笑了，说："我也能"。话到这里他就不说了，那位朋友只好停住，不再追问。罗斯福的回答方式就是非常得体的，既拒绝了对方，又不致于让对方感到难堪。

在语言沟通中，我们都不喜欢假话、谎话。中央电视台有一个收视率很高的谈话类节目叫《实话实说》，主持人以机敏的反应、幽默的谈吐、平民化的风格深受大家欢迎。该节目的宗旨是围绕某一话题找来一些人，让大家实话实说，不为尊者讳，不为名家忌，说出自己的真实想法。尽管一些当事人被这些直言无忌的实话和实说说得脸上火辣辣的，但该节目要的就是这种实说的效果。电视机前的观众也感到这种形式很过瘾，因为现实生活中太缺少这种用实话、真话兼实说的方式进行的语言沟通了，所以人们喜欢这种陌生、解禁所带来的刺激和震撼。

那么我们能不能在日常生活中也采用这种说话方式呢? 我们认为：能，但很可能效果不佳，也很可能出于好心却做了坏事。这是因为现实生活和电视节目两者的语境不同，游戏规则也不同。在电视台这个特殊语境里，对话交流的各方都是在承认电视台制定的这个实话实说的游戏规则下进行交流的，因此尽管有些实话很难听，有些实说很无情，但当事人一般不会为之所怒，往往一笑了之。可是，在日常生活中我们没有了这种特殊的语境、特殊的游戏规则，我们的语言沟通就应该根据现实生活的不同语境，以不同的"游戏规则"来处理。

一、真话应当真说

所谓"真"说，就是实事求是地说。

在一次公务员面试中，一位毕业生在学校是学生会主席，各方面条件都很不错，当场的自我介绍也很成功。接下来面试官问他一个问题：请你回答 1 + 1 = ? 这位毕业生稍加思索便十分自信地说："你需要等于几，就能等于几。"结果他被淘汰了。事后该生感到迷惑不解，说："我的一个同学前几天去一家企业应聘经理，面试官考的也是这个题目，他就是这样回答的，被顺利地录取了，我按照他的方式回答，为什么流聘了呢?"其实道理很简单，这位毕业生忽视了他和那位同学应聘的职业和部门的不同，两个单位的工作需求的不同。因此，二者所需要的答案当然也会不同。他那位同学应聘的是企业部门经理，企业老板希望自己招聘的部门经理一年能创造上百万元的利润，他就必须朝着这个方向努力，这样回答显示出他的同学思维很灵活。但该生应聘的是国家公务员，公务员的基本素质和要求之一是实事求是，在这种特定的语境下他的回答显然是不得体的，因而必定是失败的。

二、真话应当善说

所谓"善"，是指在特定语境下，说话人要根据沟通对象的特点（如性格、心理、地位等）以及沟通场合，把自己要说的话以与人为善的方式来进行编码，使对方易于接受，从而收到良好的交流效果。

鲁迅先生在其杂文《立论》中写道：

> 一家人家生了个男孩，合家高兴透顶了。满月的时候，抱出来给客人看，——大概是想得到一点好兆头。
>
> 一个说：'这孩子将来要发财的。'他于是得到一番感谢。
>
> 一个说：'这孩子将来要做官的。'他于是收回几句恭维。
>
> 一个说：'这孩子将来是要死的。'他于是得到一顿大家合力的痛打。
>
> 说要死的必然，说富贵的许谎。但说谎的得好报，说必然的遭打。……

这里抛开鲁迅先生用这一事例讨论其他问题不谈，单就日常生活的语言沟通标准来看，实话实说的第三个人尽管说的是必然，遭打也在情理之中，因为他违背了在当时当地进行语言沟通的得体性原则。在那种场合，沟通对象趋吉避凶的心理需求要求说话人应该以善为准则来进行语言沟通，而他却恰恰违背了这一点。语言沟通中的禁忌语、委婉语、吉利语、客套语、恭贺语等都是以善说为原则的，都是在当时的具体场景下为了语言的得体而说出来的。

三、真话应该美说

有些人认为真和美好像总是对立的，其实并非完全如此，关键是如何在两者之间找到一个平衡点。有时候同样是真话，表达的方式不同，得体的程度不同，效果也会大有不同。

真话应该美说，这里的美，是取“巧、妙、婉转、含蓄”等意义。在特定的沟通环境中，有些实话如果通过巧妙、婉转的方式传达出来，会收到其他说法难以获得的、特殊的审美效果。比如，中国古代认为“大便”、“放屁”这样一些生理现象，如果当着人面实说则极为不雅、不美，于是人们就用一些委婉语“婉转”地表达这个意思。

要去“大便”就说“出恭”或“更衣”，要“放屁”就说“放气”。就像今天有修养的人要去上厕所，得体的询问方式是——“洗手间在哪？”

生活中有一些实话，如实道来常常伤害别人；如果不是实说而是美说、巧说，就可能会减轻伤害、甚至没有造成伤害，也易于被人接受。我们来举一个关于英国著名戏剧家萧伯纳的例子。有一次在朋友举行的宴会上，一个年过半百的贵妇人问他：“先生，你看我有多大年纪呢？”

萧伯纳答道：“尊敬的夫人，据您晶莹剔透的牙齿看来，您大概是18岁的样子吧；要是据您优美弯曲的秀发推算，您顶多17岁；可是如果看您纤细灵活的腰肢，您还不到14岁呢。”

听了这话，贵妇人不禁面有悦色，又穷追不舍地问道：“可是先生，您能否准确地说出我的年龄呢？”

萧伯纳幽默地笑道："那就把我刚才所说的3个数字加起来吧。"

萧伯纳既说了实话，又让对方高兴地接受了，这是因为他懂得：有些实话应该美说，美说是得体的，而实说了就可能不得体。

有时候礼貌的不一定就是得体的。是否得体要考虑具体沟通环境，尤其是双方的特定关系，从而把握好"礼貌"的度。例如：

1. 给我捎一份今天的晚报！
2. 给我捎一份今天的晚报吧！
3. 请给我捎一份今天的晚报吧！
4. 请给我捎一份今天的晚报，好吗？
5. 劳驾您给我捎一份今天的晚报，好吗？
6. 如果方便的话，我想劳驾您给我捎一份今天的晚报，好吗？

很明显，从例1到例6，越来越客气，越来越礼貌，或者说例1最不礼貌，例6最礼貌。这里可以看出礼貌的级别。但是这并不意味着选用例1就是不得体的，选用例6就是得体的。它关键要看双方之间的关系程度。对关系很好的亲朋好友用例6，会显得见外而生疏，则是不得体的。这是因为如此一来对方会感到很尴尬，甚至会因此努力回想他自己是不是什么地方惹我们生气了。再比如，还是上面的例子，我们可以用更礼貌的方式：

我知道您是一个热心肠的好人，在您方便的情况下，我想劳驾您给我捎一份今天的晚报！如蒙厚爱，我将感激不尽！如有不便，就当我没说，千万别往心里去，打扰了，打扰了！……

有人认为，这哪里是"礼貌"，简直是精神失常（除非是有意讽刺或挖苦）！谁也不会因为捎一份报纸之类的区区小事而行此"大礼"。所以说，得体和礼貌是两回事，如果说得体的话语有时候需要礼貌，那一定是有"度"的礼貌。

尊重、真诚、礼貌原则

在语言沟通中，学会尊重是非常重要的，它对语言沟通向良性发展具有重要作用。尊重应该是礼仪之本，也是待人接物的基本美德。不管是坐、请坐、请上坐，还是茶、上茶、上好茶，关键是要通过这种形式，向对方传递出尊重的信息。

同时，尊重不能偏袒于一方。语言沟通首先要求的是自尊为本，强调自尊自爱。一个人不讲自尊，就不可能得到别人的尊重。人首先要尊重自己，站有站相，坐有坐相，举止大方；其次要尊重交往的对象。世上曾经有这样五句话："尊重上级是一种天职，尊重同事是一种本分，尊重下级是一种美德，尊重客户是一种常识，尊重所有人是一种教养。"这五个方面，涉及到我们语言沟通中尊重的方方面面。但是，在语言沟通中只说尊重是远远不够的，我们还要善于把它恰到好处地表达出来。

我们在语言沟通中强调"来有迎声，问有答声，去有送声"，就是一种表现方式。举例来说，作为保安，如果来了客人，他首先要说"先生你好"，然后再说事；不能上来就问："谁?"人家是犯罪嫌疑人吗？打电话也是如此，拿起话筒第一句话，如"您好，北京广播学院"，然后再说事；不能上来就喂喂喂，再问"有人吗?"对方不是人吗？这是基本礼貌，其背后表现出的是对对方的尊重和你自身的修养。

尊重、真诚和礼貌是我们在语言沟通中应该积极倡导和努力追求的美德和修养。

有这样一段故事：

一对小夫妻和另一对小夫妻正在进行羽毛球双打。打着打着，夫妻之间就开始不断地争吵：这个嫌那个傻，那个嫌这个蠢；这个嫌那个慢，那个嫌这个笨。就这么吵着吵着，一会儿闹翻了天。丈夫气红了脸，妻子噘起了嘴。自然，双打只好不了了之。

奇怪的是，第二天，同是双打，气氛却融洽至极。还是那四个人，还是那个场地，但个个彬彬有礼，别说争吵，连说话的声音都低了八度！两个男的都成了绅士，动作极其优雅，总是小心翼翼地关照着身边的那位异性；两个女的也都成了淑女，动作极其轻柔，总是笑容满面地配合着身边的男士。

人们吃了一惊，再一细看才发现，原来双方对换了一个人：A家的妻子与B家的丈夫合作，B家的妻子与A家的丈夫合作。

奇迹也正在于此，只因为换了一个人，便立即开拓了一个全新的局面：四个人个个笑容可掬，个个温文尔雅，在球场上飞来飞去的，不仅有轻灵的羽毛球，还有比那小球更轻盈的笑声。这一奇妙的变化正是彬彬有礼、相互尊重所创造出来的奇迹。这说明只要人与人之间相互尊重，这个世界的沟通就一定会更加融洽，更加愉快。这也正是尊重的力量。

在美国，一个颇有名望的富商在路边散步时，遇到一个衣衫褴褛、骨瘦如柴的，摆地摊卖旧书的年轻人在寒风中啃着发霉的面包。有着同样苦难经历的富商顿生怜悯之情，便不假思索地将8美元塞到年轻人手中，然后头也不回地走了。没走多远，富商忽然觉得这样做不妥，于是连忙返回来，从地摊上捡了两本旧书，并抱歉地解释说自己忘了取书，希望年轻人不要介意。最后，富商郑重其事地告诉年轻人说："其实，您和我一样，也是商人。"

两年以后，富商应邀参加一个商贾云集的慈善募捐会议时，一位西装革履的年轻书商迎了上来，紧握着他的手不无感激地说："先生，您可能早忘记我了，但我永远也不会忘记您。我一直以为我这一生只有摆摊乞讨的命运，直到您亲口对我说，我和您一样都是商人，这才使我树立了自尊和自信，从而创造了今天的业绩……"这也是尊重的力量。

我国是礼仪之邦，古代讲"仁义礼智信"，现在说"明礼诚信"。"礼"是什么？我们认为，"礼"应该以尊重为支撑，它的背后应该是真诚、善意、宽容和理解。礼貌是"诚于中而行于外"，真正的礼貌语言就应该是内心表示尊重的、有适当形式的语言。

因此，有礼之人，不会使人感到可畏、可恶，而是让人觉得可亲、可爱，值得信赖。礼貌的真正内涵和本质体现应该是教我们敬人，也让我们自尊。我们理应既不让人做主子，也不要让人当奴才，而是要平心静气地与人为善。

比如，你随便走入商店。

“先生，您想看点什么?”
“哦，随便看看。”
“好，您请。”

导购小姐不说“买点什么”、“要点什么”而说“看点什么”，就让人自由了许多。

顾客看着货架上的光盘，从上面看到下面，于是蹲下来看。这时导购小姐也十分自然地蹲下来，随时准备回答顾客的咨询。

顾客感到莫名的舒适。

顾客还是没有什么可买，回头抱歉地笑一笑：“真是不好意思。”

“您太客气了，欢迎您下次再来。”

导购小姐的语言和动作让人感觉到热情和礼貌。她的“您想看点什么”和她的这一下蹲，以尊重为核心展示出来的礼貌，让人感到温暖，同时也使交流变得简单而容易。

温文尔雅的周总理可以说是礼貌做到几近完美的经典榜样。他尊重任何人，无论是老农还是掏粪工，无论是清洁工还是机组乘务员。他对客人关怀备至，礼貌周到，全身散发着独特的人道主义光辉，因此他赢得了全世界朋友乃至敌手的敬重。

谈语言沟通我们都特别强调方法，方法技巧固然重要，但我们也不能太夸大方法的作用。方法有用，但作用也有限。要想沟通得好，要想达到长久的、友好的合作，真诚是不可或缺的。“中国移动通信”曾经有一句广告语叫“沟通从心开始”，就表现了对沟通本质的思考。始于心，达于心，心与心的交流，是沟通的出发点，是沟通的目的地，是沟通的原生态，也是沟通的最高境界。但是随着交际的增多，人们过分讲究技巧、追求形式，沟通成了手段，失去了原有的纯净和最初的本真。因此，我们要打破伪善，呼唤回归。在人类追求进步、文明的里程中，越本原的、越具普遍意义的道理，往往越容易被遗忘、被忽略，这是人类常犯的一个普遍性错误，所以需要经常地呼唤回归。在我们追求艺术、强调技巧的同时，不要忘了真诚的重要——真正的合作，需要真诚；心与心的交流，需要真诚。

曾经打败拿破仑的库图佐夫在给卡捷琳娜公主的信中说："您问我靠什么魅力凝聚着社交界众多的朋友？我的回答是：真诚。"沟通的实质是释放和吸收的互动过程，没有真诚，它就成了交易。

1858 年，美国前总统林肯在一次竞选辩论中说："你能在所有的时候欺骗一些人，也能在一些时候欺骗所有的人，但是不能在所有的时候欺骗所有的人。"这句著名的政治格言不仅是林肯的座右铭，也成了当今许多人的座右铭。事实上，也只有真诚才能真正激荡人的心灵，才能使人的信任和威望得以在大众面前长久存在。

著名喜剧大师查尔斯·卓别林在"一战"期间应邀去华盛顿为美国第三次自由公债购买做动员演讲。他一上台面对千万个听众，就用满腔的激情，真诚地讲："德国人已经到了你们的大门口！我们必须拦住他们！只要你们买自由公债，我们就有力量阻拦他们。记住，买一份公债，你就救活了一个士兵——一位母亲的儿子！我们就可以早日打胜这一仗。"

一位大学教师在谈到他的一次经历和体会时说：有一次，我去某市政府参加座谈会，因为塞车，迟到了十五分钟，以致于在市政府门口不知何去何从。这时，一位年近半百的大姐迎上前来。

"请问，您是××老师吗？"

"是的。"

"我是市政府接待室的。请跟我来，会议室在这边儿。"她很自然地伸出右手，手心向上，手指向会议室的方向。

"路上车子挤吧？辛苦了。"

"噢，不好意思，我迟到了。"

“请不必介意。您那么忙，能来参加座谈会，我们已经是很感激了。”

到了会议室门口，她关切地问：“里面冷气很猛，您要不要休息一下，收收汗再进去呢?”

他说，直到今天，我回想起这位大姐的谈吐，仍有甘甜、亲切的感觉。一位政府工作人员，年纪又比我高，那么谦恭热情地对待一个年轻的大学教师，“慧于心而秀于言”。她彬彬有礼、典雅考究的语言，就像一扇明亮的窗子，透过它可以见到一颗诚挚美好的心灵啊!

可以看到，这位教师所称赞的那位市政府负责外事接待的大姐，语言使用似乎并没有什么惊人之处，但确确实实有一种深切的、打动人心的力量和魅力。词语平平常常，句子简短利落，语言礼貌热情，言辞优美文明，辅之以大方得体的体态语言，一切都恰到好处。而这之所以能让人感到无比的温馨和惬意，其实最关键的还在于，这些得体的言辞和体态背后所蕴含的尊重、真诚、礼貌以及发自内心的关怀与爱护。

第二章　语言沟通的构成要素

语言沟通的构成和形式

语言沟通的构成

语言沟通主要由沟通主体、沟通环境和沟通工具——语言构成。

说话人是语言沟通的主体。语言沟通是人类的一种活动，没有人就不能构成语言沟通活动，人是构成语言沟通的主要因素。一般来说，作为语言沟通构成因素的人不是泛指一切人，而是指正在进行语言沟通的人，确切地说是正在“说”的人；正在“听”的人是沟通对象，属于沟通环境的范畴。语言沟通具有双向性特点，沟通中的说者和听者分别是语言沟通中的主体和客体，在语言沟通中主客体是不断变化和转换的。当人在自言自语的时候，主客体集于一身——自己既是信息情感的发出者，也是信息情感的接收者。

语言沟通环境是客观存在的，时刻伴随着语言沟通本身。语言沟通环境不同于语境。语境是语言环境，语言沟通环境则是指沟通中的语言环境，两者既有区别又有联系。过去我们在谈到语境的时候，角度和分类有所不同，有的按主客观语境来分，客观语境包括社会背景、时空场合、沟通对象等，主观语境则指说话者，包括说话者的身份、职业、思想、修养、年龄、性别、情绪等方面；有的分为大语境、中语境和小语境，大语境是社会背景，中语境一般指时空场合，而小语境则是上下文或说话中的前言后语。沟通环境应该指语言沟通的客观因素，包括围绕着语言沟通的社会背景、时空场合和说话对象等，它们都是语言沟通主体以外的，属于语言沟通的客观因素。

语言沟通环境是指语言沟通中除了沟通主体以外的一切客观因素，它不仅应该包括社会环境、时代背景，包括具体的沟通时间、空间场合，包括语言沟通的对象，还应该包括语言沟通双方的关系。以前我们非常强调具体的语言沟通环境，诸如时间、场合等对语言沟通内容和形式的影响和制约作用。实际上，语言沟通双方的关系在这一过程中起着非常重要的制约甚至是决定性的作用。语言沟通双方之间的关系常常不仅仅只是一种，而是多种。但在具体的时空场合下，往往是其中的一种关系凸显，其他关系隐退，那么沟通内容和方式就要以适应这种关系为原则。表面上看，是这种时空场合决定了我们的沟通内容和方式，而实际上是这种场合中凸显出来的特定关系在起着决定作用。

沟通需要一定的工具。在语言沟通中，语言就是工具，它是一个特殊的工具，运载着或者说本身就包含了信息、文化和情感的工具。

我们需要注意的是，语言是沟通的工具，工具毕竟是工具，关键还在于我们如何使用。吕叔湘曾经有一段精辟的论述，他说："语言是什么？说是'工具'。什么工具？说是'人们交流思想的工具'。可是打开任何一本讲语言的书来看，都只看见'工具'，'人们'没有了。语音啊，语法啊，词汇啊，条分缕析，讲得挺多，可都讲的是这种工具的部件和结构，没有讲人们怎么使唤这种工具。"而人们怎么使用这种工具恰恰是最为重要的部分。

语言沟通的形式

语言沟通本身是人类交际中一种最重要的交际方式。作为传递信息的最重要的方式，语言是一种非常复杂的、容量极大的、音义结合的符号体系，在沟通功能上是其他任何方式都无法比拟的。它的表现手段丰富多样，表现内容包罗万象，使用范围也十分广泛。

按照语言沟通的媒介方式来进行分类，语言沟通可以分为口头沟通和书面形式的语言沟通两种基本形式。前者主要是“听”、“说”，后者主要是“读”、“写”。因此，完整的语言沟通能力应该是我们以前常说的“听”、“说”、“读”、“写”等能力。

需要说明的是，口头沟通和书面形式的语言沟通同口语沟通和书面语沟通相比是不同的。进行口头沟通的，使用的并非一定是口语；进行书面形式语言沟通的，使用的也并非一定是书面语。媒介会对语体有一定影响，但语体并非由媒介完全决定，口语和书面语的本质差别是由它们自身的个性特点决定的。

用书面形式来传递信息的方式叫书面沟通。书面沟通使用的工具是文字。文字作为书写符号，可以弥补口头沟通的缺陷，使语言沟通不受时间、空间的限制；也便于对沟通内容、表达方式进行选择和斟酌，这是因为书面形式可以给信息发送人以比较充分的时间进行思考。另外，书面形式也便于传递一些口头上羞于表达的内容。人是有情感的，情感的作用使人们在谈话中有时会有一些难以启齿的地方。同口头沟通相比，书面形式的语言沟通因为避免了直接面对面，可以减少或避免很多尴尬。过去，有很多初恋情人都借助于书面形式来吐露爱慕之情，正是因为书面形式可以避免因面对面而产生的诸如害羞、胆怯和尴尬等心理障碍。

语言沟通由口头沟通和书面沟通构成。谢尔盖耶夫在《智慧的探索》中说：“掌握口语需在六岁前，而书写和口语相区别的是，在任何年龄，左半球都可学会。正是左半球，它不仅支配着口语，而且领导着读和写。”① 这些话意味着，一个人的书面沟通能力可以在后天任何阶段进行培养和提高，而口头沟通能力相对来说则有一定的时间限制，它在六岁以后的锻炼和培养可能没有书面沟通的效果明显。我们认为这种说法可能说明一部分事实，但我们同时也相信，无论是口头沟通能力还是书面沟通能力，经过后天的刻苦训练都是能够得到很大的提高和改善的。

我们以前的大多数研究语言沟通的著作都侧重论述语言沟通中的口头沟通（听与说），尤其集中讨论“说”。在强调“说”的同时，我们还应重视“听”的部分。“听”是语言沟通的重要组成部分；“听好”是“说好”的基础。

口头沟通虽然说的都是跟说话有关系的事情，但是说话与说话之间也存在一定的差别。崔希亮在《语言理解与认知》一书中把口头沟通分为讲、述、谈、说四种类别。

讲　一般来说是一种比较正式的口头语言沟通行为。讲，通常是有准备的。而且，讲通常是有听众的。但是在讲的过程中，它不像谈话那样有沟通对象适时的语言暗示和语言配合。讲的能力能更多体现出成篇表达的能力，比如演讲、做报告、召开新闻发布会以及老师讲课等。

述　是陈述、复述。述的能力也是语言沟通能力的一种表现。说话人只需要把一件事或者一个道理陈述清楚、明白，把必要的信息传达出来就可以了。它的难度不算高，一般来说是锻炼其他三种口头沟通能力的基础。在训练儿童学母语时，复述训练是常见的一种训练方式，如今对外汉语教学中，对初级阶段的留学生也经常采用这种训练方法。

谈　是谈话、对话。它是口头沟通中使用频率最高，最能体现沟通能力和沟通水平的表现方式。这是因为谈中可以有讲、有述、

① 谢尔盖耶夫著，乔立良、李爱萍译：《智慧的探索》，三联书店出版社 1987 年版，第 78 页。

有说。在谈中，存在着沟通双方，而且双方在不断地变换角色。这种互动更能表现出一个人的语言沟通实力，如它的得体性、灵活性、艺术性等，它相当于是对一个人的语言背后的素质、修养、能力等的全面考验。

说　是一般的口头表达。它是口头沟通的一种方式。说，可以是简单的重复，也可以是个人独白。说与讲、谈的最主要区别是后两者通常都有一般意义上的听众，说却不一定非要有一般意义上的听众。说，可以说给别人听，也可以说给自己听。

在语言沟通中，我们应该清楚讲、说、谈、述是不同的。例如谈话中所用的语言形式，有时是不能放到讲话中去的，反之亦然。

语言沟通的层次

沟通是一种体察对方特定处境、迅速选择恰当表达方式以争取认同与配合的沟通形式。在运用语言进行沟通的过程中，沟通存在着不同层次，可以将其归纳为“沟而不通”、“沟而能通”和“不沟而通”三个层次。

沟而不通指花费很多时间和精力却收不到预期效果。理论上它已经不算是沟通，有名而无实。沟而能通就像沟里的水畅通无阻，大家在和谐的气氛中畅所欲言并且能够互相理解。不沟而通是少数人之间的，一种先天存在或经过后天长期磨合之后形成的一种特有的默契，是沟通的最高层次。

沟而不通的情况

沟而不通包括开口说话和闭口不言两种情况。开口说话但最终沟而不通常常有如下表现：

第一，当面反驳。这种表现又分为两种情况。一是自以为是。即听的人认为说的人说得不对，不管客观上说的人是否正确，反正听的人认为不对，就要加以反驳。二是恼羞成怒。即听的人明明知道说的人是对的，但由于对方惹怒了自己，偏说对方是不对的，强词夺理地加以反驳。

第二，不以为然。不管对方说什么，你说你的，我做我的，全然无所谓。

第三，假装虔诚。听者装出一副很认真的表情，给说者的感觉是他在认真听，并且完全赞同和接受说者的观点和建议，其实他心里完全是另一种想法。直到日后的行为中，说者才发现当日自己是白说了。

第四，不懂装懂。有时听的人自己认为对方说的是对的，或者确信说的人所说的话一定是对的，但由于层次不同，听的人根本无法真正领会对方的意思，出于面子又不好追问，只能佯装明白，而在他的频频点头中说的人也来了兴致，结果说到最后才发现对方一开始就没懂，这时说的人通常会有一种上当受骗的感觉，往往心里很恼火。

这些情况通常是开口说话却沟而不通的表现。

不说话一般有两种情况：一是双方高度默契，无需开口彼此便能心领神会。这非但不是沟而不通的情况反而是不沟而通的表现，是沟通的最高境界。二是相对无言，但全没有默契的影子，双方似乎都感觉到没有和对方开口说话的必要，或根本不知道说些什么，从何说起，这是广义的沟而不通的情况。

沟而不通的原因

一般来说，沟而不通主要有以下原因：

第一，听不进去。就我国来说，特定的文化传统使我们往往十分重视情感因素。这一特点在语言沟通中的表现就是，通常情况下我们并不十分在乎对方说什么，却相当在意对方怎么说，说的方式和说的过程中所附带的情感、态度对我们接受与否至关重要。说些什么，涉及到说话的内容，这是听进去之后才知道的；而怎么说，则表现出说话人和听话人之间的关系如何。因此，处于什么样的身份、立场和态度来说，通常成为听话人听不听进去的关键。说话人和听话人往往只有保持相同的立场，或者有一个互相认同的基点，呈现出所谓的同路人的关系时，听的人才容易放心地听下去。

第二，惹对方生气了。有时候人们在沟通中很容易在有意或无意中惹怒对方。一般来说，人在心理上普遍怀有警觉性和怀疑心，情绪也容易变化，这是一种自我保护的本能表现。因此，人往往在沟通中一句话听得不顺，就会想得很多，而且会越想越多，也越想越生气。在这种情况下，人往往容易迷失理性，顾不得讲理或忘了讲理，这当然也会导致沟通阻塞，形成沟而不通的后果。

第三，有意不合作。有时候由于某种原因或为了达到某一目的，对方可能采取故意无理取闹的方式，使沟通难以进行，造成沟而不通的困境。面对这种情况，说者必须善于观察、用心体会、善于化解，只有这样才能有惊无险，达到沟通目的。

第四，沟通双方在生活习惯、知识背景、文化储备等方面存在着巨大层次差异或语言障碍，不能形成语言共振。听者如果不具备正确解析说者语码的能力，当然也会导致沟而不通。在这种情况下，说者就应该以合作为原则，尽自己的努力主动转换语码或变换自己的表述方式。

沟通之道

沟通有很多技巧和方法，而其中很重要的一点在于调整心态，拥有一颗“平等心”。

美国作家马克·吐温在没有成为知名人士以前，很不善于沟通。一次，有人把他介绍给后来成为美国第18届总统的格兰特将军。当时马克·吐温竟想不出一句可说的话，而格兰特将军也保持着平日的庄重和严肃，也不说一句话。最后，马克·吐温说：“将军，我感到尴尬，您呢？”

素不相识的平民却常常因为地位平等、心态平常，即使偶然相遇也能沟通顺畅，成为朋友。比如：

甲：您高寿啦？

乙：57。

甲：您比我大4岁，看上去比我年轻多啦。看来各有养生之道，又各有巧妙不同啊！

乙：您就是头发早白了点儿，瞧你身子也还硬朗。

甲：硬朗个啥呀，高血压。

乙：上了岁数也难免。我也曾有高血压，后来好了。

甲：怎么好的呀？

乙：锻炼啊。

甲：我也锻炼，你用什么方法，这么见效？

乙：我用的是……

甲：啊，这么说来……

在马克·吐温与格兰特将军的沟通场景中，我们可以看出二者都不十分懂得沟通之道。他们不懂得顺利沟通需要平常心态。很多人在与比自己地位高得多的人谈话时，常常因为不能平视对方而导致精神紧张，行为局促，也就不能很好地进行沟通。这时候如果地位高的人能主动热情地和他们打招呼，他们往往会好得多，也不特别紧张了。这是地位高的人主动把自己的心理高度降低，以便尽量和对方持平的一种表现。而地位低的人也会因为此时双方的心理高度相当而感觉放松多了，这样沟通就会顺畅得多，沟通起来自然轻松得多。如果地位高的人不懂得主动降低自己的心理高度，地位低的一方为了保持沟通的顺畅，就应该主动提高自己的心理高度或降低对方的心理高度。比如，他可以提示自己，对方没什么了不起的，他和自己都是一样的人，只不过他被社会放在了一个较高的位置而已。这种暗示实际上是在调整自己的心态，把对方看成和自己差不多的平常人。他只有做到了平视自己和对方，才能放开自己，促使沟通顺利畅快地进行。在第一个例子中，格兰特将军“保持着平时的庄重和严肃”，没有采取主动降低自己心理地位的行为，而马克·吐温又没有调整好自己的平常心态，因此紧张得“想不出一句可说的话”，最终两人没有实现良好沟通的目的。而在第二个例子中，由于两个人都把对方看做与自己平等的人，看成是可以交往的朋友，而且甲在沟通的前期趋于主动，一开口就很热情，善于选择共同的话题，乙很快被感染带动，结果交谈一拍即合，双方的沟通很快就进入了顺畅的轨道。

沟通之道还有两点也非常重要，一个是必须说好开头的几句话。这几句话要有鲜明的情绪色彩，有人比喻说它们就像掘井选炮眼一样，如果选得准，一炮就泉流喷涌，打开言路。另一个是要抓住某些共同点或共同的关注点作为沟通的切入点，也就是寻找双方的认同，例如个人的经历、爱好、职业、年龄、处境、感受、社会热点话题等。人与人之间这些相似相通的元素实际上是很多的。

沟而能通与关系、场合

沟而能通是语言交际中比较普遍的现象。沟通的程度与沟通双方的关系密切相关。我们中国的沟通文化中，不仅强调情感，还注重关系。通常来说，如果我们在特定场合能准确把握双方关系，并用适合这种关系的方式进行沟通，就能取得良好的交际效果。

人与人之间的关系常常是复杂的，在不同场合，某种特定的关系就显现出来，其他关系则淡化了。那么，在沟通的时候，我们就要注意把握好在那个场合中我们与对方的特定关系；如果把握不好，即使感情到位，也会影响沟通效果，有时甚至引出祸端。

传说朱元章做了皇帝后，他的旧友常来看他。一天，来了一个旧友，他见面就说：“我主万岁！当年微臣随驾扫荡芦州府，打破罐州城，汤元帅在逃，拿住豆将军，红孩子当关，多亏菜将军。”朱元璋听了很高兴，立刻封他做了御林军总管。这事被另一个旧友听说了，该人心想，同是小时的朋友，他去了既然有官做，我去了当然也未尝不可。见到朱元璋后，他便直通通地说，“我主万岁！还记得吗？从前我们都替人家看牛，有一天，在芦花荡里，我们把偷来的豆子放在瓦罐里煮，还没煮熟，大家就抢着吃，把罐子都打破了，撒了一地豆子，汤都泼在泥地里，你只顾从地下满把地抓豆子吃，却不小心连红草叶子也送进嘴里，叶子梗在喉咙口，苦得你哭笑不得，还是我出个主意，叫你用青菜叶子放在手上一拍吞下去，才把红草叶子咽下去。”朱元璋听他这么一说，气得大叫：“推出去斩了！”

朱元璋的两个旧友与朱元璋在关系、交情方面恐怕没有太大的差异：在关系上都由原来的朋友关系转变成朋友兼君臣关系；在交情方面也都是小时候的交情，没有太大的差别和改变。两个朋友说的是同一件事，因两者在特定场合中对关系的把握不同，沟通的方式不同，得到的结果也截然相反。这说明在关系、交情一定的情况下，在特定场合特定表达方式决定着实际的沟通效果，而特定的表达方式背后正是语言发出者对沟通双方关系的判断和把握。判断正确了，方式对了，表达效果很可能就好了；判断错误了，方式不对了，表达效果多半是失败的。

第一个旧友注意到他和朱元璋的关系当时已突出表现为君臣关系，因此特别考究语言形式，以维护对方的尊严，于是做了大官。第二个朋友却没有意识到双方的关系已经与以前截然不同，仍直来直去，结果因触犯圣威惨遭斩首。对于朱元璋而言，他认为前者维护了自己的颜面，认识到了双方的定位；而后者使自己在众臣面前丢尽了脸，属于典型的不识时务、不知深浅者。

沟而能通的原则

如何能更好地沟而能通，以下几个原则是需要特别注意的。

第一，讲求同情性。

在语言沟通的时候要注意同情性有时甚至大于合理性。在我国的交际文化中，人们是非常注重感情的，甚至往往把感情放在第一位。因此，我们在语言沟通中先引起对方同情，在感情上让对方把我们看作同路人，再进一步讲理，通常比较有效。如果开门见山，一下子就讲道理，反倒很可能引起对方的反面驳斥，最终落得不欢而散，沟而不通。

第二，强调合理性。

尽管现今我们的法律意识在逐步增强，但由于文化传统的影响，除非对簿公堂，否则我们大多不愿意从法律角度谈事情，因为谈法好像伤感情，彼此缺少人情味。所以在我们的文化背景中，语言沟通往往强调合理性大于合法性。一般情况下合理性比合法性更能成为沟而能通的条件。先由情入理，有理讲理，到了讲理实在解决不了的时候，再去讲法。

语言沟通不是单方面的你说我听，或我说你听，而是良性的双向交流，是思想、能量的交换。沟通的最终目标是使沟通双方达到关系融洽并收到最佳效果。在语言沟通中，由情入理，以“通情”来求“达理”，往往使沟通更有效。通情就是出于合作，彼此尊重，实现先在情感上的认同和共融，然后再来寻求合理点，这样效果可能会更好。情不能通，理则很难达。总之，在语言交际中，在沟通与交流中，我们要尽量做到从尊重出发，从合作出发，通情达理，从而使我们的交流和沟通变得融洽而愉快。

不沟而通的层次与培养

做到不沟而通往往是极难的，因此它也成了很多人遥不可及的梦想。然而，默契极好者终可以达到不沟而通的境界，那是一种用心的语言来沟通的方式，是一种相当了解后的高度的默契。往往通过一个神态，一个动作，一方就可以准确地了解对方的用意和企图，快速完成应该做的事情。

不沟而通也包括不同层次，高层次的不沟而通是一种内心深处的相通，灵魂深处的默契；其低一些层次的则是通过一定程度的培养而达到的、对对方某些方面思想或意图的准确判断。前者是一种境界，后者是一种能力。对于后者如果能够注意以下几点，我们是可以逐渐掌握这种能力的。

第一，随时随地地养成注意对方举动的习惯。

毫不关心对方，不注意观察对方的举动，当然无法不沟而通。平时养成良好的习惯，多注意对方的举动，主动地捕捉对方的肢体语言，长此以往我们就可以通过往日的经验判断出对方的用意和心思。

第二，用心体会对方所发出的无声信息。

采用将心比心的换位思考方法，把自己当做对方，想想他所希望我们做出什么样的反应，平时多体会，沟通时才能把握得准确。这就要求我们要不断有意地锻炼自己这方面的推测能力，而且要务求精准。

第三，寻找若干使用方案，择优而行。

看准对方的需要，模拟出几个可能的方案，再根据对方的具体情况，选一个自己认为最适合的当做定案。即以尝试的心态先试试看，对了，最好；不合适，再进行调整。若是效果好，便是不沟而通。久而久之，我们的判断就会越来越准确，效果也会越来越好。

语言沟通与社会环境

就社会环境是语言沟通环境中一个很复杂的因素，这是因为社会环境本身是复杂多样的。社会环境主要包括一个社会的政治制度、风俗习惯、民族的历史文化传统等。社会环境是语言赖以生存、使用和发展的根本条件，本身就是一个大语境，它对人们使用语言具有很强的制约作用。语言表达者对不同的社会环境应该有充分的认识和了解，而且能够在具体的沟通活动中，采取行之有效的、与之相适应的语言表达手段。

社会政治制度是社会环境的构成因素之一，对语言沟通有重要的制约作用。例如，在“文革”中，人们对于很多事情不能直说或不好直说，一般就采用“有数”两个字来表达。因此，据说那个年代“有数”一词的出现频率特别高。朋友挚情、夫妻感情不好表达，用“有数”，彼此可以心照不宣；勾结、交换、买卖以及政治生活中只可意会不可言传的东西，用“有数”，彼此也能心领神会。这里的“有数”就是在那个特定的社会环境中，人们有话不能直说而用模糊词语代替的情况。

再如，鲁迅杂文的语言风格之所以晦涩曲折，是由于当时处于黑暗时代，言论不自由，人们写文章只能如此。20 世纪 40 年代，在解放区曾经有人提出用鲁迅的笔法写杂文，毛泽东坚决反对。他在《在延安文艺座谈会上的讲话》中指出：“鲁迅处在黑暗势力统治下面，没有言论自由，所以用冷嘲热讽的杂文形式作战，鲁迅是完全正确的。我们也需要尖锐地嘲笑法西斯主义、中国的反动派和一切危害人民的事物，但在给革命文艺家以充分民主自由、仅仅不给反革命分子以民主自由的陕甘宁边区和敌后的各抗日根据地，杂文形式就不应该简单地和鲁迅的一样。我们可以大声疾呼，而不要隐晦曲折，使人民大众不易看懂。”① 这里，毛泽东虽然谈的是杂文，但同时也反映出了语言表达与时代政治形势的关系。

语言沟通与时空场合

语言沟通离不开一定的场合，不同的时空场合对语言沟通有不同的制约。时空场合包括具体的时间背景和空间场合。时间背景不同于我们上文所说的时代背景，而是指语言沟通的具体时间。空间场合也不同于上文所说的社会背景，而是指语言沟通所处的具体地点。时、空两个因素是不能被割裂开的，它们相互影响、相互制约，共同在语言沟通中起着作用。

生活中时空场合对语言沟通起制约作用的例子不在少数。比如简单的两个字“走吧”，从同为学生身份的沟通对象口中说出，不同的时间背景就有不同的含义。还有十分钟上课，这时的“走吧”是说“一起上课去”；午饭时间，这时说“走吧”意思是“一起去食堂吃饭”；周末，海报栏里贴出了放映电影的海报，甲乙都知道海报内容，这时甲对乙说“走吧？”意思则是“晚上一块儿看电影去吧？”诸如此类的例子是非常多的。当“走吧”离开沟通的具体时空场合，所能表达的只是抽象、概括的意义，而当它在被赋予特定的环境因素时就能生发出明确的语义内容，简洁、有力地完成它的沟通使命，从而使我们的语言沟通活动更加轻松、省力。

时空场合的特点

作为语言沟通的客观因素之一，时空背景主要有如下几个方面的特点。

---

① 毛泽东：《毛泽东选集》第3卷，人民出版社1991年版，第872页。

第一，客观性。客观性是时空背景的一个突出特点。各个因素客观独立存在，不管沟通行为是否发生。人的语言沟通只有在具体的时空背景中发生，不能脱离和超越。它只有与客观时空背景保持统一，才能顺利进行，否则必将影响沟通效果。例如，同是一件事物，祝寿场合和丧事场合不一样，祝寿时的面和蜡烛，按中国民间风俗都冠以“寿”字，但用于丧事场合则不妥；丧事场合称死者身上穿的衣服为寿衣，但用来指称祝寿中被祝福的人也不妥。

第二，连续性。时空背景的发展变化是连续的，最初经历的时空背景常常通过心理因素沉积下来，能在眼前所处的时空背景中继续起作用。昨天与谁发生不愉快，今天见面仍不自然；白天工作中受挫，晚上回家不愿意说笑，都是这个道理。时空背景的连续性使语言沟通与时空背景关系更加复杂化了，往往是眼前所处的背景中还隐藏着一个更大的背景。

第三，变化性。时空场合不是一成不变的，而是不断地处在变化之中，这种变化有时是渐变，有时是突变。语言要根据时空背景的变化而变化，环境变化了，语言也要随机应变。

时空场合对语言沟通的制约作用

语言沟通双方都是在一定的时间背景，特定的空间场合下进行语言沟通活动的。这种活动与时间一起流动，随场合的变化而变化，所以时空背景对语言沟通的制约作用是十分明显的。

首先，时空场合会影响语言沟通者的情绪，对语言沟通有诱导和暗示作用。

语言沟通受沟通者心理状态的影响，沟通环境又影响人的心理状态，所以沟通环境会影响语言沟通。以口头沟通为例，一个不善言谈的人在令他兴奋的场合，同样会侃侃而谈；相反，一个很爱说话的人，在特定的场合中也会缄默无语。无论是爱说话还是不爱说话，说话的兴致与激情和时空场合都是有密切关系的。

时空场合对语言沟通表达形式的制约包括以下几个方面：

一、对说话声音的控制。如果在公交车上，声音嘈杂，我们有什么话要说，就要把声音放大一些，以便对方听到，这是合作原则的一种体现。但是如果在图书馆的阅览室里，我们有话要说，就应该尽量放低声音，以免对其他同学造成干扰，这也是出于对其他同学的合作态度。

二、对说话情态的控制。不同场合对在语调上、感情色彩上以及面部表情等方面的语言沟通都有所限制，比如在追悼会和在联谊会或欢庆宴会上的情态一定是不同的。

三、对沟通词语的选择。不同场合对于词语的选用也有讲究。某法院曾经审理一起案件，因被告对作案时间交代不清楚，为了核实，审判长决定传被告之妻到庭作证，由于过分着急，他脱口而出："把他老婆带上来！"法庭上顿时哗然，严肃的气氛被冲淡了。这句话之所以不得体，是因为它处于一个特殊的沟通环境之中。在这样的环境中，审判长应当使用法庭用语，比如"传证人某某到庭"，实际上审判长混用了法庭用语和日常生活用语。可见，词语的选择是受时空背景制约的。

四、对语言句式的选择。一般地说，我们说话要求句式完整，但在特定的场合就要有所不同。比如作为路标，"陡坡，慢！"就是一个非常适合行车场合向司机传递信息的方式，其结构简略，语气急促，都是受这种特定的时空场合制约的。

时空场合对沟通容量的制约，是指在特定的时空场合，我们应该注意说适量的话。比如在公共场合进行演讲，有的人滔滔不绝，用语言的触角抓住了每一位听众，自然令人佩服；而有的人把自己的意思浓缩起来，犹如一串闪亮的珍珠，也让人拍手叫绝。

其次，时空场合还可以丰富词语意义，使语言沟通含有无限之义于言外。

语言沟通所表达的意义有很多不是字面本身的意义，而是通过一定的时空背景临时被赋予的。比如上课的时候，到中午12点了老师还在讲得很忘我，一个前排的学生就小声地对老师说："老师，12点了!"这种时空场合下，"12点"的含义就有了新的拓展，它不仅表示了一个具体的时间，还包含有"该下课了"这个言外之意。这是时空场合给一个句子增加的附加意义。

此外，时空场合还可以影响语言的感情色彩。例如，在唱卡拉OK时一个同伴特别活跃，情绪异常激动而高涨，你可以开玩笑地对他说："疯子，真够戗!"这里"疯子"的感情色彩就由原本的贬义变成了褒义，有一种喜欢宠溺的意味在里面。而这种改变是由"唱卡拉OK"这样的时空场合所给予的。如果换一个背景，隔壁房子里有人在大声歌唱，你站到阳台上去大喊一声"疯子，真够戗!"任何人都不会认为你是在欣赏他，而是语带褒义。

语言沟通对时空场合的利用

（一）主动选择有利场合

场合是决定说话效果的重要因素，特定的话只能在特定的场合中说，这是由于一定的场合会构成一种特定的氛围。如果我们说一些与氛围不大协调的话，便会影响语言的沟通效果。比如谈恋爱选择到湖边散步，这时双方的心情都会是轻松的、平静而悠闲的；或者到有浪漫情调的咖啡厅，这都有利于双方在友好的氛围中进行感情的交流。情侣看电影一般选择爱情片，而一般不会选择战争类的片子看等，都是一个道理。

场合按不同的标准有不同的分类，按是否有私密性它可以分为公开场合和私下场合；按人的心境可以分为严肃场合和轻松场合；按沟通者的处所可以分为居家场合和赴他场合等。

公开场合的特点是：听众多，沟通面广，人员集中。在这种场合下的语言沟通者，首先要注意仪表的端庄，举止的大方；其次要注意语言内容的普适性，不要热情了某些人而冷落了另一些人。像教师上课，演讲者演讲，大会上发言以及朋友亲人间比较大型的聚会等，都是在公开场合中进行的语言沟通活动。

与公开场合相比较，私下场合的特点是听众少，气氛比较融洽。在这种场合下的沟通双方之间的距离要比公开场合之下的拉近了许多。因此，在这种场合下人们不必过于拘谨，一些适宜较亲密或不宜公开场合说的内容都可在私下场合中表达出来。因此，人们就需要在平日的语言沟通中注意选择与话题性质相吻合的场合。假如我们认为自己的话题只有极小范围的针对性，我们就应该找一个私下的场合进行；相反，假如我们觉得自己的话题有广泛的针对意义和较强的感染力，我们便可以选择或创造一个公开场合以扩大影响。

另外，人们还可以根据自己的话题选择私下场合的公开场合或公开场合的私下场合。如在饭桌上，十个朋友一起吃饭，在该场合中对全体人员说的话就是私下场合中的公开场合；如果自己的话题只适合对该场合中的某一个人说，你小声地对身边的一个人说了，并没有面对其他人，你的音量也不能够让其他人听见，那么这就是公开场合中的私下场合。经常看到在宴会进行一段时间后或人们吃得差不多时，分别是几个人一块在窃窃私语就是这种情况。

有时，某一话题或说话的方式与当时的气氛处于一种融洽统一的状态，其沟通效果会格外好。比如在一位可敬的师长的追悼会上，你声泪俱下地朗诵了字字含情的悼词，会起到很强的感染效果，因为你的话题及表达方式是和追悼会的场合相吻合的。在《三国演义》中诸葛亮哭悼周瑜一场，是感人的，它不仅感染了剧中的东吴大臣，也感染了电视机前的观众，这是因为他的表达方式和当时的场合氛围是吻合的、协调的、有感染力的。

但是，如果某一话题或说话方式与当时的气氛处于一种逆向流动的状态，沟通效果就会一落千丈，而让人产生不适甚至反感，如殡葬场所悬挂“经济搞上去，人口降下来”之类的标语，犯的就是这类错误。

对于交际场合，一方面有顺应的问题，另一方面还有主动选择的问题，有时选择和创造有利的场合进行沟通显得更加重要。一般来说，有利场合就是使自己的力量能施加影响的场合。像国际足球比赛，双方都想选择在自己国家里进行，因为那里有天时、地利、人和之便。对于语言沟通来说如果可能的话，我们应该在这之前周密地思考一下，哪种场合对自己的语言沟通更有利。一般来说，在家接待别人常常自我感觉轻松、自在；到别人家走访，往往自我感到些许的拘谨约束。所以我们与别人商量某种事情，不妨把他们请到自己的家中，这叫做“家居优势”。作为领导，发现问题后一般把下属叫到自己的办公室去谈，也是由于这一场合有利于下属产生上下级的直接体验，从而形成一种服从的心理反应。这样本来对等的双方因为地点选择有利于一方，便使双方变成主动与被动的两方了。

（二）善于把握沟通时机

一个说话者说的内容无论如何精彩，时机掌握不好，也可能达不到目的。这是因为听话者的内心活动往往会随着时间的变化而变化。因此，人们在日常沟通中要注意把握好谈话的时机。例如，我们应该顺应生物钟规律，尽量不在一天中的“bodytime”时间内向人传递不愉快的信息。现代生理学、心理学研究实验证明，每天下午4~6点是所谓的“bodytime（体内时间）”。这时人们在心理上和身体上的疲劳都已经达到顶峰，此时人的倦怠、焦躁、情绪低落、思考力减弱等不良反应尤其明显。自己不愉快的或不满意的事情在此期间不要向父母、领导或朋友等倾诉，把自己的“苦”压一压，多说一些关切的话。你想告诉家人的事情也最好往后放一放，等到吃完晚饭后身体有一定的恢复时再说。你或者根据对方心境，选择相应话题。人的心境都会有好有坏，心境好的时候，常常是“无往而不乐”；心境差的时候则往往是“无往而不愁”。因此，当和他人交流时，我们必须把这作为一个前提去考虑。在对方愤怒、反感或狂热的时候，我们首要的任务是先使他安静下来，从激情状态恢复到平静状态，那样才可能使对方的理智能持续正常地活动。为达到这一目的，我们先别谈实质性话题，而要改换一些能使对方心境恢复到平静状态的话题，比如拉拉家常、说些赞美其人其物的话。当对方伤心或失意时，我们不宜提太复杂、太生硬，可能引起对方不愉快的问题；当我们发觉对方遇到困难而我们爱莫能助时，最好什么话也不说，让他单独冷静地思考。总之，了解别人的心境，可以推断出对方的思维活动，我们的话也会说得更有针对性和说服力。

时空场合对语言沟通的影响很大，我们认识到这些影响之后，就应该根据不同的时空背景选择与之相适应的语言内容和沟通方式，也应该根据不同的语言沟通内容和沟通目的选择与之相适应的沟通场合，使其充分发挥影响，为我所用。

语言沟通的对象

我们过去经常以“对牛弹琴”这个成语来挖苦对方是“牛”，但从另一个角度来看，这其中当然也有“弹琴人”的不对，岂不知再美妙的音乐对于牛而言也不如一把嫩草更有意义，这是弹琴人没有找准合适的欣赏对象而造成的后果。

我国古代对生男生女有一种习惯的称法，生男为“弄璋”，生女为“弄瓦”，这实际上是利用语言表达中的借代手法。“弄璋”最早见于《诗·小雅·斯干》：“乃生男子，载寝之床，载衣之裳，载弄之璋。”（意思是生下一个小儿郎，给他睡的是炕床，给他穿的是衣裳，给他玩的是玉璋。）后来，人们将这句诗中的“载弄之璋”简缩为“弄璋”，“璋”即圭璋、宝玉，借代男孩。“弄瓦”最早也可见于该书：“乃生女子，载寝之地，载衣之裼，载弄之瓦。”（意思是生下来一个女孩，给她睡的是地下，给她穿的是破衣裳，给她玩的是纺线瓦。）“瓦”是古代陶制的纺线锤。后来，人们也将“载弄之瓦”简缩为“弄瓦”，借代女孩。听说后来有人根据“弄瓦”、“弄璋”编了一个小故事：

一位爱用典故的张瓦先生，写信回家问不识字的妻子生下的孩子是男孩还是女孩，信中用“不知弄璋乎？弄瓦呼”来问妻子，可妻子不知道“弄璋”、“弄瓦”是指男孩、女孩。她认为“弄璋”是“弄璋壶”，“弄瓦”是“弄瓦壶”，于是请人给丈夫回信说：“家中茶壶、酒壶、尿壶都不缺，璋壶、瓦壶就不要再弄了。”这当然是个笑话，同时也指明了张瓦说话不看对象的后果。

语言沟通总是要有特定对象的。语言沟通效果如何，不仅受社会环境、时空场合的影响，同时还受到沟通对象的制约。同社会环境、时空场合一样，沟通对象也是语言沟通的客观因素。

俗话说，隔行如隔山。不同职业的人之间，可能形成一定程度的隔膜。因此，和不同职业的人进行语言沟通，人们就要根据具体情况恰当地展开话题，只有这样才能达到沟通目的。李燕杰曾经到一家大医院演讲，上台一看，台下相当多的人在翻看医科书或其他读物。他没有慌乱或者表现出不满，而是高声朗诵了一首诗：每当我忆起那病中的时光，白衣战士就引起我深情的遐想。他们那人格的诗，心灵的美，还有那圣洁的光，给我以顽强生活的信心，增添着我前进的力量……因为演讲听众都是医生，是一些知识分子，他们所关系的是医疗技术，开会不免要带一些业务书籍之类。但李燕杰很会根据不同对象即景生情，根据听众的职业情况调整语言手段，给这些医生们诵读了赞美诗，一下子打动了听众的心，从而使他的演讲得以顺利进行，达到了想要达到的沟通目的。

沟通对象的文化程度对语言沟通效果有很大影响。文化程度不同，人们对语言的识别能力和理解水平就会不一样。因此，针对人们的文化程度的不同，语言沟通的内容和方式也要有所不同。沟通者应注意把握适当的深度，使对方能够理解，否则就会事与愿违。每每提到这一点，过去的迂腐秀才便常常是这方面的反例。据说一个秀才在睡梦中，脚被蝎子蛰着，剧烈疼痛，急忙喊醒老伴，说：

“吾之贤妻，速燃烛台！视汝夫吾其为毒虫所噬乎？”他老伴冲他直翻白眼，听不懂他在说什么。秀才疼痛难忍，大叫道：“老婆子，快点灯！看看我是不是被蝎子蛰着了！”他老伴马上明白了他的话。这个故事说明，人们只有针对接受对象的文化水平，选择能让对方接受的语言表达形式，才能取得满意的沟通效果。

沟通对象的心理状况同样也会影响语言沟通的效果。19 世纪，维也纳上层社会的妇女们时兴戴一种筒高、檐宽的帽子，而且在帽檐上装饰着五颜六色的羽翎。女士们一进入剧场，观众就只能看到她们戴的帽子，而看不见戏台。剧场经理在无可奈何的情况下，只好一再请求女士们脱下帽子，可谁也不予理睬。这时，经理灵机一动，根据女士们爱美、爱年轻的心理状况和特点说：“年纪老一点的女士们可以照顾不脱帽。”话一出口，女士们纷纷脱下帽子，因为她们面临美女与老妇的选择，维也纳的上层妇女，谁也不愿意把自己当成老妇。其实她们戴那种筒高、檐宽的帽子，也正是追求美、追求年轻的一种表现。

人的性格也是构成沟通对象的因素之一。作为个人对现实稳定的态度和习惯化的心理特征、行为方式，性格对语言沟通的制约作用是很大的。如性格内向、老成持重的人，喜欢真诚质朴、亲切大方，与他们交谈不应该轻率怠慢、模棱两可，而自信、秉性耿直的人则喜欢活泼明快，说话直来直去。与性格多疑敏感、心胸狭窄的人谈话，要精细稳重、字斟句酌，不宜信口开河、直来直去。如果说性格开朗、粗犷豪放的人喜欢热情爽快、豁达大度，那么他们与性格温文尔雅、有学识才华的人交谈则不妨畅所欲言，旁征博引，含蓄诙谐，但千万不要巧言令色，卖弄知识。

沟通对象的年龄也是语言沟通中不可忽视的重要因素。鲁迅先生说过一个笑话：一天，一个十一二岁的小孩在家，父母都出去了。这时有位陌生人来访。客人一进门就问小孩：“令尊令堂在家吗？”孩子听不懂“令尊令堂”的意思，瞪着眼睛呆想了半天，才说：“我吃过许多糖，可没吃过令堂（糖）。”这个笑话是讥笑那个客人说话不看对象，没有考虑到小孩的接受能力和理解能力。我们在与不同年龄的人交谈时，实际上不论在内容上还是在形式上都要注意区别对待。比如说，与老年人、孩子交谈和与青少年交谈之间就有很多不同。

一般人是很难跟比自己年长30岁以上的人谈得来的。30年是一段很长的时间间隔，生活方式、兴趣爱好、教育程度、生活理念等都发生了很大变化。各个方面距离那么远的人，实在很难有共同的话题。在这种情况下，同情和理解可以产生良好的融合作用。老人多半喜欢追忆往事，如果我们能引起他谈谈自己的过去，这不但对他是一件很快乐的事情，对我们了解过去其实也是一个很好的机会。能够听到一个人亲口告诉我们三十年前或更长时间的事情，也是十分珍贵的。而且经过时间的洗礼和岁月的流逝，那些仍然深刻地留在老人们心中的，多半是一些印象深刻而又有一定意义的故事。

总之，和不同年龄段的人去交谈，要注意不同的技巧和方法，即便是同一年龄段的人也会因人而异，这需要我们在平时生活中注意去发现、去总结、去实践。

语言沟通的双方关系

在语言沟通中，采用什么方式以及选择哪些词语等进行沟通，跟沟通的具体时空场合有关，更和具体时空场合中交际双方的特定关系密切相关。这是因为人与人之间可能存在多种关系，如既是父子关系又是上下级关系，既是同事关系又是朋友关系等。那么在不同的具体场合，其中的某一关系必然突显出来，而我们的沟通内容和方式就要以适合这一关系为准则。如果不考虑特定场合中的特定关系并根据这一关系采用适当的沟通方式，我们就可能在交际中碰钉子。

阿尔倍托和维多利亚女王夫妻感情融洽，但是也有不愉快的时候，这大多在于妻子是女王的缘故。

有一天晚上，皇宫举行盛大的宴会，女王忙于接见贵族王公，却把自己的丈夫冷落在一边。阿尔倍托很生气，就悄悄地回到了卧室。不久，有人敲门，房间里的人很冷漠地问："谁!"

敲门的人昂然答道："我是女王。"

门没有开，房间里没有一点动静。敲门人悻悻地离开了，但她走了一半，又回过头来，再去敲门。房内又问："谁?"

敲门的人和气地说："维多利亚。"

可是门还是紧闭。她气急了，想不到以英国女王的身份，竟然还敲不开一扇房门。她带着愤愤的心情走开了，可是走了一半，想想还是应该回去，于是又重新敲门。里面仍然冷漠地问："谁?"

敲门的人委屈而又婉和地说："你的妻子。"

这一次，门开了。

这个故事说明，在特定场合，交际双方的特定关系对语言沟通的方式方法以及成功与否至关重要。在语言沟通中，人们不仅要注意沟通对象的身份、性格、年龄、职业、情绪等，还要特别注意沟通对象与自己的关系，只有准确把握特定场合中两者的特定关系，选择适合这一关系的沟通方式才能获得良好的沟通效果。

三国时期恃才傲物死于曹操之手的杨修，就是没有把握好自己与曹操的特定关系，屡犯曹操之忌而最终招来杀身之祸的。有一次，曹操派人建造了一个花园，完工后去检查时没有直接评价，只是在门上题（写）了一个"活"字。众人不解其意，只有杨修说："门内添'活'字，乃'阔'字也。丞相嫌园门阔耳。"后来重修停当，曹操大喜。但是当得知是杨修解其意时，疑心甚重的曹操便心有不悦，并对其有了戒心。而随后，杨修又以"一人一口酥"之解，分食了塞北送与曹操的"一盒酥"。曹操很是不满，杨修却没有及时了解曹操的心理，没有认识到自己与曹操的关系在曹操心中已经发生了恶变，在被曹操问及此事时，他仍满不在乎地说："盒上明明写着一人一口酥，岂敢违丞相之命乎?"后来，曹操故意以“梦中杀人”为借口遮掩自己害怕被暗杀的心理时，杨修又说道：“丞相非在梦中，君乃在梦中耳。”这一次次的口出无忌，使他与曹操的关系在曹操心中一步步走向对立，从不悦到不满再到不可容忍，因此当杨修再次以“鸡肋”来“动摇军心”时，曹操便毫不犹豫地杀了他。或许杨修的本义只是显示自己的聪慧和才华，并无恶意，但是他没能认识到自己的对象是什么样的一个人以及自己与对方的关系是怎样的，极度虚伪、喜欢猜疑而嫉妒的曹操怎会容得下这样一个明了自己心思的人在自己的身边？因此，杨修被曹操杀害的惨剧是最终注定的。

相反，如果注意到对方的身份、性格、地位等特点，考虑到沟通双方的特定关系，再假以巧妙的措辞，相信人们（沟通者）自然会收到好的沟通效果。

毛新宇在一次接受记者采访时被问道：“在评价毛泽东时，有人说三七开，有人说二八开或者四六开，你认为如何评价比较合适？”毛新宇回答说：“作为毛泽东的孙子，我认为爷爷一生为国为民，二八开比较合适；但是作为历史系的学生，我同意大部分人的评价，三七开。”这应该说是很巧妙的一番回答。毛新宇与记者之间是采访对象与采访者之间的关系，他的回答还需要涉及到自己与毛泽东的祖孙关系，领袖人物与普通人物的关系，历史人物与历史系学生的关系。毛新宇所选择的句式、结构，在分句中称谓的变化，都是在准确把握采访双方的特定关系以及所谈对象与自己的复杂关系的基础上，而做出的既合情理又很得体的回答。

第三章　语言沟通的语体

口语体、书卷体、通用体范畴的形成

关于“语体”和“风格”

笼统地说，语体和风格是同一概念，都可以译成英语的 style。就汉语的字面分析，“体”与“格”的意义也相通。我们在不需要加以区别的情况下，取这两个名称的一般意义，可以换用。为了加以分别，我们把主要着眼于语言和语言成分的角度而建立的共体性风格范畴，称为“功能语体”，把主要着眼于言语和言语活动的角度而建立的共体性风格范畴，称为“沟通风格”。

采用三分法分类，语体可分为口语体、书卷体、通用体范畴，归属于“功能语体”；采用二分法分类，它可分为口语风格、书卷风格范畴，归属于“沟通风格”。这是因为客观现实中存在两种不同的着眼点，有两种性质并不相同的归类系统，我们都应该有所反映，又不可不加以区别。例如，有些词典里将一些词标为〈口〉，一些词标为〈书〉，即分别表明它们是口语词和书卷词，没有特别标注的自然是通用词了。语法书对某些句式要指出属于口语体句式或书卷体句式，不特别指出的当然都属通用体句式。这是我们主要着眼于语言成分的语体性质分析，用三分法建立口语体、书卷体和通用体范畴的实际根据。按系统论的观点，在词汇系统、句法系统里，既然有特别指出的口语词和书卷词，口语句式和书卷句式，就必然还存在既非口语风格又非书卷风格的语言成分，即中立的通用性成分；这是用三分法建立口语体、书卷体、通用体范畴的理论根据。而当我们谈论话语的风格时，我们会具体地认为某话语是口语风格，某话语是书卷风格，并无“中立”或“通用”之说。这也是一种客观事实，它主要是着眼于言语和言语活动的风格倾向，或是以口语体成分为核心因而具备口语气氛的话语，属口语风格；或是以书卷体成分为核心因而具备书卷气氛的话语，属书卷风格。这是二分法建立的风格系统。两种风格系统的建立都有实际意义。

口语体、书卷体与口头表达、书面表达的区别

口语体、书卷体（还有通用体）是一种语体范畴，是语言功能分化的结果。而口头表达、书面表达只是语言表达的不同方式，口头表达是由人们说出来，书面表达是由人们写出来，二者都不是语言本身的不同功能分化。所以，作为语体的口语体和书卷体，跟作为表达方式的口头表达和书面表达是性质根本不同的两回事。

口语体同口头表达、书卷体同书面表达又有深刻的联系。这是因为口语体和书卷体作为两种功能变体的形成，同口头表达和书面表达存在着渊源关系。即使在形成这两种具有对立关系的语体之后，口头表达也多取口语体或口语体成分，书面表达一般也是较多地采用书卷体或书卷体成分。但毕竟语体不等于表达方式，两种相互对立的语体一经形成，它们同表达方式就不再有必然的关系了：口语体和口语体成分可以见于书面，书卷体和书卷体成分也可以诉诸口头；而且，无论口头或书面都还会有既非口语体又非书卷体的成分——通用体或通用体成分。很多学者已注意到了这个问题。例如，陈建民的《汉语口语》将口头表达分为如下七种情形：（1）日常会话（包括问答、对话）；（2）在动作或事件中做出反应的偶发的话；（3）夹杂动作的话；（4）毫无准备地说一段连贯的话；

（5）有提纲的即兴发言；（6）离不开讲稿的讲话；（7）念稿子。书中认为“只有前面四种充分具备口头语言（按：应为口语体）的风格特点”。可见口头表达不等于口语体。上列七种情形，不仅后三种没有完全离开书面，而且前四种也是可以见于书面的。

况且，作为语体范畴的口语体和书卷体，它们不只同一定的表达形式或沟通方式有关系，还反映了更为广泛的功能特点。它们之间经常出现的沟通场合是不同的：口语体及口语体成分经常出现在非正式的、随便的场合；书卷体及书卷体成分经常出现在正式的、庄重的场合。

口语体和书卷体的形成和使用，还反映了沟通对象方面主要是文化层次方面的特点。《辞海》（1979 年版）有“书卷气”这个词条，“指在说话、作文、写字、画画等方面表现出来的读书人的风格”。当然这里所指的范围比较宽，不限于语言，可是包括了语言。因此，将“书卷气”同“读书人的风格”联系起来，是有根据的。

由上可见，作为语体类型的口语体、书卷体，它们有多方面的功能特点，正是这些功能特点才决定了它们具有语体性质，属于语体范畴，不能同作为言语表达形式的口头表达、书面表达混为一谈。

口语体、书卷体、通用体范畴是历史地形成的

语言功能变体（语体）是历史地形成的。汉语的口语体、书卷体、通用体，在古代汉语和现代汉语中，其语体成分是不一致的。古汉语的口语体或通用体成分，在现代汉语中好些成为了书卷体。请看下面几个基本词汇的例子：

日、太阳、日头。“日”在古代汉语里是个通用词。上古便出现了“太阳”，如《说文》写道：“日，实也，太阳之精不亏。”这里的“太阳”是极盛的、阳气的意思。开始用“太阳”指

“日”，恐怕倒是带有书卷气的，而现在“太阳”是通用词，“日”成了书卷词，如“日月如梭”、“乌云蔽日”等都是书卷体风格。“日头”是方言进入普通话的口语词。

食、吃。上古只有“食”，是当时的通用词，唐以后才有“吃”。现代汉语里，“吃”是通用词，而“食”则成了书卷词，如“食不甘味”、“食而不化”。表示“饮食”义的“吃喝儿”，《现代汉语词典》标作〈口〉，是口语词。

领、颈子、脖子；齿、牙、牙齿；首、头、脑袋；目、眼睛。《诗经·卫风·硕人》写道：“手如柔荑，肤如凝脂，领如蝤蛴，齿如瓠犀，螓首娥眉。巧笑倩兮，美目盼兮。”《诗经》，特别是其中的国风，大家一般都认为它是当时的民间歌谣，这首歌谣里使用的“领、齿、首、目”等也许就是当时的口语词，至少是通用词吧。这些词在现代汉语里都成了书卷词，如“笑不露齿”、“有目共睹”、“马首是瞻”之类，都是书卷体风格。《现代汉语词典》“首领”的第一个义项释为：“<书>头和脖子。”现代汉语的通用词分别为“颈子”、“牙齿”、“头”、“眼睛”。颈子又叫“脖子”，“头”又称“脑袋”、“脑瓜子”、“脑壳”，《现代汉语词典》“脑袋”标作<口>，“脑瓜子”、“脑壳”都标作<方>。如果按语体分类，这几个词，还有“脖子”，都属于口语体成分。

也有相反的情形，在古代是书卷词，后来却成了通用词或口语词。例如许多佛教用语，在汉代和汉以后相当长的时期内，只见于某些佛经的译文或书面言语中，是当时的书卷词；到后代，用的多了，流传广了，便进入口语，像“菩萨、阎王、和尚、地狱”等成了通用词；有的甚至成了口语词，如“僧”与“和尚”、“尼”与“尼姑”就有书卷体与口语体之别。

以上例子说明，语体和语体成分是历史地形成的，它是随着时代的发展、语言的变化而发展、变化的。

口语体、书卷体、通用体之间的对立统一关系

口语体、书卷体、通用体是对立统一的，它们各以其对立项的存在为条件，没有口语体，也就无所谓书卷体；没有书卷体，也就无所谓口语体；没有口语体、书卷体也无所谓通用体。口语体与书卷体的语体特点鲜明，它首先表现为口语体与书卷体的对立；但是现代汉语的语体系统不只表现为这两种语体的对立，还表现为口语体或书卷体与通用体的对立。语体的对立统一，要由语体成分即各类语体的词汇成分、句法成分体现出来，每一种语体都有体现本语体特征的词汇成分、句法成分，各个语体之间的语体成分具有同义性。这是因为语体不是具有独立的词汇系统和语法系统的另外的“语言”，它只是一种语言的不同功能变体。一个意思可以用具有这一类语体风格的语言成分表达，也可以用具有另一类语体风格的语言成分表达，这便是语体成分的同义性，是语体之间既对立又统一的表现。语体成分的同义性有两种情形：一是平行同义成分，二是非平行同义成分。

以词汇成分为例。《现代汉语词典》里，“妈”的第一个义项是“〈口〉母亲”，“首领”的第一个义项是“〈书〉头和脖子”，它们都是用语体不同而意义相同的词作注。“妈”和“母亲”，“首”和“头”，“领”和“脖子”，意义相同，语体不同，它们都是“词”这一级语言单位，地位是平等的，这样的语体同义性属于平行同义成分。《现代汉语词典》对下面这样一些词的释义，情形有所不同：

伛偻：〈书〉腰背弯曲。
瘐死：〈书〉古代指犯人在监狱中因饥寒而死。
赶趟儿：〈口〉赶得上；来得及。
泔脚：〈方〉倒掉的残汤剩菜和刷过锅碗的水。

以上或是口语词，或是书卷词，它们的意义需用一个短语甚至句子来表述。这样的表述与被表述之间当然也是“同义”的（不然就无从表述或表述不确），却不是同等的语言成分，属于非平行同义成分。

语体成分的同义关系，既可以是平行的同义成分，也可以是非平行的同义成分。只有这样全面地认识所谓同义性，我们才能合理地解释语体之间的互易性，即语体变换。语体既然是一种语言的功能变体，而它所以能取得一种变体的资格，就在于它能以自身的风格完成该语言的交际使命。如果语体及其成分之间没有互易性，不能进行语体变换，这就意味着，有的语体及其成分尚不能履行至少不能完全履行语言的基本职能，这是不可思议的。如果我们把语体成分的同义性仅仅理解为平行的同义成分，那便可能导入这样的结论。例如一些科技术语，属于书卷体，这样的词没有进入口语就不能算作口语体成分，可是我们绝不能认为它不能用口语体或通用体成分来表达；只不过它不是用术语即词的形式表达，而是用短语或句子的形式来表达，如前面举过的例子。

汉语的书卷体

现代汉语书卷体形成的原因或根据

现代汉语书卷体是汉语在长期的使用中，由于受到一定表达方式、沟通对象、交际场合等方面的制约或影响，形成的具有一系列特点并通过相应的语言成分固定下来的一种功能变体。

一、表达形式方面的影响和制约作用

作为语言功能变体的书卷体不等于书面表达，却不意味着语体

同表达方式没有联系。长期以来它以书面方式出现，即借助于文字传递思想信息，在词语的选用、句子的组织等方面要适应阅读的要求，于是形成一系列独具特色的、不同于非书卷体首先是口语体的语体成分，从而成为一种语体系统。

大家都有这样的体会：有些话语见诸文字，即以书面形式出现，是符合人们的习惯、适应沟通要求的，而把它拿来口述，用作日常谈话，就不大适宜了；反之也一样。看一个例子：

> 5月28日16时05分，由济南开往佳木斯的193次旅客快车，行驶至沈山线锦州铁路局管辖内的兴隆店车站（距沈阳43公里）时，发生颠覆重大事故……

这是一段摘抄自书面报告上的话；如果口述，一般情形下，其中好些语言成分得改动，或许是这么说：

> 5月28日下午4点5分，从济南向佳木斯开的193次快车，开到……兴隆店车站的时候，这里离沈阳43公里，发生了翻车的重大事故……

用词和句法都有所变动，书卷体成分也有所改动，这样才符合口述的习惯，尤其是一般讲述的习惯。当然，郑重地宣读报告，虽以口头方式再现，却得“照本宣科”。这样的情形说明：长期借助于文字传递思想信息，即以书面方式出现，是形成书卷体风格的原因之一。可见，书卷体同书面形式的表达虽有原则区别，不是一回事，但是二者确有深刻的联系。这是历史的客观事实。

二、沟通对象方面的影响和制约作用

它指的主要是沟通对象的文化层次。《现代汉语词典》所说的“书卷气，指在说话、作文……等方面表现出来的读书人的风格”，反映了书卷体风格的这个特点。还有所谓“知识分子腔”或“学生腔”的说法，这种说法常常是用来批评脱离劳动大众、脱离生动活泼的群众语言的现象。如果我们撇开这层特定的含义，这种提法倒在一定程度上反映了书卷体形成的一个客观基础——长期由具有一定文化基础的人使用和阅读，文化水平不高的人一般不用，它缺乏普遍的可接受性。鲁迅在《人生识字胡涂始》里说到这种情形：

> 例如我自己，是常常会用些书本子上的词汇的。虽然并非什么冷僻字，或者连读者也并不觉得是冷僻字。然而假如有一位精细的读者，请了我去，交给我一枝铅笔和一张纸，说道，“您老的文章里，说过这山是‘**崚嶒**’的，那山是‘**巉岩**’的，那究竟是怎么一副样子呀？……”我实在连自己也不知道“**崚嶒**”和“**巉岩**”究竟是什么样子，这形容词，是从旧书上抄来的，向来就并没有弄明白，一经切实的考查，就糟了。此外如“幽婉”，“玲珑”，“蹒跚”，“嗫嚅”……之类，还多得很。(《且介亭杂文二集》)

鲁迅的这番话当然不是论证书卷体的特点，而在表明写文章力求“明白如话”的主张。其用意是好的，不过有些提法有片面性，容易使人产生误解，以为使用书卷体成分都近于生吞活剥，是禁区(虽然文章最后带了一笔“至于旧语的复活……那自然也是必要的”的话)。书卷体，作为现代汉语的一种功能变体，它是客观存在，自有它的用场。文章所举的几个典型例子，《现代汉语词典》全收录了，“嗫嚅”、“巉岩”标了＜书＞，其余几个没标——在词典的编者看来，这几个词语连文言成分都算不上。这篇杂文的题目“人生识字胡涂始”本身便是从旧书上“人生识字忧患始”拿来予以翻新的，这种句法也是书卷体成分。鲁迅的这番话恰恰证明了书卷体是客观存在的，而且还说明了书卷体的形成同交际对象——读书识字的人有密切关系，只有这样的对象才可能“从旧书上抄来”、“用些书本子上的词汇的”。这正是书卷体形成的一个客观基础。

三、同一定沟通任务、沟通场合的需要有关

在比较正式、庄重的场合，为适应论述严谨或格调典雅的需要，人们往往使用书卷体及书卷体成分；换一个角度看，书卷体，一般地说，具有庄重典雅的风格特点。它需要与结果相互作用，书卷体的形成同适应这样的沟通需要有着明显的联系。请看下面的一份介绍信（正文）：

> 兹介绍我厅干部处××、××等贰同志（系中共党员）前来您处联系有关××同志的工作调动问题，请予接洽，并大力协助为荷。

我们把其中的有些语言成分改换一下，写成：

> 这里介绍我们厅干部处的××、××两位同志，他们都是党员，到你们那里联系××同志的工作调动问题。请你们跟他们商量解决一下，并大力协助，你们的支持，我们是很感激的。

前后两种文字，意思一样，风格却很不相同。前一种文字，大量使用了书卷体成分（包括书卷体词汇、书卷体句法），显得庄重典雅，是得体的；后一种文字，把好些书卷体成分调换了，语体风格变了，作为公文，显然不如前者符合要求。如果当面口述，我们应这么说：

> 他叫××，他叫××，是我们厅干部处的，都是党员，他

> 们要跟你们商量件事儿，××同志调动工作的事儿，请你们帮忙，支持支持，打搅了，很对不起！

这里换用了好些口语体成分，风格大变，照此写成“介绍信”之类公函，绝不符合要求。这样一对照，即可看出，书卷体自有书卷体的用场，书卷体的形成同正式、庄重的沟通场合以及谨严、典雅的表达需要，确有密切的联系。

现代汉语书卷体的成分

现代汉语书卷体的语体成分，主要有三类：文言成分；书本上沿用下来的成分；主要见于书面的外来成分或新兴成分。这三类成分，也就是现代汉语书卷体成分的三个主要来源。

一、文言成分

在现代汉语里，确切地说，在现代汉语的书面作品里，不同程度上保留和使用的文言词语、文言句法，是现代汉语书卷体成分的一个来源和一个方面。这些成分，在口语里一般不用，往往是比较生僻的。就词汇来说，收入《现代汉语词典》标明 <书> 或 <古> 的词语，基本上属于此类；现将声母 z [ts] 音下的标明 <书> 或 <古> 的词语摘取部分于下，以见一斑：

匝：周。如绕树三匝。
匝地：遍地。
匝月：满一个月。
拶：逼迫。
杂说：零碎的论说文章。
哉：语气词。
载：又，且。如载歌载舞。

臧：善，好。

臧否：褒贬；评论。

驵：壮马；骏马。

驵侩：马匹交易的经纪人，经纪人。

奘：壮大。

藻饰：修饰。

蚤：同“早”。

造次：匆忙；鲁莽。

造端：开始。

造访：拜访。

以上这些词语口头上一般都不用，《现代汉语词典》收录了，是因为它们仍在现代汉语的书面语言里出现。

现代汉语书面语言里保留和使用的文言句法、文言句式，不像词汇那样便于某种现代汉语“句法辞典”收录和反映出来，也没有这样的“句法辞典”。可以这样说，凡属古代汉语的而在现代汉语里一般不用或很少用的句法、句式，又见于一些书面语言作品里，就现代汉语来说，它们都是书卷体成分。文言句法、句式，在现代汉语的书面作品里都有可能出现，且举《毛泽东选集》中的部分例子如下：

愿……采纳而实行之。

此应请采纳实行者一。

尚未语于暗藏之汪精卫也。

始谓之统一。

和之以笔墨。

日汪肆扰于外，奸徒破坏于内。

固者硬也，顽者，今天、明天、后天都不进步之谓也。

他们在这一形势面前，一则以喜，一则以惧。

以上仅仅是从《毛泽东选集》里摘录的极少一部分例子，已不难看出：各种文言句法、句式都可能用于现代汉语的书面作品中；用上这些句法、句式，便增添了语言的“书卷气”。

二、书本上沿用下来的成分

这一类成分在书卷体中所占比重最大，没有现成的称呼来概括它。鲁迅《人生识字胡涂始》里所谓“从旧书上抄来的”，《语言与语言学词典》在有关条目里所谓“学者创造的词”，都可以借用来作为对这类书卷体成分某些特点的说明。这类书卷体成分，来自汉语的书面作品又是主要用于书面作品的成分。它区别于文言成分，文言成分虽然也是来自书面作品，但主要是在古汉语——文言作品中使用，现代作品中使用并不普遍。在某种意义上说，它们是“残存”在现代汉语里的成分，是现代汉语书面作品中较普遍使用的，好些口头上也用。

三、外来成分和新兴成分

现代汉语的外来成分，一般都是由知识分子通过书面言语作品输入，又主要在书面言语作品里使用的。有的后来逐渐扩大了使用范围，甚至进入了口语；而总的来说，它们是书卷性的，是现代汉语书卷体的一个组成部分。

外来成分包括词语和句法。外来词语，有音译的，有音译兼义译的，还有义译的。有人认为义译的不能称外来词语，应该属于自造新词，同其他自造新词一样。外来的句法，一般称为新兴句法。我们这里将“外来成分”和“新兴成分”并提、通用，不再细分。

汉语的口语体及通用体

书卷体、口语体、通用体都是现代汉语的基本语体类型，但是它们首先表现为书卷体和口语体的对立。这两类语体各自有鲜明的特点，认识了这两类语体，通用体的性质和地位便容易确定、不难理解了。

现代汉语口语体的形成

口语体是现代汉语的一种语言类型，有自己鲜明的语体特征。口语体首先表现为其同书卷体的对立，同时也表现为其同通用体的对立。口语体，如同书卷体一样，也是历史地形成的。只有当形成口语体同书卷体或者口语体同通用体对立统一的。语体范畴的时候，才会有作为一种语言类型的口语体，当然也才会有书卷体或通用体。按近人王力在《汉语史稿》中的说法，从先秦“直到汉代，许多作品还是接近口语的”，那么，先秦、两汉时代很可能还没有形成口语体同书卷体的对立，也就不存在这样的语体范畴。王力说，“自从南北朝骈文盛行以后，书面语和口语被分了家。”① 此后，长期以来，直到“五四”以前，语言体系存在着严重的“文”、“白”对立的局面。但是，必须指出的是，这里所谓的“文”是指文言（古代的书面语言），“白”是指现代汉语或近代汉语，与我们所要讨论的作为现代汉语语体类型的书卷体、口语体并不是一回事。应该说，只有当口头和书面都是或基本上是用现代汉语表达的时候，才可能形成口语体、书卷体的现代汉语语体范畴。这是因为作为语言的功能变体，它必须建立在共时态语言系统的基础之上。

作为一种语言功能变体，它是同一定的沟通需要、沟通特点相适应的，是这样逐渐形成的。口语体的形成也是这样。作为与书卷体相对立而存在的口语体，在这几项因素中，也必然表现出其相对的风格特征。

---

① 王力著：《汉语史稿》（上册），科学出版社 1958 年版，第 24 页。

口语体是在以口头方式进行语言沟通的基础上形成的。这样的表达方式、方法，对语言有特殊要求，从而形成一种为口语体所特有的风格。

直接通过语言的声音表达，即诉诸听觉，从发话人方面说，是一次性声音传递，既经发出，便不能抹掉，若需改动或增删，只能再作一次新的信息传递；从受话人方面说，是直接通过声音刺激接受思想信息，而声音的刺激在记忆的“底盘”上的停留是有限的，不像接受书面信息那样可以“通观”，可以储存。在这样的表达方式的制约下，发话人要考虑沟通效果，对于语言就得作相应的选择、安排。

（1）考虑音义结合的可接受性。词语和句子都是音义结合体；所谓可接受性，也就是与口头表达相适应的可接受性。它表现为两个方面：首先是词语的可接受性。汉字是表意文字，有些词语说出来可能使人不知所云或要作多种猜测，而写出来就清楚了，特别是那些比较生僻的词。口语体的词汇一般都通俗，大多是接近日常生活的，这样的特点同口头表达这种沟通方式是有关系的。口头表达中，有时不能避开某个较生僻的词或专门词语，这时往往辅以解释，如“请你马上到顺昌公司去一趟——顺利的‘顺’，武昌的‘昌’”。其次就是句式的可接受性。口语体的句子不应太长，结构不应太繁，这都是同声音记忆暂留有限相适应的。可以省略的成分尽量省略，这样可以缩短句子，突出要点。

（2）充分利用声音条件，加强语气、语调等语音因素的表现力或感染力。在直接以口头方式进行语言沟通时，说话人为了传情达意的需要，总是自然地注意语调、语气、顿歇、重复、抑扬、强弱等方面的表现。用文字写出来，虽然很难完全让读者触摸到实际情形，然而有些可以借助于相应的标点符号，有些可以通过叹词、语气词等虚词或某些特殊的句法表示出来。写出来的口语体仍是口语体。我们来看曹禺《日出》中茶房王福升接金八爷电话时说的话：

⑧喂，你哪儿？（听不清，大声）我问你哪儿？你要哪儿？（暴躁地）你到底要哪儿？……啊，你骂人……你才是……什么？（声渐低）你姓金？啊……哪……您老人家是，是金八爷！……是……是……是……我就是五十二号……您，我实在听不见，我不知道是您老人家……（陪着笑）您尽管骂吧！

除了问号、叹号等表示句调，作者以删节号表示说话人说话时的语音停顿或延宕，这不是语言成分，作者以括号里的话指明说话人说话的声音特点或形体语言，形体语言也不是说话人言语中的语言成分。有些是通过语言成分表现的：大量的叹词、语气词（喂、啊、吧），词的重复（“您老人家是，是金八爷!”），句子的跳脱（“你才是……什么?”）。口语体这些特点的形成，同口头表达这种沟通方式是有关系的。

口语体根植于并活跃在民众中。用历史的观点看，我们这里的与知识分子或读书人相对应的“民众”，主要是表现在文化层次以及同实际生活的关系方面的区别。长期以来，民众或劳动群众是同缺少文化相联系在一起的，而他们又同实际生活有着直接的、密切的联系。口语体正是在民众中产生、形成并为民众所使用的。

文字的产生比语言要晚得多。只有产生了文字，有了书本，才可能逐步形成与口语相对应的书面语，才可能形成语体范畴，产生书卷体同口语体的分别。在此之前的语言，实质上就是口语。产生文字以后，人们可以把说的话用文字写成文章、写成书，但是显于声和见于文是不同的传载信息的方式，有各自的特点和规律，语言必然要受其制约和影响。只有知识分子或读书人才能采取见于文的沟通方式，一般的民众仍是口语沟通。这是历史事实。一旦形成语体范畴，产生了与口语体相对应的书卷体，书卷体便同知识分子语言联系在一起，而口语体则始终是根植于并活跃在民众（非知识分子）之中。这也是历史事实。而语体本来就是历史地形成的。即使是在今天，书卷体也主要体现在知识分子的言语中，缺少文化或文化层次较低的人虽然间或也使用某些书卷体成分，但总的来说，他们的言语主要是口语体。现在仍然有“群众语言”或“大众语言”的提法，从语体的角度说，它就是指具有口语体风格的语言。可见，口语体的形成同一定的沟通对象——语言使用者有着不可分割的关系。

老舍的剧本《方珍珠》里有个人物叫王力，是作家，另一个人物是家庭妇女方太太。两个人的文化层次不同，即使都是日常谈话，他们俩之间的语体风格仍有差别。出于王力之口的，是下面这样的语句——

> 在座的诸位，从此都是我的先生！
>
> 我并不比他们和你们高。我应当变成你们里的一个！我要切实地向你们学习……
>
> 白先生，你的天才，你的本事，你的经验，你的进取心，你的工作，我赶得上吗？
>
> 白先生，即使方大哥作了公会会长，即使他独断独行，你为什么不劝告他，不矫正他呢？难道你为闹意见，而希望把公会搞垮了吗？

其中的许多词语、句法，不会进入方太太的“语言库”。而方太太则是下面这样的一些话——

> 这你横是不忙了吧?！你跟我呛着，我就揍你！顺着，给你薄饼吃！
>
> 我那么说来着？我要不看你上了岁数，就啐你几口！
>
> 你也吃里爬外，向着别人！甭你们美，等共产党来到，都把你们共了，你们就高兴了！

大凤！珍珠！俩丫头片子都哪儿去啦？跟你说呀。刚才金喜的妈找我去了，跟我叨唠了半天。

其中的好些词语和句法，是王力这样文化层次的人不大说的。我们没有举公文、议论文之类的例子，这样的文章只能是出自知识分子、读书人的手笔，不适合用口语体，因而也不大可能表现为口语体风格，这是明显的。上面的例子是口头会话，口头会话本来是口语体出现的重要场合，举这样的例子，更能证明我们所要讨论的观点：口语体根植于和活跃在民众之中，口语体（以及书卷体）的形成同一定的交际对象（语言使用者）有关系。

应该指出的是，作为语言变体的口语体、书卷体，它们是没有高低贵贱之分的。它们是适应一定的交际特点而自然形成的。过去以劳动群众、一般民众为“贱”，以读书人（主要是所谓“学而优则仕”的统治者）为“贵”，作为口语体的主要体现者的群众语言被视为粗俗语言或粗鄙语言。这显然是完全错误的。但是，现在我们也不能反过来，只承认群众语言的地位。群众语言是口语体的主要体现者。二者却不是同一概念，从语体的观点看，我们尤其不能只承认口语体的地位，而看低书卷体的交际功能。

这里还有一点需要说明。口语体的形成，有交际对象（语言使用者）这方面的因素，正如书卷体的形成也有这方面的因素一样。书卷体与知识分子或读书人相联系，口语体与一般的“民众”相联系（这里主要是就文化层次而言）。这是用历史的观点分析所得出的结论。联系不是等同，我们不能在读书人的言语同书卷体之间、劳动大众的言语同口语体之间简单地划上等号。过去，广大劳动群众没有读书识字的权利，他们不可能接触书本语言，他们的言语里当然是不大会有书卷体成分的。然而，即使在过去，读书人的言语也并不都是书卷体，他们的日常谈话每每少不了口语体成分，有些文人还让口语体成分进入了他们的诗作、词作。至于现在，我们则更不能简单地依人划“体”。无论文化层次如何，大家的地位是平等的，缺少文化或文化层次较低的人同样可以参与政治生活、社会生活，这样，他们也可以接触一些书卷体成分，有些书卷体成分还进入了他们的言语中；知识分子与工农相结合，他们不只接触书本语言，也比较熟悉工农大众的语言，无论是在他们的口头言语还是书面作品中，都有不同程度的口语体的表现。至于将来，随着社会的进步，人们的文化程度的普遍提高，口语体与书卷体的对立也许依然存在，是不是还同使用语言的人的文化层次这个因素相联系，现在难以预料，但是至少现在还存在这样的联系，口语体、书卷体的语体范畴形成过程更是明显地反映了这样的联系。

口语体主要出现在日常谈话的沟通场合里。有人将口头形式出现的话分为七个类型，认为不是任何类型的口头形式出现的话都“具备口头语言的风格特点”。这个意见是正确的。

日常生活，是人们每天都不可脱离的；日常谈话，是人们经常要进行的。过去，劳动大众没有文化，没有参与政治生活、社会生活的权利，既不能去出席什么会议，也无从撰写什么文章，但他们有丰富的实际生活，在实际生活中相互交往，进行言语沟通。日常谈话，是他们主要的沟通场合。这样的沟通场合，赋予语言以特有的风格特征，口语体就是在这样的基础上形成的。因此，口语体的风格是质朴的、自然的，不事雕琢，很少着意加工的痕迹。请看老舍《龙须沟》里丁四说的一席话：

> 他妈的我们蹬三轮儿的受的这份气，就甭提了。就拿昨儿个说吧，好容易遇上个座儿，一看，可倒好，是个当兵的。没法子。拉吧，打永定门一直转游到德胜门脸儿，上边淋着，底下蹬着，汗珠子从脑瓜顶儿直流到脚底下。临完，下车一个子儿没给还不算，还差点给我个大脖拐！他妈的，坐完车不给钱，您说是什么人头儿！我刚交了车，一看掉点儿了，我就往家里跑。没几步，就滑了我俩大跟头，您不信瞅瞅这儿，还有伤呢！

这是日常谈话，典型的口语体风格，质朴、自然，全无着意加工的痕迹。口语体成分正是从这样的言语中产生出来，如“这份气、甭、昨儿个、座儿、打（从）、转游、脸儿、脑瓜顶儿、临完、子儿、大脖拐、人头儿、掉点儿”等词语，句子简短、没有繁复的结构；句与句之间主要用意合法，而不大用“虽然、但是、而且”等连词这样的句法。

现代汉语口语体的成分

现代汉语口语体成分都来自民间，来自群众的口语；有些语言成分虽见于古代作品，甚至是文言作品，但并非文人所创造或从书本到书本的沿用，归根到底仍是来自民间口语。因此，对于现代汉语口语体的成分，我们不必像对待书卷体那样就来源作分析，即不作纵向分析，只需作横向说明。

普通口语词　普通口语词是现代汉语口语体的重要词汇成分。普通口语词同现代汉语的通用词或书卷词相对应。普通口语词是现代汉语口语体的成分，这是客观事实，无需作理论上的分析，《现代汉语词典》已作了事实上的肯定，是最好的旁证（词典标作＜口＞）。当然，这只是旁证，它有助于我们认识这种口语体的存在和性质。现将该词典 b－音下标了＜口＞的词语或有关义项摘录于下，以见一斑：

> 八九不离十；巴不得；疤瘌眼儿；把（紧靠着，如“把墙角儿站着”）；把势（武术）；爸；爸爸；白班儿；（日班）；白搭；扳不倒儿（不倒翁）；板报（黑板报）；半拉（半个）；半空中（空中）；半瓶醋（指略知一二并不精通的人）；半中腰（中间、半截）；包圆儿；背黑锅（泛指受冤枉）；背（不顺利、倒霉）；背气（休克）；绷脸（板着脸）；绷（表示程

> 度深，如“绷硬”）；鼻子眼儿（鼻孔）；病包儿（多病的人）；玻璃（指“玻璃丝”之类）；伯伯（伯父）；不大离（差不多）；不济（不好、不顶用）；不禁不由（不由自主地）；不摸头（不了解情况）；不是玩儿的（不是儿戏）；不是味儿（味道不正、不正常、不好受）；不许（指“何必非等我，你就不许自己去吗”之类用法）；奔命；崩（枪毙）

这些词语只用于口语，至少在庄重的文体里是不使用的。

儿化词是普通口语词里的一种特殊情形。儿化词，准确地说，是词语的儿化，这是口语所特有的，属于口语体成分。上列词语中，有些是儿化词，如“扳不倒儿、包圆儿”等，这是必须儿化的词；更多的是，很多词书面语里也常用，一般不儿化，可看成通用词；但在口语里一般儿化，则带有口语体风格，是口语体成分。我们来看一个比较典型的例子：

> 我早发现你们俩有意思儿，用文明话说，就是有感情儿，只不过没人搭个桥儿。昨儿晚上，我找到香莲，背着人儿，我拐弯抹角地套她话儿……后来我说到你的难处，又说到这会儿姑娘们找对象，一个个“鸽子眼，向上翻”，评价儿，论分儿，寻的是新房儿，彩礼儿，不管人品怎么样……（韩映山《塘水清清》）

这里有的是必须儿化的词（如“昨儿”、“这会儿”），而多数是书面语里不儿化，口语里儿化——不管是哪种情形，词语儿化都是口语体风格，是口语体成分。这个例子虽见于书面作品（小说），实际上是写出来的口语，是口语体风格。

方言、社会方言　先说方言。这里主要指方言词语。因为口语体的基本沟通方式是口头表达，典型的沟通场合是日常谈话，这便决定了方言词语同口语体有不可分割的关系。本乡本土的人（包括北京人）之间日常谈话，一般都是用当地方言。方言活跃在口语中，这是客观现实。不管推广普通话的工作有多么深入，这样的现状也是难以完全改变的，至少在相当长的历史时期内是这样。《现代汉语词典》声称它是“以确定词汇规范为目的的”、“在推广普通话、促进汉语规范化方面……能起到应有的作用的”、中型的现代汉语词典，但同时它又必须面对现实，从实际出发，收入大量的方言词，特别是北京话里的方言词。仍以 b-音所收的词目为例，作为方言收入的数量相当大，现摘录于下：

> 八下里（指方面太多）；巴（①挨着，②张开）；巴巴儿地（①迫切、急切，②特地）；巴望（①盼望，②盼头）；粑；粑粑；吧（抽、吸）；吧嗒；吧唧；笆篱；笆篱子；拔白；拔火罐儿；把家；把牢；把脉；把势（技术）；把手；把稳；把；白果儿（鸡蛋）；白毛风；白煤（无烟煤）；白日撞；白嘴；百响；百叶（①千张，②反刍类动物的胃）；摆格；摆龙门阵，摆谱儿；摆子（疟疾）；扳本；板实；板牙（①门齿，②臼齿）；板眼；半边人；半彪子；半拉子；半晌

方言词语，特别是北京话里的方言词语，同北京口语的普通口语词之间的界线，往往不容易划开。徐世荣在《北京话里的土词和土音》① 里说：“北京的土词、土语，大家一看就知道。像把‘看’叫‘瞜’，叫‘目丑’；把‘跑’叫‘撩’，叫‘颠儿’；把‘说’叫‘聊’，叫‘扯’；把‘脚’叫‘丫子’；把‘头’叫‘脑袋’，叫‘瓢儿’；把‘女孩子’叫‘妞儿’，叫‘丫头’；形容‘小’，说‘一丁点儿’、‘一丢丢儿’……这些语、词，很容易辨认。现在书面上——通行全国的书刊、报纸上都不使用这些材料。”这里的“土词、土语”是与书面词语相对应的，即只在群众口语里使

① 《中国语文》，1957 年第 3 期，第 24 页。

用的词语，这里没有作普通口语词和方言词的区分，是一种比较含糊的提法。

再说社会方言。社会方言是社会集团特有的“语言”——主要是词语。社会方言的范围很广，行业、阶级、阶层、年龄、性别、文化等的不同，都可能形成不同的社会集团，有自己的社会方言——主要是一些特殊的词语。前举徐世荣文中的例子，我们把其中好些词说成是某一社会阶层使用的“社会方言”，也未尝不可，如《现代汉语词典》没有收入的表示“跑”的“挠”，表示“头”的“瓢儿”，形容“小”的“一丢丢儿”等。现在在北京青少年中流行好些为他们所“创造”的词语，如：

> 盖（表示好、很好等）；盖帽儿（表示好极了等）；铳（表示好、很好等）；倍儿铳（非常好、好极了等）；帅（表示深亮、有风度等）；派（时髦、有派头等）；镇（表示赢、超过、使震惊等）；白镇（肯定赢、毫无疑问地超过等）；份儿（好、漂亮、体面、能干等）；没治（表示好极了等）；蔽（好、强、超过）；绝（太好了、好极了）；柴（表示次、差、糟糕等）；次（差、不好、难看等）；怯（丑、土气、难看、不大方等）……

各地、各个方言区，差不多都有这种性质的词语。它们都只是在口语里使用，主要是在一些青少年中使用。它们既有社会方言的性质，又同某种方言联系在一起，也属于口语体成分。其中有的正在扩大使用范围，如“绝”、“帅”等。

谚语、歇后语　谚语和歇后语这两种词汇成分，都是产生于民间，主要活跃在大众的口语里，虽然书面作品也用，然而它们的口语体风格是明显的。温端政的《谚语》、《歇后语》两本著作，对这两种词汇成分做了相当全面、深入的研究，他调查研究的结论是：“广义的谚语和俗语是一个概念，它具有以下三个基本特点：

一是为人民群众所创造、所使用，具有广泛的群众性；二是语句简单凝练，在结构上具有相对的固定性；三是流传在群众的口头上，具有鲜明的口语性。"① 歇后语"还有两点值得注意。一点是有相对固定的结构。在这一点上，它同成语、谚语一样，属于熟语。"

古今文人的许多作品在用到谚语或歇后语时，都冠以"鄙语曰"或"俗谚曰"、"俗话说"等，这也从一个侧面说明了谚语、歇后语的口语性质。例如：

> 八戒道："这正是俗语云：'大海翻了豆腐船，汤里来，水里去。'如今难得他扇子，如何保得师父过山？且回去，转路走他娘罢！"　（《西游记》）
>
> 吴天宝搔搔后脑瓜子笑道："你那爹呀，可是俗话说的，铁板钉钢钉，硬到家啦……"　（杨朔《三千里江山》）

这里的"俗语云"、"俗话说的"，是指歇后语。又如：

> 兰言笑道："过于明白，原非好事，倒是带些胡涂最好。北方有句俗语，叫做'憨头郎儿增福延寿'，又道'不痴不聋，不作阿家翁'。这个笑话，细细想去，却很有意味。"（《镜花缘》）
>
> 贾瑞只求暂息此事，又悄悄的劝金荣说："俗话说的好：'杀人不过头点地。'你既惹出事来，少不得下点气儿，磕个头就完事了。"　（《红楼梦》）

这里的"俗语"、"俗话"，是指谚语。

声音词　有些词不表示概念，也不表示语法关系，主要是记录某种声音（事物的声音、声音形象或语声），包括象声词以及一些

---

①　温端政著：《谚语》，商务印书馆1985年版，第5页。

语气词、感叹词，还有某些词的后缀。我们把它们统称为声音词。这样的词或成分有两个显著特点：一是带具体性或个别性，较少概括性、抽象性（如“咣当一声”、“通的一声”和“啪的一下”各不相同，表示的声音是具体的或个别的）；二是诉诸人们的感觉、直感（主要是听觉），很少有理性成分（如“哎呀，你站着嘛！”其中的“哎呀”、“嘛”是表示说话人某种情绪的语声）。由于这样两个特点，声音词的书写形式（字）往往是不定的，如：呼的一声＝嗯的一声，站着嘛＝站着么＝站着嘿，哎呀＝唉呀＝哎哟，硬啷啷＝硬邦邦＝硬绷绷，气乎乎＝气呼呼，气咻咻＝气吁吁，等等。这样的情形就证明，声音词的特点是显于声，而不是见于文；来之于口语，主要用于口语，带口语体风格，是口语体成分。

我们说，这样一些显于声的声音词是口语体成分，这是就总体而言，就其主要的语体风格而言的，并不是说这样的词都不见于书面作品。典型的书卷体作品，具有庄重风格的书面作品，一般是不用或很少使用象声词、叹词这些声音词的；但有时用上，会增添特别的情味，例如：

> 蒋介石说：“要知道政府今天在军事、政治、经济无论哪一方面的力量，都要超过共产党几倍乃至几十倍。”哎呀呀，这么大的力量怎样会不叫人们吓得要死呢？①

在严肃庄重的政论文里，作者偶尔用上“哎呀呀”这样的声音词，语带夸张，便增添了话语的讽刺性。我们不能认为将声音词这样用了，用在这样的书面作品里，就改变了这种声音词的语体性质。研究毛泽东的语言风格的学者，在论及毛泽东政论里的口语色彩时，好些都举了上面这个例子。这个例子的口语色彩表现在哪里呢？分析起来，恐怕主要是用了一般在口语里才使用的“哎呀呀”这样

① 毛泽东：《毛泽选集》第4卷，人民出版社1991年版，第1389页。

的声音词；抽去这个词，就不好拿来作表现口语色彩的例子了。

语气词有兼表句调的语法作用，不是单纯的表示情绪的语声。因此，有些语气词如“吗、呢、的、了”，是通用词，但是好些却是重在表示说话人的某种情绪，主要用于口语，如“嘛、啵、呗、啰、啦、哩”等。口语里的语气词变化多，使用频率高。所以，从总体看，大部分语气词可以说是口语体风格的体现，是口语体成分。

关于通用体

通用体，也称中立体。所谓“通用”或“中立”，是针对书卷体和口语体而言的。因此，明确了书卷体和口语体的风格特征以及它们各自的语体成分，通用体的性质也就不难了解了。通用体有三个基本特性：一是广泛性，二是久远性，三是正式性。

通用体使用领域的广泛性特点

通用体使用领域的广泛性，首先表现在它同口语性作品和书卷性作品的关系上。实际上，大量使用了口语体成分从而主要体现口语体风格的言语作品，通常情况下不可能全都是口语体成分；同样地，大量使用了书卷体成分从而主要体现书卷体风格的言语作品，通常情况下也不会全都是书卷体成分。所以，口语性作品不等于口语体，书卷性作品不等于书卷体。口语体、书卷体是分别由一系列口语体成分和书卷体成分构成的不同语体，是主要着眼于语言成分的不同功能分布而建立的语体范畴，属于这种语体范畴的除了口语体、书卷体，还有通用体（中立体）。我们来看看两个简单的例子：

我们大伙儿出去溜达溜达！

我们不但应当看到而且必须努力克服这些困难。

这是两句话，也是两件最小的言语作品。前一件言语作品以“大伙儿”、“溜达溜达”这样的口语体成分为核心，主要体现口语体风格；后一件言语作品以“不但……而且……”相结合的严密结构以及成分共用式为核心，主要体现书卷体风格，但是它们都不全是口语体成分或书卷体成分，例如“我们”这个词在两件言语作品中都用了，不能说它在前一件言语作品中是口语体成分，而在后一件言语作品中便成了书卷体成分，实际上它既不是口语体成分，也不是书卷体成分，而是通用体成分。可见，口语体、书卷体是一种性质的概念，口语性作品、书卷性作品是另一种性质的概念，二者虽有联系，却不是一回事。而这正如从表达方式上说，它可以二分，要么是口头表达，要么是书面表达；从言语作品的基本风格倾向上说，它也可以二分，即分成口语性作品和书卷性作品。但是着眼于语言成分的功能分布，其分析的结果就不能只是口语体和书卷体，事实上它还有既非口语体也非书卷体的成分——通用体（中立体）。明确了口语体与口语性作品、书卷体与书卷性作品概念上的区别，再来认识通用体使用领域的广泛性特点就不困难了。从上面举的两个简单的言语作品的例子中，已经可以看出，无论是口语性作品或书卷性作品，在通常情况下，都会有通用体成分参与。这就是通用体使用的领域具有广泛性特点的表现。

再看一个例子：

> 在这乡村里疗养的士兵们，都集合在庙前榕树阴下，光着头听副官训话。他首先报告时事，说八路军在平型关打了胜仗，是抗日战争中第一个辉煌的胜利，又说八路军能打胜仗，是他们经常为老百姓服务，老百姓也出力帮助他们。因此要真正做抗日的好战士，打胜日本，就得学习八路军的精神。①

① 艾芜：《艾芜短篇小说选》，人民文学出版社 1959 年版，第 220 页。

从这段话的基本风格倾向说，是口语性作品还是书卷性作品，人们可能会有不同看法：以书卷气浓不浓来衡量，这段话的书卷气不浓，不是书卷性作品，那么就该是口语性作品；以口语气息重不重为标准来衡量，这段话的口语气息不重，那么就该是书卷性作品。采用二分法，就作品的基本风格倾向定于其一：或者是口语性作品，或者是书卷性作品。为什么这里可能会产生不同看法呢？因为这件言语作品使用口语体成分不多，使用书卷体成分也不突出，大量的是通用体成分。这种现象恰恰证明了通用体使用的广泛性。

人们还可以从书卷体、口语体、通用体三者之间的转化关系上来看通用体的广泛性。书卷体成分转化为口语体，或者口语体成分转化为书卷体，这样的情形不能说完全没有，但确是罕见的；书卷体或口语体成分转化为通用体，倒是常有的。无需举太多的例子证明，且以《现代汉语词典》对“扯”（说）、“丫头”（女孩子）两个词的处理来看，词典既不标 <口>，也不标 <方>，而是作为通用体成分处理了。

通用体的久远性特点

书卷体成分、口语体成分的使用受沟通领域的限制，随着时代的发展，它们的语体性质会不断发生变化。通用体成分适用的沟通领域宽，语体性质也就比较稳定。李白的诗句“床前明月光，疑是地上霜。举头望明月，低头思故乡”，无论是所用的词语，还是采取的句法，在今天来看，也是常用的或基本的，是通用体成分，属于通用体。由此可见，通用体具有久远性的特点。

通用体的“全民性”特点

语言学著作一般都说语言具有全民性的特点。这是就“语言”的、总体的根本性质而言的。如果深入一层，从语言功能变体的角度来考察，这个“全民性”实际上有宽窄不同的区别。口语体和书卷体往往要受到使用对象和使用领域的限制，并不具有最广泛的“全民性”，而是有限度的“全民性”；通用体才具有最广泛的全民性。通用体，不分年龄和文化层次，不受地域的限制，无论是口头表达还是书面表达，无论是哪种社会集团、哪种行业的人，它都是通行的。我们以幼儿的言语为例。学龄前儿童，言语都比较简单。两岁左右的儿童，掌握的词汇，“除了爸爸、妈妈、奶奶、爷爷等经常接近的人的称呼外，还有弟弟、妹妹、叔叔、阿姨，牛奶、蛋蛋，袜子、笔、鼓，鸭、鸡、羊，背背、再见等。……还有少数的动作名称。”并且他“能说些简单的短句了，如‘妈妈再见’，‘妈妈走了’，‘爸爸好’，‘姐姐乖’，‘哥哥排排’等”。“听到她的表姐误叫他爸爸为‘爸爸’，她马上纠正：‘我的爸爸，你不叫爸爸；我的爸爸，你叫姑父’。”① 从所举出的言语实例看，该实例概无书卷体成分；但有口语体成分（含儿语），其中有些词语或句子是成年人特别是知识分子不用、不说的，如“哥哥排排”，成年人只说“哥哥请坐”或“哥哥，您坐吧”。此外，还有好些语言成分，即使是成年人，即使在多么正式和庄重的场合，即使在书面作品中，也都不能加以排斥，如“牛奶、袜子、笔、鼓、鸭、鸡、羊、再见、你、我、的”等词，“我的爸爸，你叫姑父”这样的基本句法（不含“爸爸”这样的词），都是通用体成分；通用体具有最广泛的全民性。通用体的全民性和广泛性是一致的，这是从不同的角度来认识通用体的特点。

语音　词语　句子

语音

语音是语言的物质外壳，它除了达意以外，还能够直接传情。在口头表达中，人们可以充分利用语音的这一有利因素，来增强语

① 朱智贤等著：《思维发展心理学》，北京师范大学出版社 1986 年版，第 361～365 页。

言的表现力和感染力，这是书面表达所不具有的优势和特长。语音的自然传情性，主要可以从以下几方面看出：

一、音变的普遍化

音变是口头发音特有的语言现象。音变是语音的变化，主要指在讲话的一连串的语流中，有些音节会受到前后音的影响而发生的变化。这些变化有些是有条件出现的，有些是无条件出现的。同化、异化、音素增加或脱落的现象，就是一些比较经常出现的音变。比如：

“面包”单独读的时候，读成“miàn bāo”，但在语流中，“面”字的尾音“n”会受到后面音节“包”的声母“b”的影响，发生同化，使 n 由舌尖鼻音变成了双唇鼻音 m，“面包”也就读成了“miàm bāo”。“唱啊”单独读的时候，读成“chàng ɑ”，单独读“啊”的时候，“啊”是没有声母的，但在语流中，“啊”的读音会受到前面“唱”字的尾音“ng”的影响，而增加一个声母“ng”，“ɑ”变成了“ngɑ”，国际音标写成［ŋɑ］。

“豆腐”单独读的时候读成“dòu fu”，但在语流中，由于“腐”要读成轻音节字，这就使得“f”这个音节中的“ū”出现脱落丢失，“豆腐”也就由“dòu fu”实际读成了“dòu f”。

口头音变除了有条件的变读以外，还有一些无条件的变读，如“粉笔”单独读的时候读成“fěn bǐ”，这两个音节都是读上声，但在语流中，“粉”字受到后面“笔”的影响，而被异化为阳平，“fěn bǐ”读成“fén bǐ”。此外，像“玻璃”、“明白”等，在说话的语流中，它们的第二个音节也都会弱读，而不会读成原来的声调，这些都是异化现象。

在说话的一连串语流中，音变可以增加语言的流畅感和随意性，体现出谈话语体特有的活泼风貌。

二、语调的复杂化

“语调”是句子里体现声音高低变化和快慢轻重的语音形式。最佳的语调是说者征服听者的第一步。心理学知识告诉我们，在语言沟通中，人们首先感知到的就是语音。精妙的语音、语调能够给人悦耳动听、亲切轻松……的感觉，能够引起对方浓厚的兴趣，使其处在积极的情绪状态，较好地调动其积极思维，参与再创造。汉语的句子有四种：陈述句、疑问句、祈使句、感叹句。汉语的语调通常有四种：平直调、高升调、弯曲调、降抑调。大文豪萧伯纳认为，说一个“是”字有五十种方法，说一个“不是”有五百种方法，可是写下来只有一个字。这就告诉我们，“字”的数量是有限的，而人的感情是复杂多变的，仅靠这四种语调来表达是远远不够的，必须有变化。同样的语音是否可以通过语调的变化来表达丰富多彩的情感呢？“事实上，语音形式拥有丰富的手段，能够确保语言获得足够的表达方式。”① 心理学家做过这样一个实验：他让8位实验对象分别通过朗诵若干个英语字母来表达不同的感情：愤怒、害怕、高兴、妒忌、难受、紧张、骄傲、悲伤、满足、同情。实验结果表明：通过语调的变化，没有内容的声音（字母）形式也可以表达情感，沟通感情。这就说明，语音的优质首先表现在语调的优美动听上，即使不考虑意义，只要语音灌注了情感，变得抑扬顿挫、变幻有致，也同样能够以声夺人，举座动容。据说意大利有一位著名演员，就曾经在舞台上使用悲切的语调朗诵阿拉伯数字，而台下的听众竟然潸然泪下。听众之所以会上当受骗，就在于演员朗诵的语调，具有抑扬顿挫的、丰富多彩的变化，正是这些多彩多变的语调，才诱使听众产生了新的感知、重的感染。

古人云：“根情，花声”，感情是根，声音是花。无根之花是

① 威廉·冯·洪保特著：《论人类语言结构的差异及其对人类精神发展的影响》，商务印书馆1999年版，第74页。

假花、死花。“情动于中，声形于外”，感情是语调的动因，语调是情感的外露形式，语调能够把情感体贴入微、淋漓尽致地表现出来。

因此，要表达复杂不同的情感，语调就会分化出许多变体，这就使语调变得复杂起来。

影响语调变化的主要因素是表达思想情感的需要，“假如这些思想的光辉和温暖未能渗透进语音形式，那么，即使有美妙动听、丰富多样的语音形式，即使这种语音形式的种种优点与最生动活跃的分节意识结合起来，也并不足以产生出同精神相匹配的语言。”①帮助语调变化的手段则是语音的音长、音高、音强、音色等。比如“二班上！”通常被读成降调，用来表示祈使或命令。但是，它也可以因音长、音高、音强、音色的不同而显示出其他不同的感情。一般说来，将其读成强音可以表示坚决，读成弱音可以表示冷淡；读成长音可以表示迫切或强烈，读成短音可以表示亲切；读成颤音可以表示恳求，读成跳音可以表示鼓动；读成曲音可以表示反意，读成滞音可以表示亲昵。其中，颤音、滞音等都属于表情音色。表情音色附着在音节之外，也可以单独出现，比如哭声、笑声、气声等。

词语

一、词汇覆盖面广

口语与人的一切活动都有着直接的联系。日常谈话涉及到社会生活的许多领域；所使用的语词，也可以有较为广泛的来源。它既可以使用全民所用的生活用语、熟语、方言土语、粗俗词，也可以

① 威廉·冯·洪保特著：《论人类语言结构的差异及其对人类精神发展的影响》，商务印书馆 1999 年版，第 105 页。

吸收不同行业的行业词、普通术语，等等。对于古语词或高层次的专门术语，是少用或不用，这与谈话者本人的文化素养、知识水平有一定的关系。一般说来，知识分子在交谈的时候，运用一定数量的专门术语或书面语也是十分自然的。

人们的实践不断深入，活动范围不断扩大、不断变化，这就使得口语的发展变化十分迅速，创新的成分也就比较多。这种情况主要有以下几种表现：

一是它会使得一些词语增加一些新的含义。比如："农村现在从事农业生产的主力军全是6038部队。"句中的"6038部队"像是一个有番号的军队，但它的真正含义并不是指部队，而是指两种类型的人："60"是指老年人，"38"是指"妇女"。"段子"不仅指文章或唱腔的段落，而且指"一些有趣的传闻或笑话等"。"蛋糕"原是指一种食品，现在又有"财富"的意思。"菜篮子"原是指装菜的用具，现在又指"与人们生活密切相关的副食品供应"。

在军队里，"向后转"有时并不是一句口令，而是指"转业"；"蹲候车室"也不是指在候车室蹲着，而是指"转业等待分配"；"红军"原是指我国土地革命时期我党领导的革命军队，但在军事演习中，"红军"和"蓝军"是我军合成演习中作为进行对抗形式的两军代号，红军代表正方，蓝军代表反方，演习谁胜谁负，则看各自的发挥，并非事先确定。

二是它会使得一些词语的使用范围不断扩大。比如"师傅"一词，原先是一个专称词，是对有技艺的人的尊称。现在它扩大了使用范围，变成了一般的称呼，有一段时间好像什么人都可以称为师傅。"三味书屋"原是指鲁迅小时候读书的地方，现在在大学校园里，学生们常常用它来指一些散发着各种怪味的男生宿舍。"特困生"本来是专指一些家庭经济特别困难的学生，现在在校园里学生们常常会用来指那些"特困生"（特别爱睡觉的学生）。

香港电视剧《霍元甲》放映后，部队就流行用"霍元甲"这个词来指称那些留长发的人。《老黑山五连》就有这样一段话：

“有的单位搞‘发式会操’，有的军务部门拿着理发工具在营门堵截‘霍元甲’，有的师团主官亲自抓：‘我就不相信治不了这些‘霍元甲！’”

“霍元甲”在部队已由人名变成了一个代名词，语用范围扩大了。

三是外来语词不断增多。由于改革开放，生活节奏不断加快，中国人的生活正在步入现代化。由于人口流动性大，沟通增多，交流加强，彼此间语言的交流不断增大。一些外地或外族词语，由于具备适宜说话的情境，也就最先在口头上被广泛流传，也随即填补了语言运用中的空白，极大地丰富了汉语词汇。在日常生活中，我们可以发现外来词语随时都会从口中蹦出。比如：“打的”，逛“士多店”，买“TCL 彩电”，上“酒吧”，喝“威士忌”，吃“肯德基”，唱“卡拉 OK”，看“MTV”，穿“T 恤”，跳“迪斯科”，如此等等，不一而足。

有些语词引进后还会出现新的发展。比如，“拜拜”本来是“再见、再会”的意思，但现在在我们的口语中，它还有“不想再看到”和“分手”的意思。“族”是从日语中吸收而来的，它是指一种类型的人或物的集合，于是口语里也就有了“追星族”（指一些以明星为崇拜偶像的青少年）、“新潮一族”（多指一系列新产品）之类的说法。“吧”是英语 bar 的译音，现在在人们的口语里就有“酒吧、网吧、书吧、吧台、吧柜、吧椅”等之类的说法。

反映社会生活变化的新词，也会在口语中迅速广泛地得到使用。比如“伊媚儿”（E-mail 也有人取谐音译为“伊妹儿”）、“千年虫”、“奔腾三（第三代）”、“晶片”等，随着电脑、网络的发展，它们也越来越多地出现在口头上，正在由生词变成基本词。

二、语词生动活泼

由于交谈是在直接接触的情况下进行的，故而交谈双方谈话自由，感情自然；并且，他们也常常会使用一些具有鲜明表情色彩、描绘色彩的语言手段和生动活泼的言语方式。在词语方面，交谈双方大量使用带有表情成分的语词，如叹词、摹声词、语气词、儿化词、带叠音后缀的形容词、动词以及形容词的重叠形式等表情成分。

由于需要表现谈话的时空、情感等方面的情景，人们在口头上也会大量使用一些与乡土生活气息有关的方言土语、俗语俚语等，比如姚雪垠撰写的《李自成》中的农民起义领袖张献忠对前来诱降的朝廷"知县"阮子钿说的一段话：

"像你这样芝麻大的官儿，凭你这顶乌纱帽，能担保朝廷不收拾我张献忠？你保个屁！你是吹糖人儿的人出身，口气怪大。蚂蚁戴眼镜，自觉脸面不小。你以为你是一县父母官，朝廷会看重你的担保？哈哈，你是不认识自己，快去尿泡尿照照你的影子。"

这段谈话中使用的大多都是俗语、俚语，富有表情色彩和描绘色彩，表现出张献忠对封建统治者的极度蔑视。

由于社会生活的多元化以及不同语言间的相互影响，有时这些方言土语、俗语俚语还会融进一些"洋成分"，从而使得语言更加别有风味。比如有段说大龄建筑工找对象难的相声，就有这样一个例子：

甲：你这第七个对象呢？

乙（建筑工人）：别提啦，人家跟咱都"猪八戒搽粉——白白"了！

这里建筑工人巧妙地运用歇后语，由汉语的"白白"之意转换为英语的"拜拜"，再传达出那个女的与自己"再见"——分手的意思，造语如此珠联璧合、融为一体，令人拍案叫绝！

一些社会流行语也在口语里频频出现。当今社会传播媒体多，观看电视、收听广播、阅读书报……已经成了人们生活中不可缺少的一部分。因此，媒体中一些琅琅上口、易说易记的，表达效果生动、富有联想的语词，就会在口语里频频出现，或者被人们作些改造加以运用，这就会给口语注入时代的气息，增添鲜活的色彩。比如电视剧《爱你没商量》播出以后，这个具有独特意蕴的标题，就在人们的口头交谈中不断出现，并且人们仿照这个片名，造出了一连串的短语，如“宰你没商量”、“罚你没商量”等。电视剧《水浒》中的《好汉歌》有一句歌词是“该出手时就出手”，它针对的是宋朝的贪官污吏。电视剧播出以后，人们的口头上就经常出现这句歌词。有人办事不果断的时候，人们在鼓励他时就会说“该出手时就出手”，甚至青年朋友在传授恋爱经验的时候也会说“该出手时就出手”。

一些流行歌曲的歌词，如果琅琅上口、含义深刻丰富，口语也会迅速做出反应。电影《红高粱》里面有一句“妹妹你大胆地往前走”的歌词，人们针对当前一些歌星、影星出场演出漫天要价的现象，就仿照出“妹妹你大胆地往钱走”。

在社会生活灵活多变的时期，语言使用者常常会有意突破术语、词汇特征的限制，将术语移用到与其学科无关的言语环境中去，创造出新颖别致的超常用法，从而使得语言生动活泼、颇具色彩情趣。比如，有人说：“择偶的标准也要注意客观可行，不应把对象模特化，除了某些硬件以外，还要考虑内涵、修养、感情等软件。”这里的“模特”是音译的外来美术名词，“硬件、软件”是电子学术语。说话者把这些语词用在专门学科之外，也能产生新颖别致、生动活泼的运用效果。

句子

谈话语体的句子简明灵活，主要表现在三方面：结构简单，成分省略多，语序易位比较普遍、灵活。

一、句子结构简单

由于说话和听话的双方共同面对沟通语境和沟通主题，各人都明白彼此连贯的交谈内容，不需着力于语词的组织。在口头表达的时候，人们（说话人）常常是边想边说或边说边想，想到哪里说到哪里，这种即兴式的语言活动，使得说话人来不及对语句作严密组织，即使说错了，也可以再说；说不完整的，可以再作补充。此外，说话者的言语运动是直线的，有声语言一发即逝，而听话者必须与时俱进，没有调节理解速度的可能性，不能像阅读那样，可以反复琢磨。因此，双方进行谈话多用简短的句子形式；较多使用简单句、省略句、非主谓句和其他形式的短句，很少使用结构复杂的长句。即使遇到比较复杂的意思，双方也竭力不用结构复杂的长句，而改用几个短句，使复杂的意思分段表达。短句多的主要表现是停顿多，比如《霓虹灯下的哨兵·第二场》的一个例子：

周德贵（走近戴眼镜的）：看样子这位是好心肠的先生，（面对资本家）这位是大老板，是吧？我们都是中国人，都是吃一条黄浦江的水，对吧？那么在外国人面前，枪口为啥要对准自己人？胳膊为什么要朝外弯？我们上海人，过去在这些帝国主义分子面前，卑躬屈膝，做牛做马有百多年了，对吧？今朝我们解放了，对吧？站起来了，对吧？那么把胸脯挺起来！把奴隶腔收起来！拿出中国人的派头来！只要我们大家团结牢，上海滩决计不会坍！美国狼，快滚蛋！

这段话共 161 个字，而它的停顿较多，其中的“对吧”也是表示一种停顿；如果在书面语里，它就不会有这么多的停顿了。这段话的句子较短、较简单，最长的句子只有 13 个字，最短的句子只有 2 个字，一般的句子也都是在 6 个字左右。

二、省略成分多

由于交谈的参与者说话互相影响、互相衔接，每个言语片段对当时的语境有较大的依赖性；由于交谈的意思或者要表达的情感等可以通过手势、体态、表情、情境等进行补充，这样，在不影响表达效果，不会引起误解歧解的条件下，为了使语言表达经济简便，言语的某些成分就可以省略，有时不省略反而会显得别扭。口头省略的情况常常有以下几种：

（一）结构上省略

它指的是在相邻的结构中，把相同成分省去。比如：如果你还没有吃了的话，一块儿吧！① 句子中的“一块儿吧”省略了一个动词“吃”，由于“吃”在前一个分句中已经出现，第二个分句也就承前省略了。

（二）意念上省略

汉语重视意念，人们在理解语言的时候，只要能够意会的成分，表达的时候就可以省去，这样就会使句子的结构在形式上，出现不完整不周全、虚实相间的情况。例如：

大民有个儿子，在上海工作，已经打电话去了，明天下午就可以赶回来。

这里的每一个分句都暗换了主语，说话者都把它们省略表达了，如果要把那些省略了的成分全补出来，就得说成：“大民有个儿子，儿子在上海工作，大民已经打电话去了，儿子明天下午就可以赶回来。”这样句子的成分都有了，但表达的效果反而显得死板和笨重。

（三）情境上省略

它是根据情境，把双方已知的信息省去，听者可以依靠情境的补充来把握对方所要表达的信息。如：

刚下连的兵，竟敢挑战老兵的权威理论，不想混了？老兵说，新兵蛋子，没个鸟数。老董笑眯眯地说，这个“鸟”字太不文明，应该说：新兵蛋子，你没个“带把的”数。老兵愤然而去：骑毛

---

① 老舍：《骆驼祥子》。

驴看唱本。①

由于歇后语“骑毛驴看唱本——走着瞧”流传较广，为大多数人所了解，听者听到上半截，就可以知道下半截，所以说话者就把后半部分给省略了，这样既不会影响意义的表达，又能使表达取得含蓄的效果。

三、语序灵活

句子既是语言的单位，也是言语的单位。作为语言的单位，句子是抽象的，各种成分都有固定的位置。比如，主谓结构中，主语在前，谓语在后；述宾结构中，述语在前，宾语在后；偏正结构中，定语状语在前，中心语在后，等等。而作为言语的单位，句子却是具体的，在口头表达时，由于沟通语境明确，语境功能会使某些句子成分出现易位，使语序排列显得相当灵活。到火车站买票，你若要告诉售票员“买一张到深圳的105次火车票”，那么你既可以说“明天到深圳，105次，一张”，也可以说“105，深圳，一张，明天的”或“到深圳，105次，明天，一张”。……语序的排列相当灵活多变。

修辞与逻辑技巧

你在说话的时候，必定会千方百计想让你的听众感兴趣，那么你就只能给他们“兴奋剂”，而绝不能给他们“安眠药”。为此，只要恰当和必要，你可以运用各种技巧去达到你的目的。这样，你的口头表达才能够充分地表现出来。当然，这绝非单纯为了表现才能，而是为了更好地表达你的思想感情，传递你要传递的信息。值得提醒的是，技巧并不是万能的，只有当你在熟练地掌握各种基本技能的基础上，并巧妙地运用它们的时候，技巧方能显示出其魔力似的作用。

---

① 赵海清：《活宝》，载《解放军文艺》2001年第2期，第45页。

修辞技巧

一、比喻

爱因斯坦创立相对论初期，很少有人能读懂他关于相对论的著作。一次，有人要求爱因斯坦用最简单的话来解释相对论。爱因斯坦是这样解释的："你同你最亲爱的人坐在火炉边，一个钟头过去了，你觉得好像只过了五分钟；反过来，你一个人孤孤单单地坐在热气逼人的火炉边，只过了五分钟，但你却像坐了一个小时。这就是相对论。"爱因斯坦用日常生活中人们所体验过的真切感受来解释高深玄妙的相对论原理，通俗明了，让人一听就懂。这种比喻的技巧在说话艺术中常常能收到良好的效果，正如战国时期的惠施所说，它是"以其所知谕其所不知而使人知之"。

人们之所以说话，或是为了描绘某一事物的性状，或是为了阐述某一道理，或是为了表达某种情感，等等。然而，要把这些东西表述得生动具体，给人印象深刻，往往也不十分容易。如果能运用贴切的比喻，则能化难为易，为听众所明白。例如，在讲人的品德修养这类抽象问题时，讲话往往易流于说教，让人难以信服，但我国西汉时的董仲舒却谈得很好，他说："积善在身，犹长日加益，而人不知也；积恶在身，犹火之销膏，人不见也"。董仲舒把人的积善比作身体的长高，虽看不出来，但确实是长高了；把人的积恶比作点灯耗油，虽无明显变化，但确实日益濒于灭亡。它虽然只有寥寥数语，却论述透彻，且使人一听即懂。

比喻，作为口才表达的一种技巧，固然能加强表现力，但必须运用得自然贴切，富于创造性；切忌滥用，否则就会出现"比喻不当"的毛病，或落入老生常谈的俗套。

二、比拟

毛泽东多次告诫全党同志不要因为革命胜利了而骄傲自大起来，他曾经用“牛皮不要吹得太大，尾巴不要翘起来”来比拟。“尾巴”本为动物所有，但毛泽东把人说成是“尾巴翘起来”的动物，既生动又形象；既便于抒发感情，又加强了幽默感。

有时，为了表达的需要，说话人有意识地把物当作人跟它对话，或用适合于人的动作来让物接受，或用适合于人的词语来修饰物，或用陈说人的方式来陈说物，或以物的身份进行自述，等等。例如，李燕杰在题为《国家、民族与正气》的演讲中谈到：岳飞、文天祥等民族英雄不仅用笔写下了悲壮的诗篇，而且用生命写下了壮丽的史诗，像“人生自古谁无死，留取丹心照汗青”这样脍炙人口的诗句，数百年来一直成为我们民族奋进的绝唱，弹奏出我们民族的正气之歌。“写”诗和“弹奏”乐曲，都是人的动作，但他却让“生命”这种抽象事物接受了“写”的动作；让“诗句”接受了“弹奏”的动作。

这种在修辞学上被称为比拟的辞格，作为口才的一种技巧，它基于联想，富于启发性，而且又常常能把静态拟成动态，化抽象为具体。因此，在说话中恰当地运用它，会达到生动、具体的效果，而且还便于表达感情色彩。听众通常愿意接受启发而不愿意被灌输，喜欢生动具体而不喜欢呆板空洞；人们说话时也往往需要表现自己的情绪和倾向，以便取得听众的支持和引起听众的共鸣。

三、借代

当你说到某人或某事物时，可以不直接说出该人或该事物，而借与要说的人或事物有密切关系的其他事物来代替。张志公先生把这种借代辞格叫做“换一个名字”。

“换一个名字”，不能随心所欲地换，必须按照一定的规则来换，你所说的人或事物必须与所“借”的事物有某种关联。下面数例都说明所“借”和所“代”之间有一定的关联：

（一）学好 ABC，到处都有用。

（二）今天，雷锋叔叔又回来了。

（三）南湖的红船将驶向共产主义彼岸。

（四）不识之无。

（五）阡陌交通，鸡犬相闻。

（六）兵革既未息，儿童尽东征。

例（一）把 A B C 看作外语的特征，借以代指外语；例（二）借具有典型性的雷锋这个专有名词来代雷锋精神；例（三）借具有象征意义的“南湖红船”代中国共产党领导的革命；例（四）借“之”、“无”二字代全部文字；例（五）中借“鸡犬”代鸡犬之声，因鸡犬之声属鸡犬所有；例（六）中借“兵革”代战争，因兵器皮甲是战争所凭借的物资条件。上述数例中，所借与所代之间，或与某种特征相关联，或与某一象征意义相关联，或具有某典型性的代表意义，或具有部分与全体的关系，或具有所属、凭借关系。

说话中灵活运用借代这种技巧，会使你的话更生动，更能收到良好的效果。这是因为你不但说到了某人或某物，而且还把与某人或某物有密切关联的东西也说出来了或暗示出来了，所以你的话更能诱发听众的联想，因而也就更能吸引听众。

四、夸张

当你描绘某人又矮又瘦时，你说他像根“干豆角”；当你向医生诉说你的病情时，你说你发高烧，全身像“炭火”一样发烫。果真人矮瘦得像干豆角吗？果真全身有炭火那样高的温度吗？显然这是言过其实了。但这种言过其实在听者看来却并不觉得是虚假的，而且为了加深印象，看来还是必要的。这便是夸张的技巧。

夸张是言过其实，但为什么听者不觉得它虚假呢？因为夸张也有突出事物某一性质的合理地方，而且它常常与比喻、比拟等技巧结合在一起，听者心里有数。像前面两例就既是夸张，又是比喻。

合理地运用夸张技巧，一是便于揭示事物的本质，二是能加强说话的感染力，三是能启发听者的想像力。正因为夸张技巧便于揭示事物的本质，听者才明知它是言过其实却不以为它是虚假的。前例中说某人矮瘦得像根“干豆角”，若不用夸张，直言其体重、身高多少，固然也能给听者一个数量上的印象，但比起用“干豆角”这个具体形象的事物来描述，其感染力是大不相同的。它能使听者联想到干豆角的情状，并把这种情状与某人的矮瘦联系在一起来进行想象。说话如果能诱发听者的好奇感，丰富其联想，也就当然能收到良好的效果。

夸张虽可言过其实，但不能浮夸，不能哗众取宠，更不能无中生有、信口开河。它必须以客观事实为基础，必须反映客观事物的本质特征。它之所以言过其实而又不虚假，其奥妙之处就在于它突出了事物的某一部分性质，不似真实而又胜似真实。

另外，运用夸张技巧时你还要注意分寸，要让听者知道你在夸张而不是写实；不要单纯为了猎奇而强行夸张，像在汇报情况、介绍经验等场合就不能随意运用夸张。

五、双关

说话时使用的每一个词或每一句话都有其特定的含义，有时这种含义却并不表现在这个词或这句话的字面意义上，而隐含在这个词或这句话的背后，说话人要表达的意思则恰好是隐含在这个词或句子背后的含义。这便是双关技巧。

周恩来在《在文艺工作座谈会和故事片创作会议上的讲话》中曾说过这样一段话：“一个人专心致志为社会主义服务，政治上懂得少一些，但是两年把导弹搞出来了，对国家很有贡献；另外一个人，天天谈政治，搞了五年也没有把导弹搞出来。你投票赞成哪一个人？我投票赞成第一个人。第二个人只好请他去当政治教员，他不能在导弹部门工作，他只能在导弹部门‘捣蛋’。”这里周恩来巧妙利用“捣蛋”和“导弹”之间的谐音，构成一语双关。

《红楼梦》第八回写有这样一件事：宝玉欲喝冷酒，宝钗劝宝玉不要喝，说喝冷酒如何对身体有害，宝玉听后觉得有理，便依了宝钗。黛玉在一旁听后只管抿着嘴笑，恰巧黛玉的丫环雪雁来给黛玉送手炉，黛玉便问雪雁是谁要她来送手炉的，雪雁回答说是紫鹃要她来送的，黛玉接过手炉对雪雁说：“也亏了你倒听她的话，我平日和你说的，全当耳旁风；怎么她说了你就依，比圣旨还快呢!”黛玉的话从表面上看，是说雪雁听信紫鹃的吩咐而不听她的话，实际上则是奚落宝玉听从了宝钗的话没喝冷酒，而平时不听她黛玉的话。

从上面两例中我们可以看到，双关技巧由于一个词或一句话涉及到了两个方面，所以常常能使说话简洁精练。同时，它又能收到含蓄委婉、幽默风趣的效果。

六、对比

鲁迅在《战士和苍蝇》一文中这样说过：“有缺点的战士终究是战士，完美的苍蝇究竟不过是苍蝇。”这里鲁迅把“战士”和“苍蝇”拿来比较，尖锐地讽刺了那些诬蔑革命者的可耻奴才，坚决地支持了坚持革命的勇敢战士。

把两种不同事物或同一事物的两个不同方面放在一起相互比较，通过比较可使事物的性质、状态和特征等更加鲜明突出，并且鲜明地表现出说话人的立场和观点。上例中“战士”和“苍蝇”的对比就是如此。闻一多先生在《最后一次讲演》中多次运用这种技巧，如在讲到国民党特务暗杀李公朴，还嫁祸于共产党，并说是什么桃色事件时，闻一多先生说，“这是某集团的无耻，恰是李先生的光荣。”把国民党反动派的无耻和李公朴为革命而献身的光荣相对比，鲜明地表现了闻一多先生的爱憎感情。

将两种不同事物进行对比，通常是为了使好的显得更好，坏的显得更坏，大的显得更大，小的显得更小，等等；将同一事物的两个不同方面进行对比，往往是为了把事物说得更透彻、更全面、更鲜明。

逻辑技巧

一、类比

假如你是教师，你的学生问你："像叔本华、尼采这样的西方悲观主义哲学家，他们的思想、观点对我们今天的青少年是害多益少，但我们国家为什么还要译介出版他们的著作呢?"这时，你不必直言作答，可以先从医生给小孩种牛痘谈起：医生为什么要给儿童种牛痘呢？就是有意识地把病毒放入到人体内，实行"细菌战"，使儿童的身体能产生一种免疫力。然后，你话锋一转便回到本题：译介出版国外悲观主义哲学家的著作主要是作为反面教材，为我国读者提供鉴别条件；它如同种牛痘一样，是为了增强我国读者的"免疫力"。你这样回答比正面解释更具有说服力。这里运用的便是逻辑方法上的类比。

类比，就是根据两类对象某些属性的相同或相似，进而推出它们的其他属性也可能相同或相似的逻辑方法。这样得出来的结论虽然并不一定是必然性的，但它是根据事物的某种相同点，用已知的事物来说明未知的事物，所以它能起到启发联想和触类旁通的作用。因此，作为一种技巧，类比在说话艺术中得到了广泛的运用。我国古代"晏子使楚"、"邹忌讽齐王纳谏"、"庄辛说楚襄王"等故事，都是运用这种技巧的典型事例。

二、二难推理

张三在会上检举揭发了身为国家干部的李四有受贿行为，并建议组织上对李四进行严肃处理。其他与会者因怕得罪人，对张三的建议都不表态。假如你是会议的主持人，你将用什么办法使与会者都表明自己的态度呢？你不妨采取下面的说法，以迫使与会者表态：“张三的建议如果是错的，各位可以表示反对；张三的建议如果是对的，各位就应该表示同意。”这里你运用的就是二难推理的技巧，你的话我们可作如下逻辑分析：

如果张三的建议是错的，那么各位就可以反对；
如果张三的建议是对的，那么各位就应该同意；
张三的建议或者是错的，或者是对的；
所以，各位或是反对，或是同意。

这种二难推理是由假言推理和选言推理结合起来的推理形式，其大前提是两个假言判断，小前提是选言判断；它在前提中提供两种选择的可能性，而不论选择哪一种可能，你都得承认所推出来的结论。你选择“张三的建议是正确的”这种可能，就必须接受“应该表示同意”这个结论；如果你选择“张三的建议是错误的”这种可能，就必须承认“应该反对”这个结论。

二难推理这种技巧尽管小前提给出了两种可供对方选择的可能，但结论却是必然的，对方别无选择。正因为如此，对方在给定的两种可能性中进行选定时，常常处于两难境地，“二难推理”也因此而得名。可见，这种技巧在说话中特别是在论证过程中，具有不可抗拒的说服力。然而，人们在运用这种技巧时必须遵循下列两条原则：第一，遵守假言推理和选言推理的规则；第二，假言前提的前件必须是后件的充分条件，选言前提的支判断必须穷尽一切可能。违背这两条原则的二难推理是错误的二难推理，而错误的二难推理是容易被对方驳倒的。

三、反证 归谬

某乡村有一共青团员，由于相信迷信，总认为鬼可以投胎变为人。为此，该村团支书向他解释，说鬼投胎变为人是迷信的说法，不要相信，可那位共青团员却总是不能被说服。你能有办法说服那位共青团员，使他改变鬼可以投胎为人的观点吗？如果你要从证明的角度来论证鬼不可能投胎为人，那么你可以采取反证法；如果你要从反驳的角度来论证鬼不可能投胎为人，那么你可以采取归谬法。它们都将使那位共青团员不得不承认人不是由鬼投胎变成的。

你不妨先用反证法。反证法就是通过论证与对方论题相反的论题是正确的，从而推翻对方论题的一种逻辑论证方法。根据这种方法，你可以对那位共青团员说:“在人是由什么变成的这个问题上，你我所持的是两种相反的观点。你说人是由鬼投胎变成的，而我则说人不是由鬼投胎变成的，是由父亲的精子和母亲的卵子这两种生殖细胞结合起来发育而成的。现代胚胎学的研究成果证实，我的这种说法是正确的。因此，你的说法是不对的。”

你也可以用归谬法来说服他。所谓的归谬法，就是先假定对方的论点正确，然后据此推演出荒谬的结论来，从而推翻对方论点的一种逻辑论证方法。根据这种方法，你又可以对那位共青团员说：“根据你的说法，鬼可以投胎变人，那么，一个鬼就应该对应地产生一个人；而一个鬼对应地‘产生’一个人，这就是说，全世界的人古往今来既不会多，也不会少，总保持着一定的数量。而这个结论显然是荒谬的，因为世界人口总在不断地增加，我国解放以来，人口就增加了两倍。因此，你的说法是错误的。”

由此可以看出，反证和归谬都是一种间接性的说理方法，它们都不直接反驳对方的论题、论据和论证，而是从一种设想的对立面或假设正确的前提入手。在某些不适合直接反驳的场合下，这两种逻辑技巧就非常有用。

四、偷换概念

王安石的儿子王元泽自小聪明过人，一次，有位客人将一只獐和一只鹿放在一个笼子里，问王元泽哪是獐，哪是鹿。年幼的王元泽根本不认识獐和鹿，然而他并不作“分不清”、“不知道”这一类的回答，却说“獐旁边是鹿，鹿旁边是獐”，客人们无不称赞。王元泽的回答，避开了客人提出的问题，暗中偷换成另外一个问题：“獐旁边是什么？鹿旁边是什么?”他回答的实际上就是偷换以后的这个问题。王元泽的这种回答表面上看来是违反同一律的，但它却显示了王元泽的机智，因而赢得了客人们的称赞。

说话要遵循逻辑规律，像转移论题、偷换概念、自相矛盾等逻辑错误在说话中都是应当避免的。然而有时为了某种特殊需要，为了应付难题，人们往往需要巧妙地利用这样一些逻辑方法来解决问题。像上例中王元泽的回答，表面上是偷换了论题，但结果却让人无可挑剔，表现出惊人的机智。再如，清代纪昀曾称乾隆皇帝为“老头子”，乾隆大怒，纪昀急中生智，解释道：皇上为万岁，岂不为“老”；皇上乃一国之元首，岂不为“头”；皇上又是真龙天子，岂不为“子”；三者合称，即为“老头子”。乾隆听后，马上转怒为喜。“老头子”本是对老年人的一种不太恭敬的称呼，可纪昀把它解释为“万岁”、“元首”、“真龙天子”，变成了敬称。这里表面上有个偷换概念的问题，但纪昀解释得当，从中看不出有半点恶意，所以乾隆也就不能不转怒为喜。对此，我们不能说纪昀犯了逻辑错误，只能佩服他的急中生智和“偷换”巧用的。

上述两例都说明，在回答问题时，说话者有时不能正面作答，必须“绕道而行”。这种“绕道而行”的方法，正是说话者在特定的语言环境下采取的技巧之一。回答对方提出的“复杂问语”和利用逻辑矛盾中的悖论来回答一些难题，都可算是“绕道而行”的办法。例如，一位美国朋友问一个中国留学生：“你爱纽约吗?”留学生没有马上回答美国朋友的问话，相反却向美国朋友提了这样一个问题：“从一堆谷子中拿掉一粒，剩下的还是一堆谷子吗?”美国朋友听后沉思了好一阵，然后大笑道：“你真会说话!”中国留学生在这里就利用了悖论来回答美国朋友提出的、不好直接回答的问题。这是因为，中国留学生觉得直接回答“爱”，当然不妥，纽约城确实有很多乌七八糟的东西不值得爱；说“不爱”，对方会不高兴，于是就用悖论来回答。所谓悖论是这样一种逻辑：由一个命题的成立可以推出其不成立，由它的不成立又可推出其成立。上例中，如果“剩下的是一堆谷子”成立，那么它确实是少了一粒；如果“剩下的是一堆谷子”不成立，那么它仍然是一堆谷子。那位美国朋友正是明白了这种似是而非的结论正是中国留学生所要表达的，所以也就不再追问下去了。从上例中可以看出，悖论虽然是一种逻辑矛盾，然而利用这种逻辑矛盾不但可以巧妙迂回地回答对方提出的难题，甚至有时还能使对方处于无所适从的境地。

第四章　语言沟通的有效方式和方法

语言沟通能力表现

语言沟通能力的构成

语言沟通能力不是耍嘴皮所能获得的。口才的较量，不只是语言运用艺术的较量，更是思想、知识、思维、心理等各个方面的综合较量。我国有句古语说："一言知其贤愚"，在一定意义上说，说话就是一个人思想、品质、学识、智慧等方面的综合反映。因此，一个人要有较强的语言沟通能力，一般离不开相应的素质、修养和能力。

（一）素质

素质有些是先天的，有些是后天的。对语言沟通能力而言，能够对其产生影响和制约作用的，主要是心理素质。心理素质主要指人的气质、性格、兴趣、爱好等方面，较稳定的、本质的个性心理特征。这些心理特征，对于语言材料的采集、构思和表达都会有一定的影响。

气质分为胆汁质型、多血质型、粘液质型和抑郁质型。不同气质的人在同一环境里，会有不同的态度和举止。在语言沟通方面它表现为，思路的开阔或闭塞，语言基调的高昂或低沉、明朗或黯淡，感情的奔放或涓细，风格的粗犷或纤弱。

不同气质类型的人会有不同特征的心理表现，在语言沟通过程中虽然各有侧重，但任何气质类型都有积极和消极的两重性，并不存在着绝对的优劣问题；重要的是我们了解了不同气质类型后，根据自己的情况，来扬长避短。通过学习和实践，改变自己有缺陷的地方，从而实现更好地进行语言沟通的目的。

性格是个性的核心，是一个人区别他人的个性心理特征，是指人较为稳定的对现实的态度和与之相适应的行为方式，是一些最本质、最持久的心理特征的综合。恩格斯说："我觉得一个人物的性格不仅表现在他做什么，而且表现在他怎样做。"① 对语言沟通来说，"做什么"是指说话的内容，"怎么做"是指说话的方式。不同性格的人在说话内容、方式及其风格等方面也不相同。

《周易》指出："将叛者其辞惭，心疑者其辞歧，吉人之辞寡，躁人之辞多，诬善之人其辞激，失其首者其辞屈。"② 清代学者章学诚在《文史通义·文理》中说："富贵公子，虽醉梦中不能作寒酸求乞语；疾痛患难之人，虽置之丝竹华宴之场，不能易其呻吟而作欢笑；此声之所以有其心，而文之所以不能彼此相易，各自成家者也。"③ 诚实的人说话常常诚实可信，诡计多端的人说话往往也虚妄多诈。

性格既有先天的因素，也有后天的因素。通过后天的培养和环境的熏陶，性格是可以得到改善的。一个人要培养自己的语言沟通能力，就要注意不断地把自己的性格向积极的方面锻炼和培养，克服语言沟通中的诸多心理障碍，提高实际语言沟通能力。

兴趣、爱好是推动人们寻求知识和从事某种活动的重要感情力量。兴趣、爱好对于语言沟通来说也有重要的影响作用，一种表现

---

① 《马克思恩格斯选集》第 4 卷，人民出版社 1972 年版，第 344 页。

② 《周易注疏》，清嘉庆二十年（1816）江西南昌府学重刊之宋本，第 85 页。

③ 章学诚著：《文史通义》，中华书局 1956 年版，第 62 页。

为表达的欲望，一种表现为表达的深度和广度。兴趣爱好是保持说话欲望、诱发表达激情的基础和前提，有了它，语言沟通者就有了积极沟通的动因；同时，兴趣爱好的深度和广度也在一定程度上决定着语言沟通的深度和广度，从而影响着语言沟通的实际效果。

（二）修养

修养是指知识、理论、艺术、思想等方面的水平。修养主要靠后天的培养。一般来说，一个人要有较强的语言沟通能力，就需要有比较好的思想修养、文化修养和表达修养。

语言沟通者的思想修养包括思想水平和理论水平，概括为世界观、人生观、价值观、生死观、幸福观、荣辱观、责任感、义务感等一系列内容。

思想修养对语言沟通者来说有非常重要的作用。思想始终是话语的灵魂，说话者的思想水平、理论水平始终制约着说话者对表达对象各个方面的判断，制约着说话者对各种关系的正确理解和处理。一个人只有具备了一定的思想修养，才能相对来说站得更高、看得更远，说起话来也才可能深刻、一语中的。

如果一个人的脑子里空空如也，即使他能巧舌如簧，滔滔不绝，其内容多半是空洞无物，不能打动人心。因此，要让自己有话可说，又言之有物，就必须注意丰富我们的头脑，提高我们的思想修养。

文化修养是指文化知识储备量的大小。语言沟通者文化修养越高，文化知识的储备越丰富，他的视野和思路就越开阔，说话就能够撒得开、收得拢，不至于因为文化知识的欠缺而沉默寡言。复旦大学教授俞吾金先生曾经说：我觉得一个人具有口才，从外在形式上看有一口流利而又符合逻辑且生动形象的话，但从深层次看应该具有广博的知识和驾驭这些知识的能力。口才好比一片汪洋，表达是浪花，内涵是海水，完美的语言沟通需要完备的知识作为底蕴，作为源泉。有了丰富的知识，才有了能言善辩的根底。

有这样一件事情：

经人介绍，一位小姐结识了一位男友。几次接触后，她深深地被这位男士的学识所打动：他十分健谈，而且见多识广，天文地理、花鸟鱼虫、西方哲学、东方禅道……似乎无所不知，无所不晓。一天，这位小姐因要参加哲学考试特请他的“白马王子”来给她“开小灶”。不料，这位男士那天显得异常笨嘴笨舌。最让人疑惑的是，当小姐问他怎样解释“形而上学”时，他半天尴尬着说不出话来，最后居然憋出一句：“就、就是跟上形势学。”这位男士后来不得不向小姐“交代”：每次为了跟她谈话，自己都要提前两天去阅览室，看两天的报刊杂志，晚上回家就默记这些内容。每次约会，自己都害怕她提问，总是抢先找话题，不让她有过多的插话机会……

这件事情说明了语言沟通能力不是一时“包装”出来的，也不能靠拔苗助长，胸中有了东西才是首要的前提。一个孤陋寡闻、不学无术者，不可能出口成章、妙语惊人，古今中外凡是有杰出语言沟通才能的人，没有一个不是博览群书的。

表达修养是指语言沟通者运用语言来表达思想、抒发情感的能力。好的表达修养，是指能够熟练地把握叙述、描写、抒情、议论、说明等表达方式，能够灵活地选择材料、合理地安排结构以及恰当地运用语言表达形式和技巧来增强语言的表现力和震撼力，再好的思想也只有表达出来才能被人们所了解和接受。表达修养包括口头表达能力和书面表达能力，两者有时并非相辅相成。茶壶里煮饺子的人是确实存在的，有很多学富五车的老教授，能够写出非常精彩的、有价值的文章，但是口头表达却非常糟糕。完美的语言沟通也需要两条腿走路：一要有思想，二是表达好。高超的语言沟通能力需要两者兼备，缺一不可。

（三）能力

能力是完成一定活动的本领，包括完成一定活动的具体方式和顺利完成一定活动所必需的心理特征。语言沟通能力是在素质修养的基础上培养起来的，除此之外，人们还必须同时具备以下几种能力。

第一，观察能力。观察能力是人们用各种感觉器官摄取信息的基本途径，是提高语言沟通水平所必需的。要提高观察能力就要在提高观察的“细、全、深”上下功夫，敏锐地观察，仔细地透过现象看到本质。

第二，想象能力。想象能力就是人们把观察所摄取到的材料，在头脑中融会升华，重新组合，创造出新事物形象，或根据语言的表述而产生相应事物形象的一种心理能力。对于语言沟通来说，丰富的想像力可以激活思维，使你的语言沟通在深度、广度和力度的基础上更增添新颖与活泼的色调。

第三，思维能力。思维能力是指一个人在思维活动中所表现出来的能力。思维是人脑对思考对象的属性和规律的一种概括的、间接的反映过程。思维包括形象思维、逻辑思维和灵感思维以及在这三种思维方式基础之上的创造性思维。思维能力的强弱，具体表现在思维的快慢、思维的深浅、思路的明晰与模糊等方面。

在语言沟通的口头表达过程中，语言与思维基本上是同步展开的，通常是边说边想或者边想边说。这样，思维敏捷的人，表达时就不会或者很少出现断档、结巴和延缓之类的现象。思维敏捷、思路明晰的人，说话通常能够精练准确，并且具有条理性。创造性思维能够提高思维的深度和广度，又有利于说话者打破习惯思维的影响而有所发现和创造，进而使语言表达具有创新性，使语言沟通具有耳目一新的效果。

语言沟通能力的表现

过去有句老话——“好人出在嘴上，好马出在腿上”，说明了语言沟通能力对于一个人的巨大作用。在现代社会，一个人的说话水平对其成就事业有很大关系。即使在日常生活中办一件极为普通的小事，说话水平不同，得到的效果和回报也不一样。

语言沟通能力可以表现在很多方面，但就主体而言它主要表现为认识判断能力、适应应变能力和表现发挥能力。而这些能力的展现又通常是以上文提到的语言沟通者的素质、修养和能力等为基础的。

认识判断能力是指人们在语言沟通中所表现出的对沟通各方面的了解识别和判定能力，如对沟通环境的观察能力、对沟通对象和沟通双方关系的把握能力以及对沟通结果的预测能力等。认识和判断是一个因果的过程，一般来说，一个人的认识能力越强，他判断的正确率也就越高。善于体察对方的真实情感和真正需要以及实际动机，准确把握自己与对方的关系，敏锐洞察环境变化，并采用适当的方式完成语言沟通活动的人，往往都具有较强的语言沟通能力，语言沟通效果也常常是很理想的。相反，认识能力、判断能力不强，对别人的需要、情感及其与自己的真正关系把握不准确的人，往往不能有针对性地采取适当的、得体的语言沟通方式，最终导致语言沟通活动的失败。

庄子是战国时期的著名思想家，他一生过着清贫的隐居生活。一天，庄子的家里又揭不开锅了，妻子叹息着，一再催促他出去想点办法。庄子万般无奈，决定到他的好朋友监河侯那里去借点粮食，以解燃眉之急。

事不凑巧，监河侯正在收拾行李忙着外出，见到庄子连忙寒暄："多日不见，庄兄大驾光临，不知有何见教？"庄子直截了当地讲明了借粮的来意。监河侯说："借粮之事好商量。我正要进城收租金，等我收回来，再借你三百两银子，好吗？"说完，就要准备上路。

庄子听了监河侯的回答，心里又气又急。心想，你到城里来回一趟，要半月之久，等你回来，我一家老小不是全饿死了吗？他略一思索，对监河侯说："仁兄且慢，你陪我喝完这杯茶再走好吗？"监河侯不好意思拒绝，只好又坐了下来。

庄子一边喝茶一边对监河侯说："昨天，在我离家来你处的路上，听到有呼救的声音。我四处张望，并未见到有什么异样的情况，最后，在路旁的一道曾经积过水的干车沟里，发现一条快要干死的小鱼，在那里张着大嘴呼救呢。于是我问它：小鱼呀小鱼，你从哪里来，怎么变成这个样子呢？小鱼回答我说：我从东海来，现在快要干死了，你能不能给我一小桶水，救我一命呢？我回答它说：要水吗？这好办，你等着，我去见越国、吴国的大王，请他们设法堵住西江的水，然后，把西江的水引来迎接你回东海，好吗？那小鱼听了很生气地说：我在这车沟里快要干死了，只要一小桶水就能活下去。如果照你的打算，等到西江水引来的时候，那你就只能到卖干鱼的货摊上找我了。”

听到这里，监河侯羞得满脸通红，他立即喊来家人，到粮仓去满满地装了一袋粮食，借给庄子。庄子接过粮食，谢过监河侯，兴冲冲地回家了。

在这个故事中，我们领略了庄子的出色的语言沟通才能。庄子从面临借不到粮食的紧急境地，到迅速判断，再到采取相应对策——通过讲故事的表现方式，巧妙地让监河侯领会了自己的言外之意，最终既借到了粮食又没有伤及朋友间的情感，收到了良好的沟通效果。这其中不仅表现了庄子的超强想象能力，同时也展现了他在语言沟通中迅速而准确的认识判断能力。

适应应变能力是指人适应环境的变化，并不断根据变化的环境积极主动地调整自己语言沟通方式的能力。一个人在语言沟通中的适应应变能力，一般来说与这个人的思维能力，尤其是创造性思维能力有密切关系。人类的语言沟通复杂多变，沟通环境也在不断变化，人只有具备较强的应变能力才能驾驭变化着的环境。适应应变能力不仅可以使人在熟悉或有利的沟通环境中实现沟通目的，还可以让人在陌生的或突变的、不利的交际环境中顺利地进行语言沟通。

在一次大学新年舞会上，王小华心醉神迷地和男朋友一起走下舞池准备翩翩起舞。突然，她的一只高跟鞋被裙子绊住，不幸跌倒在地，并且一路乒乒乓乓地滚下铺着地毯的楼梯，男朋友跟在后面也无可奈何，爱莫能助。

王小华在一片寂静中站了起来，所幸没有受伤。正在这时，她的男朋友突然从口袋里抽出一张五十元的钞票递给她，并且故意大声地说："好吧，算你赢了。我还以为你没有胆量这样做呢？"

这次意外中，王小华的男朋友能够临阵不慌，用机智的语言加上自如的体态动作给她解了围，体现出了他在语言沟通中的很强的适应应变能力。

表现发挥能力是指如何通过自己的言谈举止等进行语言沟通活动的能力。它是一个人语言沟通能力中认识判断能力和适应应变能力等的综合体现与升华，是一个人素质、修养和能力等的全面展现。

林肯的语言沟通能力我们早有耳闻，下面是他的一个语言沟通案例。

一位自命不凡的外交官有一次看到林肯自己动手擦靴子，便带着嘲笑的口吻说："总统先生，你经常给自己擦鞋吗？"林肯笑答："是啊，不知道你经常给谁擦鞋呢？"

与林肯表现出同样的语言智慧的还有下面这位巴斯德。

著名化学家巴斯德到巴黎开会，住在一家宾馆。招待员以衣帽、行李取人，把他安排在一个肮脏潮湿的小房间。当了解到他的显赫身份后，招待员马上前来给他换房间，还解释说："我以为旅客的阔绰和他携带的行李是成正比的，所以把您老认错了……"巴斯德紧接着他的话说："我认为一个人摆阔绰往往是和他的无知成正比的。"

而我们的周恩来总理向来以他的机智和幽默，给我们留下了很多闪光的语言沟通案例。

比如有一次，周总理接受一位美国记者的采访。那个美国记者见周总理桌上放着一支美国生产的派克钢笔，有些不敬地说："请问，总理阁下，你们堂堂中国人，为什么还要使用我们美国生产的钢笔呢？”周总理听后笑了笑，朗声答道：“提起这只笔啊，这是一位朝鲜战友在抗美战争中的战利品，作为礼物送给我的，朋友一再坚持要我留下来作个纪念，我也觉得有意义，就收下了这只贵国生产的钢笔。”

这位记者听后，窘得面红耳赤，一句话也说不出来。该记者关于派克笔的提问，显然是一种挑衅；对其严词驳斥也不为过，但周总理以委婉的语言来回答，既含蓄，又犀利，还不失风度。

以上案例中三位主人公的应变能力和语言沟通艺术不能不让我们拍案叫绝，而这些语言沟通能力的精彩展现正是他们良好的心理素质、深厚的文化修养以及敏捷的思维能力等的综合体现。又如：

从前，有一个穷人，从来不肯奉承富人。

富人问他：“我是富人，你为什么不奉承我？”

穷人说：“你有的是钱，又不肯白白地给我，我为什么要奉承你呢？”

富人说：“好吧，把我的财富拿出2/10给你，你会奉承我吗？”

“你拿8/10，我只拿2/10，这不公平，我不会奉承你。”

“那么把我的财产分一半给你，你总该奉承我了吧？”

“那时我就和你平等了，我为什么要奉承你呢？”

“那么，把我的财产全部给你，你一定该奉承我了吧？”

“到那时，我成了富人，你成了穷人，我更用不着奉承你了。”

这里，穷人的语言艺术表面上体现的是技巧，但实际上更多体现的是他的敏捷灵活的思维能力。他首先设置一个多难推理，继而利用富人提出的论题，不知不觉地偷换概念，结果为富人准备了毫无退路的陷阱。

就像前文说的一样，语言沟通能力的提高仅仅靠技巧是不够的，关键还要注意培养、锻炼和提高我们的语言灵魂——思想。一个人语言背后的深刻思想往往更能引起人们的关注，也往往更令人赞佩。通常情况下，老生常谈，无论你说得多么天花乱坠，也不会引起人们更多的兴致；而新颖的见解，哪怕只有一句，却能让人在耳目一新中分享你智慧与思想的光芒。

在一次集会中，在大家谈到性、婚姻、爱情的关系问题时，许多人都说，只有建立在爱情基础上的婚姻才是美好的婚姻，只有在婚姻基础上的性关系才是正当的、符合道德的性关系。

这种道理谁都懂得，不过是人云亦云，老生常谈，大家都觉得很乏味，或者至少觉得没有新意。这时，一个一直没有发言的人说："其实这是一种十分难统一的事情。性，遵循的是快乐原则；爱情，遵循的是理想原则；婚姻，遵循的是现实原则。这三者却又经常发生矛盾和冲突，说其难，就难在人们无法把这三者统一起来。而许多人却千方百计地想把它们统一起来，这便使许多人不能不陷入一种尴尬之中。"

这番话虽然没有什么结论，但较之前者由于在见解上新颖了，也让大家觉得耳目一新。所以，此言一出，大家一致认为他的话是比较深刻的。

相信看过电视剧《中国式离婚》的朋友，都会对剧中人物刘东北对婚姻背叛的三种形式的阐述印象深刻。剧中说，婚姻的背叛大体可分为三种，即：身体的背叛，心的背叛，身心的背叛。人们往往注意的是第一种。剧中人物认为，心的背叛实际上与身心的背叛没有什么两样，甚至比身心的背叛更严重。心都不在一起了，身体还在一块儿，道德吗？他的观点正确与否我们暂且不论，单就这种新颖的见解就能让人耳目一新，印象深刻了。这也正是思想的力量，创新的魅力。

从以上可以看出，要提高我们的语言沟通能力，思想是非常重要的。同时，为了避免"茶壶里煮饺子"的遗憾，我们还要重视"听"、"说"训练，掌握相关的语言沟通艺术和技巧。

语言沟通的有效方式

驾驭你的谈吐

语言作为人类的财富，首先体现在作为交流的工具这层意义上。对那些不善于使用这种工具、不懂得应该如何交流的人来说，他所持语言的价值就已经被自己打了折扣。“语言”没有固定的角色。不要因为你是教师或所谓的知识分子，说话就要流露出酸味来；也不要因为你是大老粗，就一定要讲粗话。在“语言”的层面上，人是绝对自由的，它没有年龄、性别、高低、贵贱之分。

说话的技巧，无论是对蓝领阶层，还是白领阶层和身价百万的明星、艺术家、富有者，都是一样的。

语言的迷人之处，不仅在于它是一种沟通的工具，还在于它本身就具有快感，所以人们对绝妙口语的迷信和崇拜是不言而喻的。把握住语言这个财富，运用它驾驭你的谈吐，将会给你带来快乐和机会。

相反，谈吐上的缺陷可能会导致你失业或者砸了你的一笔生意，有时甚至能把一个国际会议搅得不欢而散。至于因为语言摩擦搞得夫妻离异的事情，就更是屡见不鲜了。

人们常常根据你的谈吐来决定是否聘任你为他们工作，是否拥戴你做他们的领导，或推举你为他们的代表。它甚至能影响人们是否下决心购买你推销的商品，是否愿意邀请你到家中做客，并进一步和你交往。

即使你的思想像星星一样闪闪发光，即使你替公司经营所出的主意十分精明，即使你的头脑里充满了有关艺术、体育、飞机、地质、音乐和电脑等方面渊博的知识，但这一切都无法使你免遭语言障碍的困扰。除非你能引起人们的注意，文雅亲切地与人交谈、沟通，否则没有人会愿意听你说完你的见解。

语言出现障碍或表达能力欠缺，至少会使人低估你，甚至会导致关于你的流言蜚语无情地传播开来，进而会歪曲你的形象。

语言障碍有着各种各样的表现：有的就像令人不满的外貌，需要用整形外科的手术来矫正；有的只需要像改旧衣服一样略加修整；有的则像一个松弛的腹部，要把它收紧；还有些就像修理汽车一样，需要调换零件；或者像弹簧，要上一点油来润滑；另一些人的毛病则很像小男孩的脏面孔，需要用热水肥皂使劲擦洗一下才行。

人若渴望在商业上获得成功，非常重要的是谈话时的自信、准确和有说服力。商业界人士首先要推销的，就是他自己。从申请第一项工作的晤谈，到作为成功者发表演讲，在这漫长的途程中，他必须不断地说服别人。如果你打算经商，那么你的谈吐形象，包括容貌、声音，有时是决定你这一生成功与否的关键。

近几十年来，情况又有了新的发展。一个企业家的言行不仅会被人听到，也会被人看到。过去他与外地同行洽谈生意时，可能是利用电话；现在却很可能是使用闭路电视系统。甚至连办公室的会议也常常是利用电视，因为这样一来谁也不需要离开自己的岗位。

可见，运用语言准确地表现自我，也许将成为你的事业成功的关键。

准确地运用语言表现自我，有才干并有沟通能力的人，他成功的希望将会更大。因为他的才干可以从言语谈吐之间充分地表露出来，使对方能更进一步地了解他，并且信任他，也才敢给他以重任。

有语言才能的人，他的人生将会更丰富多彩。这是因为他可以凭借自己驾驭谈吐的能力，给自己创造一个融洽的环境，一片任其驰骋的天空。

有效地表达

语言作为沟通的工具，最讲究的就是表达得是否有效。无论你出于怎样的目的，都不希望自己的讲话没有效果，甚至适得其反。说话的目的有四个方面，不论说话者是否意识到，说话一定具有以下四个目的中的一个或几个：引起听者行动；提供知识或讯息；引起共鸣、感动与了解；让听众感到快乐。

成功的沟通或成功的演讲，要想取得感人的效果，大致来讲，应该是采取能认清自己的目的，以及知道如何达到目的的方法。我们认为有效的沟通方法应该是：

①找对了目标。

②使听众对你的话题感兴趣。

③自己首先要激起对话题的热情火焰。

④内容和自我感觉一致。

⑤有由信念支持的诚恳的表现。

⑥生动亲切地传达内心的感触。

⑦不压抑真正的情感。

⑧感情的生发作用。

⑨热情的表现。

⑩将听众关心的事物编入话题。

⑪地方性的特殊话题。

⑫意识到人们所关心的事都与自身相关。

⑬做正确诚恳的评价。

⑭确认你与听众的共同点。

⑮与听众建立清楚分明的关系。

⑯在演讲时要使用听众的名字。

⑰用“我们”来称呼。

⑱让听众产生温暖感。

⑲让听众扮演一定的角色。

⑳不轻易用质问。

㉑采取低姿态。

㉒不要自以为清高。

对听众夸示你的优越感，必然会遭到反感，而被冷眼相待。在别人面前发表言论，你就如同陈列在橱窗中的商品一样——你的各种人格层面，都将一览无遗地呈现在别人面前。

由于我们本身不可能是一个人格完美的人，所以，若你表示自己将尽力而为，会令沟通对象产生好感及尊敬。

巧妙地攀谈

说话时，如果你能使对方谈到他感到有兴趣的事情，就表示你已经很巧妙地吸引了对方。此时，你再以问询的方式诱导对方谈论有关他个人的生活习惯、经验、愿望和兴趣等方面的问题。对方如果对你的问题有兴趣，自然愿意叙述自己的一切，对方会因为你表示出的关怀备至而开怀畅谈，甚至因此而对你表示出崇敬之意。

美国纽约市凤凰人寿保险公司的代理商哈利·N. 赫歇尔先生曾说过：在他的日常生活中，他觉得最感兴趣、也是最有意义的一件事就是跟别人沟通。为此，他细述道："常常有人来向我请教，问我如何与在吃午餐时所碰到的人，或者在旅馆门口以及旅行车上遇到的人说话。我对他们说，在双方互通一些例行的客套话之后，我们可以客气地问对方：'非常冒昧，可以问你从事哪一种职业吗？' 如果对方乐意回答，便可以进一步地问他：'可以告诉我，究竟是什么原因促使你从事那种职业吗？'关于这个问题，十有八九的人都会回答：'唉！说来话长……'这么一来，我们不就很自然地成了他的听众了吗？而对方因为有人听他讲话，自然会侃侃而谈了。"

话多不如话好

一个有学问而没有语言才能的人，和人沟通时也会难以应付，这样会在无形中损失不少的收获。往往有许多人，在繁忙的人际接触中，觉得别人说的话对自己似乎是一种威胁。实际上，他是愧感自己的口才不如别人而已。

少数人的口才可以说是天赋，但多数人的口才却是勤于训练的结晶。一个当众不敢说话的人，最大的原因是出于惧怕心理的缘故。我们要使自己成为一个活跃的人，使自己能获得成功，关键在于训练自己的口才。自己理由充分，而别人尽讲歪理，但因为自己的口才拙劣，反而被别人辩得无地自容，这样的事例是很多的。历史上诸葛亮“舌战群儒”和“骂死王郎”就是著名的口才争辩所获得的辉煌成果。我们虽然并不想去做辩士和说客，但我们必须明白，一个人的一生，离不开言语和沟通。

我们不能终身不说话，一切人情世故，大多是在说话当中。我们话说得好，小则可以欢乐，大则可以兴国；我们话说得不好，小则可以招怨，大则可以坏事。所以古人说：“一言可以兴邦，一言可以丧邦”，这话真是切中利害。所以，我们说话，一定要谨慎。俗话说：“祸从口出”，你如果说话不当心，招来怨恨，那是很难免的。“金人三缄其口”，意思就是告诉大家说话要谨慎。可是，我们缄口不言，事实上是做不到的。那我们说话的时候，惟有留心谨慎而已。

话说得越多，出毛病的机会也就越多。大智若愚，有学问的人不大乱说话，只有胸无点墨的人才喜欢大吹大擂。“宁可把嘴巴闭起来，使人怀疑你的浅薄，也不要一开口就让人证实你的浅薄。”这是一句值得大家牢记的名言。所以在研究说话艺术的时候，我们要先学“少说话”。这里的“少说话”是既要说话，又要说得又少又好，这才是口才的艺术。

要记住这样一个原则，在任何场合，我们要做到尽量少说话，缄默是值得提倡的。如果非说不可，那么你要注意所说的内容、意义、措词和声调以及说话时的姿势。在什么场合应该说什么话，怎么说，这值得加以研究。

无论是探讨学问、接洽生意、沟通应酬还是娱乐消遣，从我们口里说出的话，一定要有一个中心，要生动和具体。

“不鸣则已，一鸣惊人”，我们虽然未必能达到这个境界，但朝着这个目标去努力总是不会错的。

为了使你的话为人们所重视、所感兴趣，惟一的秘诀就是少说话。只有这样，你才能有时间静静地思考，使说出来的话更精彩。

先当听众

研究语言沟通的诀窍，首先要学会做一个有耐心的听众。能聆听别人意见的人，必是一个富于思想、有缜密的见地和具有谦虚性格的人。这种人在人群中，起初也许不大受人注意，但最后则必是最受人敬重的。

怎样去做一个良好的听众呢？首先，你要做到“专诚”。别人和你谈话的时候，你的眼睛要注视着他，无论他的地位和身份比你高或是低，你都必须这样做。只有虚浮、缺乏勇气或态度傲慢的人才不去正视别人。

其次，别人和你说话时，你不可做一些与此无关的事情，这是不恭敬的表现。而且当他偶然问你一些问题时，你就会因为不留心听他所说的话而无从回答了。

聆听别人的话时，偶尔插上一两句赞同的话是很好的，不完全明白时加上一个问号也是非常重要的，因为这正表示你对他的话留心。但是，你不可以把发言机会抢过来，就滔滔不绝地说自己的，除非对方的话已告一段落，轮到你说话时你才可以这样做。

无论他人说什么，你不可随便纠正他的错误，如果因此而引起对方的反感，那你就不可能成为一个良好的听众了。批评或提出不同意见，也要讲究时机和态度；否则，好事会变成坏事。

词必达意

在日常生活中，每个人都免不了会遇到需要自己说几句话的场合，这时候，如果话说得适当，就能使事情获得圆满的结果。

擅长说话的人，总可以流利地表达出自己的意愿，也能够把道理说得比较透彻、动听，使别人很乐意地接受；有时候他还可以从谈话中立即判断出对方的意图，或从对方的谈话中得到启示；而且，他还能够通过谈话，增加彼此之间的了解，和对方建立良好的关系。

我们常常看到一些不擅长说话的人，所遭遇的情形恰恰相反。他们说话，不能完整地表达出自己的意图，往往使对方费神去听，而又不能使对方明白他所说的话的意思，这就使沟通出现了困难。

遇到有事情和别人洽谈，或有事情需要别人合作的时候，说话流利的人，总可以很愉快地把许多事情洽谈成功；而不会说话的人，其结果却往往是不欢而散。那么，怎样说话才算合适呢？

首先，要正确地发音。对于每一个字，你都必须发音准确、清楚。准确、清楚的发音，可以依靠平时的练习、注意别人的谈话、朗读书报、多听广播来达到。

其次，说话的时候，要使每一句话都明白易懂，避免用一些生涩的词汇。你不要以为用了这些词汇，就显得自己有学问。其实，这样说话不但叫人听不懂，有时反而会弄巧成拙，引起别人对你的错觉和疑虑，或认为你故弄玄虚。

融洽的谈话，应该以大方、熟练和生动的语言来表达你的意思，使你说的话多彩多姿、扣人心弦。说话的速度不宜太快，也不宜太慢。说话太快会使对方来不及反应，而且自己也容易疲倦。有些人以为话说得快一些可以节省时间，其实说话的目的是使对方领悟你的意思。此外，不管是讲话的人，或者是听话的人，都必须用脑子思考，否则就不能确切地把握说话的内容。当然，说话太慢也是不可取的，既浪费时间，也使人听得不耐烦。

“信口开河”、“放连珠炮”都是不好的说话方式。“信口开河”并非表示你很会说话，相反，却证明你说话缺乏诚意，不真实、不负责任。至于说话像“放连珠炮”，那只会使人厌烦，因为在公共场合说话，你要顾及到周围的安宁，声音不要太大。假如你是与很多人沟通，你要注意自己说话的声音是否每一个人都能听得到。形容一件事或者一个人，都必须恰到好处。别以为夸大其词就可以收到预期的效果；事实上，言过其实，必定会受人轻视。

再者，说话是将文字、句子组合起来变成声音。“话”的实体还是字眼本身。运用字眼有以下几个原则：

①说话要越简洁越好

有些人叙述一件事情，为了卖弄才华，极力修饰语句，用重复的形容词，或用西方语言特有的修饰手法，或穿插一些歇后语、俏皮话，甚至引用经典、名人语录。如果你没有专心注意听他说话，还真摸不着他在说些什么。

费了很大的力气，却使人不知道你在说什么。即使你用了许多华丽的字眼，也不一定能达到应有的效果，反而使人觉得你不诚实。

有些人在说话时，东拉西扯，缺少组织和系统，亦使人有不知所云的感觉。

如果你有上述的缺点，只要在说话时记住说得简明扼要就行了。在话未出口时，你应先在脑子里构思一个轮廓，然后再按秩序一一说出。

②文句不要重复使用

说一句“为什么”就够了，而有些人却要说“为什么？为什么？”答应别人一件事，说一两个“好”就足够了，但有些人却说“好好好好……”或者说“再见再见再见”。

其实这些重复的词汇，在加强语气时才用，一般都不必重复使用。

③同样的名词不可用得太多

某人在解释月球上不可能有生命这一问题时，在短短几分钟内，竟把“从科学的观点上说”这个短语用了二三十次。无论多么显示才华或新颖的词或句子，用多了就会失去它应有的价值。

第一次用花来比喻女人的人是最聪明的，但第二次再用它的人就显得愚蠢了。我们当然不必拘泥上面所说的，每说一事都要创造一个新名词，但把一个词或一句话在同一时期中反复来用，就会使人厌倦。

此外，相同的词不可在同时来形容两件不同的事情。有一次一位幼儿园老师说故事。说到某公主，她说：“这公主是很美丽的。”说到太阳，她也说：“这太阳是很美丽的。”此外说到水池、小羊、草地、高山，她都用“很美丽的”来形容。结果小朋友们问她：“老师，到底哪一个是最美丽的？”那位老师一时语塞。她为什么不用“可爱的”、“柔嫩的”、“明亮的”等词句来调和一下呢？这不是可以增加听者的兴趣吗？

④要避免口头禅的习惯

当某一句话成为你的口头禅时，你就很容易被它束缚住，以致无论你想说什么，也不管是否适用，都会脱口而出。这毛病是容易被人讥笑的。你也许爱说“岂有此理”，也许爱说“绝对的”，也许爱说“没问题”，这些和你说的话毫不适合的口头禅，要尽量避免。

⑤不说粗俗的字眼

古谚道：“字为文章的衣冠。”现在我们说：“言语为个人学问和品德的衣冠”，相信这没有什么不妥。

有些人道貌岸然，雍容华贵，但是不开口还好，一开口则满口粗俗话，甚至一些不雅的下流话也出了口，使人听了作呕，方才敬慕之心，也会顿然消失。可惜的是，有些人并非学识品格不高，不过是疏忽大意，不知改正而已。

你可以用幽默风趣的话来表现你的聪明、活泼和风趣，但不可以用低俗的话来表现。一句不中听的话，会使别人觉得你鄙劣、轻佻和无知。

粗俗的字句不可用，同样太深奥的学术用语也不可多用，除非你是一个学者，正在讨论学术问题。满口新名词，即使运用得当，也是不太好的。

随便滥用学术用语，听不懂的人不知你在说些什么，而且会以为你有意在他面前夸耀你的才华；听得懂的人则觉得你近乎浅薄。

在不知对方的文化程度时，用什么字眼也要小心。有些人不管对方懂不懂，就随便在话中夹杂外国语和外来语，这也是要多加注意的。

让声音有表情

能把握时机说话，还要让你的声音富有表情，这是较难做到的。你不妨注意听听广播剧、看看电视剧或舞台剧中的演员们，感受一下他们那种充满激昂顿挫的声调和表情丰富的说话语感；甚至那些口才奇佳的政治家们，一个个无不是能把声调、音量等各方面控制自如的人。他们高超的说话技巧，使我们很容易就分辨出事情的是非曲直；反之，如果他们始终用相同的声调、速度，那么这种语言就显得平凡而乏味。

不知你是否听过经验丰富的公司主管或政治家的演说？若听过，你是否分析过他们何以能讲得那么生动有趣？他们究竟使用了什么特殊的技巧？

其实良好的声音表情就是说话人的发音、强调方法、语气顿挫和语调的变化。我们只有事先仔细了解话题的意思和含义，然后才能以恰当的声调将其表达出来，两相配合、相辅相成。有些时候我们的说话速度要慢，例如诉说慎重的提案、令人痛心的事件、宗教问题等；相反，容易使人明白的朗读、有速度感的说明、中途顺便插入的例子以及警句等，为了使其节拍能配合内容，说话必须有较快的速度。人的声音天生就被赋予各种变化，语气、速度和音量的不同，立即就能反映出人内心的情感和态度。

所以，当我们听到一段动情的演说时，我们就可以认定那位演说者掌握了良好的说话时机和技巧。也就是说，他既知道该在什么地方缓缓说话，在什么地方作有效的中断；也知道该在什么地方加快速度，把听众带入高潮。具备这些条件的人，就是一位高明的演说家。那些口才优异的推销员，也一样要具备这些条件。唯其如此，他才能大大地提高成功率，并得到上司的赏识和器重。

艾尔顿和汤姆逊两人合著的《演说根本》一书中有这么一段话，是告诉人们怎样把握说话时机的很好的例子。

“演说最漂亮的进行速度，完全在于发音是否清晰明了。有时为了采取歌唱似的语调，则会降低速度；但能够加快速度，同时又能使听众明白的人，可能只限于发音特别清楚的少数人。

不过，凡是能保持高速度的人，其主要原则还是在于多求变化。变化多，自然能够吸引听众。该强调的时候就强调，决不装模作样。这是因为演说的主要目的，就是自始至终把你的意思传达给听众。如果想要说的事既简单又明了，那当然可以很快地交代过去；但如果须仔细说明的事，却快马加鞭、迫不及待地一口气说完，那么它只能留给听众一般性的印象而已。此时如果侃侃而谈，听众听来自会觉得你所说的每一个问题都是重要的。而如果是内容欢快、充满幸福或者令人毛骨悚然的冒险故事，讲到高潮之处或者情感将要迸流而出之时，就必须加快说话的速度才能达到预期效果。当然，主题严肃、感情压抑或者充满悬念气氛的部分，还是应该慢慢地叙述。”

适时地结束

说话时最糟糕的情形是，很多人往往沉溺于自己的谈话中，而不知如何结束话题或做一个结论。他们讲起来，就像打开了水龙头，让水一直流个不停。即使是个傻子，也能开口说话；但是，只有聪明的人，才能完美地结束话题。

有许多人信口开河，讲得精疲力竭，仍然继续说个不停。你对这种人是否曾有过这样的感觉："糟糕！那个喜欢唠叨的人又来了。他只热衷于自己的话题，每次一开口就不知道适可而止，真是讨厌！"

这一类喜欢长篇大论的人，不但不受人欢迎，而且惹人厌烦。如果我们一次只谈一个话题，并以此问题征求对方的意见，而且进一步请求对方阐明对这一问题的看法，那么我们就一定能赢得对方的欢心，而你自己也达到了说话的目的。这种说话的态度，不但给予对方发表意见的机会，同时也使自己能专心倾听对方所说的每一句话。要知道，一个善于听话并且能让对方有说话机会的人，必定能受到众人的爱戴与欢迎。

看人说话

有一位学者说过这样的话："如果你能和任何一个人连续谈上10分钟而使对方产生兴趣，你就是一流的沟通人才。"

这句话看来简单，其实也并不容易做到。因为"任何人"这个范围是很广的，他也许是个工程师，也许是个律师，或是教师、艺术家，等等。总之，无论三教九流，各个阶层的人物，你能和他谈10分钟而使他感到有兴趣，真不是一件容易的事。

不论困难或容易，我们总是要度过这个难关。常常看到许多人因为对于对方的事一无所知而相对默然，这是很痛苦的。其实如果你肯下工夫，这种痛苦的事情就会减少，你也甚至有成为一流的交际人才的可能。

“工欲善其事，必先利其器”，这虽是一句老话，但至今仍然适用。所以，首先我们必须充实自己，做到“利其器”。

一个胸无点墨的人，我们当然不能希望他应对如流。学问是一个利器，有了这个宝贝，一切皆可迎刃而解。你虽然不可能对各种专门学问都有精湛的研究，但是对一些常识却是有必要掌握的。有了一般常识性学问，如果能巧妙地运用起来，那么应付任何人 10 分钟有趣的谈话，想必也不困难。

社会在不断进步，这是你充实自己的有效机遇。每月所出的各种著名杂志，都是你应该阅读的，这是最低限度的准备工作。国际和国内的动向，一般的经济发展趋势，科学上的新发明和新发现，世界所关注的事件和新闻人物以及艺术名作、电影戏剧等内容，皆可在每日的报纸和每月的杂志中看到。

你不能对每一种人都谈论同样一件事。一个科学工作者，不会对做生意感兴趣。同样，一个生意人，对他谈哲学的大道理，他也不一定有兴趣。

这里有一个小笑话：某君以口才伶俐而见长。有人向他求教交谈有什么诀窍，他说：“很简单，看他是什么人，就跟他说什么话。例如同屠夫就谈猪肉，对厨师就谈菜肴。”那位求教的人又问：“如果屠夫和厨师都在座，你谈些什么呢？”他说：“我就谈红烧肉。”

从上面的故事中可以看出，我们要成功地应付社会上形形色色的人，就要具备多方面的知识。

如果你能做到这一点，那么应付各种人物自然就能得心应手了。虽然不一定要样样精通，但运用全在你自己。你不懂法律吗？但遇到了律师你不妨和他谈最近发生的某件案子或提供给他案情（这全是从报纸上看到的），其余的问题就让他去说好了。

日本东京有一家美容院，生意兴隆为当地之冠。有人便问他们生意兴隆的原因，院长坦率地承认，这完全是由于他的美容师在工作时善于和顾客攀谈之故。但怎样使工作人员善于说话呢？

“简单得很，”院长说，“我每月把各种报纸杂志买回来，规定各职员在每天早上工作前一定要阅读，就当日常功课一样，那样他们自然会获得最新鲜的谈话材料，攀谈时就会博得顾客的欢心。”

这不过是千百个例子中的一个。知识是任何事业的根本，你要使谈吐能适应任何人的兴趣，更要多读一些书刊杂志，使天地间的知识储存在你脑海中，一旦到应用的时候，就可以有选择地打开话匣，与人对答如流了。

就地取材

在交际场上互通姓名之后，第一句话是很不容易开口的，因为你不熟悉对方，不知道他的性格、嗜好和品行。受时间的限制，你不能多作了解和考虑，同时又不能冒昧地提出特殊话题。

“今天天气……”这句话常被运用，但除了在甲板上或是沙滩上散步时不妨用用之外，在别的场合中说这句话会使人感到近似敷衍，而且缺乏内容，不能引起对方的兴趣。就地取材，似乎比较简单得体。

何谓就地取材？那就是按照当时的环境而觅取话题。如果相遇的地点是朋友家中，或是在朋友的喜宴上，那么对方和主人的关系可以作为第一句的话题。

“先生（小姐）和某先生大概是同学吧？”或者说：“阁下和某先生是同事？”

如此一来，无论问得对不对，总会引起对方的话题。问得对，可以依原题急转直下；问得不对，根据对方的解释又可顺水推舟，在对方的生活上畅谈下去。

“今天的客人真不少！”这虽是老套，但却可以引起其他的话题。

“这礼堂布置得很不错!”赞美一样东西常常是最稳当得体的开始。如果你们是在夏季湖边的游园会，则可以说：“湖边的杜鹃花开得很好看，颜色真艳丽，先生（小姐）去看了没有?”或者说：“热天在园里喝茶，实在太舒服了……”，等等。

①拓展话题的领域

开始第一句话要注意的是使人人都能了解，人人都能发表见解，由此再探出对方的兴趣和爱好，拓展谈话的领域。如果指着一件雕刻说：“真像某某的作品!”或是听见鸟唱就说：“很有门德尔松音乐的风味”，除非你知道对方是内行，否则这不仅不能讨好，而且会在背后挨骂的。

如果不知道对方的职业，就不可随便问他。因为社会上免不了有人会失业，问他的职业无异于逼他自认失业，这对自尊心很重的人来说是不太好的。如果你想拓展谈话的领域而希望知道他的职业，只能用试探性的方法:“先生常常去游泳吗?”如果他说“不”，你就可以问他是否很忙,“每天上哪儿消遣最多呢?”接下去试探他是否有固定工作。如果他回答“是”，你便可继续问他平时什么时候去游泳，从而判断他有无职业。如果他说是星期天或每天下午五时以后去，那他无疑是有固定工作。

确定了别人有工作，才可问他的职业，这样就可以谈他的工作范围内的事情。如果不知对方有没有职业，或确知对方为无业者，那么你最好还是谈别的话题为佳。

②使对方话语滔滔不绝

你如果具有一定的常识，那么即使你没有各种专长的学问，也足以应付各种各样的人了。因为你虽然不能应答如流，但你总该能提出问题。

问话是使对方开口的良策。

假如对方是医生，你对医学虽是门外汉，你就可以用“问”的方法来打开局面。“今年感冒又开始流行了，贵院大概又要忙一阵子了吧?”一句和时令或新闻有关，同时又贴近对方工作的话题，是最得体的问题。这样一来，对方的金口就开了。由此你们就可以打开话匣，从感冒的症状谈到气候，谈到药和补品……只要你不厌烦，你可以一直引他谈下去。

遇到做生意的人，你可以问他近来生意如何，哪些东西好卖；遇到教师则问他学校的情况，学生的素质和倾向。总之，问话是打开对方话匣的最好方法。

问话时要注意的是问对方在行的问题。如果你不能确定对方是否内行，那么就以不问为佳。譬如问一个警员“三年来本市发生的车祸有多少起”，这是一般人不容易记清的事，要是对方回答“不太清楚”，这样不但使回答者有失体面，而且双方都感到没趣；也就不能一击而中，使对方话语滔滔如决堤。其次，关于政治见解不宜问，除非对方是一位政治家或权威人物。这是因为普通人的政见有很大的差异，他不知道你有无成见。聪明的人一般不会开诚布公地回答这种问题，所以你最好还是不问为佳。

③适可而止的问话

有些问题，当你得不到满意的答复时，是可以继续问下去的，但有一些问题就不宜再问。

比方说你问对方住在哪里，他如果只说地区而不说具体地址，你就不宜再问在某路某号。如果他愿意让你知道的话，他一定会主动详细说明的，而且还会补充上一句，邀请你去坐坐；否则便是不想让别人知道，你也不必再追问了。举一反三，其他诸如此类的问题，如年龄、收入等也一样不宜追问，以免引起对方不快。

不可问对方同行的营业情况。同行相忌，这是一般人的常识。因为他回答你时，若不是对其同行过于谦逊的赞扬，便是恶意的诋毁。在一个人面前提及另外一个和他站在对立地位的人或事，总是不明智的。

此外，在日常沟通中要知道的是：一般来说，不宜问及别人衣饰的价钱；不宜问女子的年龄；不宜问别人的收入；不宜详问别人的家世；不宜问别人用钱的方法；不宜问别人工作的秘密，等等。

凡别人不知道或不愿意让人知道的事情都应避免询问。问话的目的在于引起双方的兴趣，而不是使任何一方没趣。若能令答者起劲，同时也能增加你的见闻，那是使用问话的最高本领。

一位社交家说："倘若我不能在任何一个见面的人那里学到一点东西，那就是我的处世的失败。"

这句话很发人深省，因为虚怀若谷的人，往往是受人欢迎的。记住，问话不仅能使沟通顺畅，而且你可以从中增加学问。

④应付沉默寡言者

现在我们再来研究怎样应付那种沉默寡言的人。

这种人常常坐在客厅的一个角落里，落落寡欢。当偶然听见别人的笑声时，他也照例跟着一笑，但这一笑显然是敷衍的，因为笑声随即收敛，他的目光移到墙壁上的一幅字画上去了。

这是较难应付的一种人。虽然这种人绝对不会单独来找你，但若在别人家里遇见，或在一次宴会里他刚巧坐在你的身旁，那么你就不能不想个办法了。

如果世界上真的有人不爱交谈，那么他也许是终年躲在图书室或实验室里，不肯出来进行交际应酬。为什么这种人看来如此落落寡欢呢？分析起来，大概有两种可能的原因。

第一，他可能是一般人中年纪较大的或较小的；或者学问兴味较高，而同时在座的其他人则比较市侩，谈天说地。问题无非是饮食男女，或出语俚俗，或言不及义，使较有修养的人望而却步，所以他才独自躲在一边。只要你知道症结所在，是不难应付的。你可以在几句谈话中探得他的学问与兴趣如何，然后再和他谈论下去。只要你学会怎样询问，就可以得到一个丰富你学问的机会。他见你谈吐不俗，一定会把你当成知己，这样一来，僵局就打开了。

至于年纪较大或较小的一种，也许是因爱好不同和兴味不相投合，上面的方法，原则上可以应用。

第二，还有一种人，他们沉默寡言的原因是因为他们的思想并非特别高超，只不过生来古怪，与人难合。你和他谈上几句，了解了这类原因后，就可以采取另外一种方法去激将他。

“某某球员近来更不行!”比方你了解到他对篮球有兴趣，这一句话是很好的挑战方法，因为十个球迷有九个拥护这名球员。你这么一说，他必不肯甘休。你当然要在后来表示屈服，不过在战略上你已经胜利了。

这种激将法同样可用在那些学问渊博但生性古怪的学者身上。

在任何场合，遇到任何人物，谈话的方法应胸有成竹，以备随机应变。

⑤保持新颖的题材

你必须记住，话是说给对方听的，而不是说给你自己听的。因此，说话不在于仅图自己痛快，而必须顾及到对方的兴趣，你要为听者着想。

首先，你必须探出对方的兴趣（照例用几个回合的对答就应该能探出来)，然后选其感兴趣的话题谈下去。别人愿意听你的谈话，大概是因为你有值得听的话题或观点，或是你刚从某地旅行回来，或因你的事业成功的经验值得学习，或因你知道了一些特殊的新闻，或因你对于某一个问题具有独特的见解……所以他才愿意耐心地听你谈下去。你探出了他兴趣的焦点，就可以围绕这一焦点一直谈下去。但有一点值得注意，即使是一个很好的题材，说的时候也要适可而止，不可拖延太久，否则会令人感到厌倦。说完一个题材之后若不能逗引对方发言，而又必须由你支撑局面时，你就要另找新鲜题材，这样才能把对方的兴趣引导出来。

其次，就是在谈话中，虽然发言权为你所操纵，但你必须时常找机会诱导对方说说话。当说到某一个问题时，可征求他对这个问题的看法，或在适当的时机请他叙述他的经验，务使对方不致呆听，这样你才不失为一个善于说话的人。

再次，话题转了两三次，而对方仍没有将发言权接过去的意思，或没有作主动发言的打算，在这个时候，你应该设法把这一谈话结束，即使你感觉还好，也应让别人休息了。

自己包办了大半的发言机会，是不得已而为之的方法。如果你不管别人是否爱听你的谈话，或不管别人有无兴趣，你一个劲儿地说下去，那就违背其谈话艺术之道了。

⑥道人之短，即己之短

世间没有完人，凡人皆有他的短处，也必有他的长处。在与人谈话中，你要尽量避免谈论别人的短处；否则它不仅使别人的声望受损害，而且也足以表明你为人的卑鄙。这表现为以下两点：

第一，不可在谈话中借机刺探别人的隐私；

第二，不可仅知道别人的一点点短处就逢人便宣扬。

宇宙之大，谈话的题材取之不尽，用之不竭，何必一定要把别人的短处当做话题？你所知道的关于别人的事情不一定可靠，也许另外还有许多隐衷非你所详悉。若贸然拿你所听到的片面之言宣扬出去，则不亚于颠倒是非、混淆黑白。说出去的话收不回来，当事后完全了解真相时，你还能更正吗？

“王某借了李某的钱不肯还，这真是岂有此理！”昨天你对一个朋友说，这是从李某那里听来的，他当然把自己说得头头是道。人总是觉得自己是对的，你明白了人类的这一弱点，你就不会诋毁王某。因为你若有机会见到王某，他也会告诉你，他虽借了李某一笔钱，但有一张房契押在李某手里。因房租跌价，到期款未清还，只好延长押期。而李某则急于拿回现款，王某一则无法立即付清，再则借据上写着若房租因环境关系而减租时，可以延长押期，至李某将该款全数收回为止，所以不能说他是赖债。由此看来，双方皆有道理。人与人的种种关系大半如此复杂，你若不知内情，就不宜乱讲。

社会上有一种人，专好推波助澜，把别人的是非编得有声有色，夸大其词，逢人便说。世间不知有多少悲剧由此而生。你虽不是这种人，但偶然谈论别人的短处，也许无意中就为别人种下了恶果。而这种恶果的滋长，是你所料想不到的。

请你为自己定下一条戒律，除了颂扬别人的美德以外，永不在背后议论别人的短处；否则你将玷污自己的人格，永远找不到一个愿意和你亲近的朋友。

要是别人向你说某人短处的时候，你惟一的办法是听了就算。像别人告诉你的秘密一样，谨缄金人之口，不可作传声筒。并且不要深信这种片面之词，更不要记在心上。

同谈论别人的短处一样，不可就片面的观察便在背后批评别人，除非这是善意的批评。说坏人的好处，别人听了最多认为你是无知；把一个好人说坏了，人们就会认为你居心不良了。

⑦开玩笑要有分寸

熟悉的朋友聚在一起时，大家不免开开玩笑，互相取乐。说话不受拘束，原是人生一件快事。不过凡事有利也有弊，乐极生悲，因开玩笑而使朋友不欢而散的事是常有的，有些人就由此生疑：是否在语言艺术中开玩笑之事应列为禁忌？

这是大可不必的，如果在相识的朋友面前连开玩笑的话都不能说，那么人生在世，真是乏味至极了。我们必须注意的，只是怎样避免因开玩笑而产生的不良影响。

开玩笑之前，你先要注意所选择的对象是否能受得起你的玩笑。一般来说，人可分为三类：第一类为狡黠聪明的，第二类为敦厚诚实的，第三类为介于这两种之间的。对第一类人，即狡黠聪明的人开玩笑，他不会让你占便宜的，结果是旗鼓相当，不分上下。第二类人，即敦厚诚实者，则无还手之力，亦无抵抗之力。这种人所见于外表的，不是道貌岸然就是无可无不可的，喜欢和大家一起开玩笑，任你如何取笑他，他脾气绝好，不会动气。对于介于两者之间的那种人，应付时最要小心。这种人大概也爱和人说说笑笑，但一经别人取笑时，既无立刻还击的聪明才智，又无接纳别人玩笑的度量，结果男则恼羞成怒，大家不欢而散；女则独自躲在床上痛哭一场，说是受人欺侮。所以开玩笑前先了解对方，然后再去做最为妥当。其次，开玩笑要适可而止。开开玩笑，一两句话说过便罢，不能老盯着一个人，这是绝大部分人都可以接受的；如果你专对一个人不停地大开玩笑，则绝大多数人是不能忍受的。

一般来说，开玩笑本来无所谓顾虑到对方的尊严。但如果你使对方太难堪了，那就失去了开玩笑的意义。你笑你的同学不及格，你笑你的朋友怕老婆，你笑你的亲戚做生意因上了别人的当而亏了本，你笑你的同伴在走路时跌了一跤……本来这些都是应该报以同情的，你却拿来取笑别人，不仅使对方难以下台，而且表现出你的冷酷无情。同样地，不可拿别人生理上的缺陷来做你开玩笑的题材，如对眼、跛足、驼背等。属于一个人的不幸，你应该对其怜悯而不是取笑。

不可使开玩笑成为你的谈话习惯。除了开玩笑就不会说别的，这只能表示你的浅薄。故意在别人的苦恼上开玩笑的人，他一定是个无情的人。

如果你怕不小心伤害别人的情感，而宁愿竭力避免开玩笑时，你可以把你的聪明才智移植到幽默上。诙谐而不下流，具有浓厚风趣的语句，能使人快乐，更会发人深思。这种智慧型的幽默，是玩笑谈话中最上乘的，在不伤害别人的同时，还能使大家开心。如果你能诚心诚意地这样做，你一定可以获得更多人的信赖、更多人的钦佩，并将会获得更多的朋友。

⑧戏谑也要本领

人的生活不能过分严肃，精神是有张有弛的，张而不弛则生活就缺少情趣。所以你应该有张有弛，互相调节。所谓精神的弛，就是你要时常与人说笑，说些诙谐话，这是调节精神的好方法之一。

一般年纪大的人，因为缺少了这一点，整天不苟言笑，所以年轻人大多不愿意与他们接近。如果一个年轻人整天板着个面孔，显出严肃的神情，那么年纪大的人也许会称赞他少年老成。

然而，这是一个错误。年轻人应该活泼，应该高兴，该严肃的时候就严肃，该活泼的时候就应该活泼。

说说笑笑也并非是一件容易的事情。你要说笑，如果自己说，自己听，自己发笑，这样人们就会说你是在傻笑。一定要有几个人一起，即景生情，随时找出一些取笑的话题。

但是，问题就在这里，一般的说笑，往往以谈话中的某个人作对象，利用他的缺点，编成一个笑话。如果对方与你交情很深，彼此间是无所不谈的，那么，你拿他开玩笑，也许不会产生误会；如果彼此之间是泛泛之交，那么你拿他开玩笑，他往往认为你是恶意的，心里难免有些不愉快。即使彼此交情很深，可是对方气量狭小，那么你开玩笑他也会不太高兴的。

取笑也要有个分寸，在分寸以内，大家欢笑；如果过分了，便会引起不必要的误会。所谓有分寸，本来并没有明确的标准，而对方心理上的承受能力不能不注意。古人云："善戏谑兮，不为虐兮。"谑而不虐才是善谑，谑而至虐就是不善谑，虐是分寸的分水岭。什么叫做虐？就是你的说笑太过分，对方不能承受，并发生不愉快的反应。

开玩笑的资料，最好不要从交谈者当中去找，而应该从其他方面去找资料。比如就眼前的某些事物作为说笑的话题，丝毫不牵涉到聚在一起的人。你还可以就最近发生的社会奇闻作为说笑的资料，或者无中生有，临时编造一个笑话。

笑话的内容必须因人而异，对有地位、有身份、有学问的人，说一些庸俗的笑话，便会显出你的鄙陋；对普通的人你说一些高雅的笑话，他们不能领悟，不会觉得好笑。可见说笑话也不是一件容易的事！

你说笑话时，还要注意对象中有没有女士在座，若有，你最好不要说一些关于男女方面的笑话；否则男的捧腹大笑，而女的却面起红云，深感羞耻，嘴里虽不说什么，心里却在骂你下流呢！

语言沟通的有效方法

简洁的语言

讲话中没有比该停而不停、该省略而不知省略的习惯更差了，讲话不懂精练的人终将发现他自说自话，没有任何听众，就像童话爱丽丝梦游仙境里那只动不动就嬉笑不休的猫一般。

“亚历山大·史密斯将军的高明讲演技术远比他中肯的理论更为人所称道。”他的死对头亨利·葛蕾如此说。“先生你为现代说话，我为后代说话，”葛蕾先生答道：“是的！仿佛你是专为你的听众说话的。”

漫无止境的谈话的坏习惯往往很难改正，对说惯了废话而不知简化说话内容的人，我们为他们感到悲哀。然而当我们跟朋友谈天或在大庭广众讲演时，若是某些地方的确有再三强调的必要时，则我们必须针对重点，再三说明。

毫无疑问，缺乏修饰的商业间谈话是最使人心烦的。但是可悲的是人们对它却已麻木了，他们废话连篇，从来就不知针对重点，相同的事情却一说再说。

特别是某些女人，当她们的孩子长大、生活变得单调时，往往把大量时间花在无聊的事物上，她们甚至花钱让她们的美容师或修指甲师来听她们闲扯。

“约翰！”史密斯太太说，“我记得上周二早上十一点就在你打电话回家之前，琼丝太太来我们家借面粉，我记得尤其清楚，因她身穿金扣子的嫩绿新装。”说话的主要目的是抓住重点，我希望你并未跟史密丝太太一般犯相同的毛病。若是你有短话长说的毛病，想象你正在打长途电话，我想你应该能很轻易地戒除这个坏毛病。

避免说太多的“我”

千万别让“我”字充塞在你的谈话之中。苏格拉底说：“不要说我想，而是您认为怎样。”

在一次花园俱乐部的集会里，主人在3分钟的讲话中用了26个“我”字。我的花园、我的篱笆、我的事业……某个熟人走到他的身边说：“很抱歉您已经失去了您的太太？”主人反问道：“失去我太太?”对方答：“请问您花园的一切跟您太太丝毫关系都没有吗?”

亨利·福特二世将无聊的人描绘为“将拳头往自己嘴巴塞的人，无聊的人也是‘我’字的专卖者”。

自说自话的人在莎士比亚舞台剧中倒还说得过去，因为舞台上只有一个演员，可是在现实生活中就不然了。“我”字专卖者缺少笑话，缺少故事，缺少主见。自言自语是自我疯狂的一种行为，他对于其他人的睡眼、叹息、打呵欠，不理不睬，对其他事物的介绍感到害羞。可叹的是，患有自言自语毛病的人往往终身都不易改正这个缺点。

谈话好比驾驶汽车，说话者，必须小心交通标志。交通标志一方面显示出听众对说话者的谈话内容之喜爱、注意和接受与否；另一方面又能明确表达出他们的不耐烦、激怒或挫折。因此假使说话者看到了红灯，而不知结束谈话，他将发觉自己是造成交通拥挤的主要原因。

有时候听众可能愿意让讲话者继续说下去而不打岔。

即使这样，讲话者也不可忽略交通标志，若是听众真地为你才华横溢的讲话技巧所陶醉，他们必定继续亮着绿灯，但随时小心交通标志对你来说是没有任何损失的。

在滑稽歌舞剧中，若是有演员在台上拖延时间，就可以看见经理人站在戏台的两侧，伸出有挂钩的棍子，钩向拖时间的演员。因此，若是有人深为疲劳轰炸所苦的话，也应该有“钩子”来解救他们。

不要使用可能损及别人感情的话语，即使你认为它是无害的。如在一次高阶的选战中，一位候选人不明智地使用伤害少数民族的话语。虽说这些词句可能并不偏颇，但已经造成这些少数选民心目中一条抹不掉的烙痕。

不要使用别人听不懂的语言，不要让自己的谈话中出现肮脏的字眼。一些使码头工人吃惊的脏话，如今竟然可在文雅高尚的先生、女士之中出现，更别说在某些公共戏剧中演员们所讲的话中了。史基勒所谓的“天生较好的行动——性善”时下看来似乎有了问题，有些人认为性善已如西伯利亚的海牛灭种了。我们应反对这种说法。“人依旧是人，依然保存着善良的人。”一些讲话的过失，只不过出自于考虑欠周到或偶尔疏忽罢了。能为别人着想，仍然为今日的世人所赞誉。

避开无聊的话题

几乎没有人会对你的小孩、小狗、食物、收据、高尔夫球、健康状况或其他胜利、家庭唠叨感兴趣吧！小狗、小孩可能使好莱坞超级巨星黯然失色，但把它们放在众人面前讨论，恐怕难产生一点效果吧！有一位精明的律师，本来在一次聚会中他能够以他在纽约的遭遇来逗乐大家，很不幸的是，他却花了几乎一个小时的时间不断地告诉人们他遗失的长毛狗。当他说话的时候，大家仿佛可以看到每一个他找狗的痕迹，而听众的表情也变得跟长毛狗一样——败兴的眼睛，双耳低垂，全身乏力。

温斯顿·丘吉尔觉得小孩子并不是谈话的好题材。某次，一位大使跟他说：“丘吉尔先生！上次跟您提过的孙子……”丘吉尔拍拍他的肩膀说：“我知道，亲爱的大使，我没办法对您说我有多高兴！”

避免攻击别人

谈话安全与否全视周围的人物、事物而定。例如政治、宗教、赛跑，可能某些人津津乐道而某些人却是缺少兴趣的。选举之前，人的脾气往往都比较暴躁；在有代沟的时代中，某些年轻人的活动反应可能尤其激烈。吉姆·柯道说：“战术之要在于了解自己该走多远”，除非你拥有喜欢争吵的朋友，不然你要尽量避免提出足以令谈话双方发生敌意的话题。

避免侵犯他人的隐私。或许警察可以这么做，可是你却不能这么做，应避免针对个人做侦查。

若是你减肥或戒烟成功了，告诉肥胖的人或老烟枪你是怎么做的，这也是一个好意。可是假如你的话题很显然会引起他人尴尬的话，千万别急着说明细节。

说话重在讨论

约瑟夫·爱迪生说："谈话心平气和比利用智慧更加适宜。"只要是基于立足点平等的谈话即是讨论。而如果争论是双方动气而猛烈地攻击对方而又紧紧地保护自己，则争论是谈话的仇敌。

说服和偏见的差别在于说服能够不必生气而令人信服。中国有一句俗语"先吼者失利"，这并不代表着坚持己见而动怒者一定错，而是他没办法控制自己来表达他的心意。讨论的原则为，使用有利证据与温和的语调。不要苦恼，不要沉默，试试用说服的方式。

只要我们保持冷静，富含幽默感，有理由；只要你愿意听我说，而我也愿意听你说；只要我们不是被动或对事情有偏见，则讨论不会产生纠纷。但当双方声音变得尖锐时，当我认为这是十分愚笨的方法变成无理智的谩骂时；当我们看见旁观者变得不耐烦时；当我们的朋友到棕榈树下避难时，虽然我们或许从争论中获得了小利，却失去了一个朋友。

争论让人们分开，讨论使人们合一；争论是野蛮的，讨论是文明的。纵使有时候争论或吵嘴是友情与婚姻之中的必经之途，发脾气可以清除室内的低气压，但不论争论或吵嘴最好都能够在私底下进行。

一位午餐俱乐部的朋友，往往在事情的解释方面不同意人家的看法，例如什么地方最先发现石洞艺术等。

俱乐部中经常能够提供令人满意的答复。可是，偶尔也有一些不能及时在餐桌上回答的问题，在那种状况之下会员们便会开始下赌注，将条件和金额记于俱乐部赌注本上，随后大家正式找寻答案，输者付钱，正确的答案顺便记在赌注本上。

上述赌注进行时大家极有兴致，甚至发生激烈的争论，但它并非吵嘴，而是讨论。为什么呢？首先，它是纯趣味性的。其次，双方并不是为了表示自己的意见而是澄清真理。因此，事事都有法律根据，输赢双方都很高兴地接受赌注的结果。

开诚布公

在交谈中，有时为了说服对方，指导对方，解决问题，你需要开诚布公地直接说出自己的观点。

如果遇到不点不破的事，不明说不行的人，你也可以用严肃的态度和真诚的语言，直言相告。

据《贞观史话》记载：李世民在公元637年颁布律令，并且执法严明，对官员的过失斥责得也很严厉。开国功臣尉迟敬德，居功自傲，在出席宫廷宴会时，如果有的人的座次在他之前，他就当众质问人家有什么功劳，“敢居我之上”。有一次，任城王李道宗劝他不要吵架，他竟然勃然大怒，险些打瞎人家的眼睛。对此，李世民甚为不满。席后，太宗提醒他，想一想韩信、彭越是怎么死的，为什么会被汉高祖杀掉，并警告说：“国家纲纪，离不开赏罚，不能居功自傲，否则，将后悔莫及。”这一警告果然有效，尉迟敬德吓得呆在家里。再三要求辞职，表示再也不寻衅闹事。

又如，1985年12月，成都军区武术总教练海灯法师偕高徒即成都军区武术教练范应莲访问美国。在一次记者招待会上，一位美国记者问道：“法师和你的高徒担任成都军区武术总教练和教练，而成都军区担负着打越南的任务，这岂不犯了你们佛教的杀戒，坏了佛门的规矩？”

海灯法师一笑："朋友之言须作些修正，勿能称'打越南'，而谓之'自卫还击'，此其一。其二，我佛慈悲，善恶须分。惩恶扬善，佛门之本。越南当局忘恩负义，与邻反目，骚扰边境，杀害无辜，吾为中国一佛徒，岂能坐视？"

海灯法师先订正提问中的不妥之词，然后直言回答提问的内容。在回答时，他将佛教宗旨与爱国之心圆满地结合起来，做出了令人信服的解释。看来，这位老法师不仅武艺超群，"舌头"也挺厉害呢。

语气婉转

迂回法就是你在交谈中直接向对方提出意见或谈看法感到困难时，便用兜圈子、绕弯子的方法，把要说的话用婉转的言词和语气讲出来，使对方听了能接受，以达到沟通的目的。

运用迂回法，可以是借用历史典故去启发对方思考，最后点明主题，达到沟通的目的；也可以用闲谈的方法，让对方在不知不觉中将话题接过去。这时，你要注意审视对方对这个话题的态度，到适当时再将主题点出来，让对方同意并接受自己的主张。

如春秋时期，楚惠王要攻打宋国，墨子便采用迂回战术说服楚惠王。楚惠王听从了墨子的劝阻，放弃了对宋国进攻的打算。

又如晏子救人的事例：

齐景公酷爱打猎，非常喜欢喂养捉野兔的老鹰。一天，由于养鹰人烛邹不小心，一只老鹰逃走。景公知道后大发雷霆，命令卫士将烛邹推出斩首。晏子知道此事后，急忙上堂，对景公说："烛邹有三大罪状，哪能这么轻易就杀了？待我公布他的罪状后再处死不迟！"景公点头同意了。晏子指着烛邹说道："烛邹，你为大王养鹰，却让鹰逃走了，这是第一条罪状；你使得大王为了鹰的缘故要杀人，这是你的第二条罪状；把你杀了让天下诸侯都知道大王重鹰轻士，这是第三条罪状。好啦，大王，请处死他吧。"景公满脸通红，半天才说："不用杀了，我听懂你的意思了。"

晏子表面上是在数落烛邹的罪状，实际上是在批评景公重鹰轻人的错误，这种方法既没有使君王难堪，又救了烛邹的命，真可谓一举两得。

快速组合的沟通

谈话双方的沟通，主要是靠语言，特别是回答问话者的语言。选择什么样的语言，采用什么样的方式，甚至用什么样的修辞，都需要我们在大脑中作出最快的反应。这种"快速组合"的最简单方法就是对接法。

中国科技大学党委书记刘吉与大学生之间的对话很受欢迎。他经常用这种方法回答大学生们的问题。请看——

> 问："因为我看透了别人，所以我现在只考虑自己，你说我这样做对吗？"
>
> 答："不对。就因为你只考虑自己，所以看透了别人。"

刘吉的回答与问话字面相扣，只是调动了一下问句的语序，就表达出全新的意思。这种方法在生活中也经常用到。比如：部队的战士打靶，有的战士吹嘘说："我指到哪里，就打到哪里。"旁边一个战士反驳说："不，你是打到哪里就指到哪里。"

在对接时，你还可以抓住问句的某个词，甚至某个字眼，加以想象、发挥。如：

> 问："有人说跳迪斯科、扭屁股是颓废，你同意吗？"
>
> 答："我不同意。中国新疆舞可以扭脖子，蒙古舞可以扭肩膀，为什么迪斯科不可以扭屁股呢？（笑）不都是身体的一部分吗？"

修辞对接，手法相应也是一种较好的对接方法。即问句用什么样的修辞方法，答句也用什么样的修辞方法。如：

问："你怎样看待那些以'短平快'手法赚大钱的人?"

答："可以'高点强攻'，也可以'短平快'，我看只要不犯规就行。"

问句用排球术语"短平快"作比喻，答句也用上"高点强攻"、"犯规"等排球术语，比喻与比喻相应，既阐明自己观点，又幽默风趣。

幽默的功能

所谓拆词，就是把一个完整的词拆开，表达出另一种意义或加强词的感情色彩。例如，我们常常把滑稽拆成"滑天下之大稽"，把狂妄拆成"狂而不妄"，将谦虚拆成"谦而不虚"。拆词法用在对话中则能发挥一种幽默的功能。如：

问："你怎样对待老大难问题?"

答："老大难，老大难，老大去抓就不难。"（鼓掌）

答句只是把"老大难"拆开，说成"老大去抓就不难"，从而指出解决老大难问题的方法，那就是看什么人去抓。再如：

某高校组织一次师生"对话会"，有的学生问："现在人们对'官倒'、'私倒'恨之入骨。但'官倒'和'私倒'怎么区分?"

对这个问题，如果只从理论去阐述，可能会陷入枯燥、乏味的说教。可是，一个青年教师却做了这样巧妙的回答：

“官倒”与“私倒”的区别在于：对于前者，国家国家，国即是家；对于后者，国家国家，家即是国。

这位青年教师把“国家”一词拆开，并进行两次“病态”的解释，把一个沉淀得很深的问题轻轻地打捞了上来，因而能够获得热烈的掌声。如果他把并不成熟的思考包裹在冗词赘语里，即使字字都是“科学”地阐述，也决不会有如此魅力。

引用名言

引用古文、名人名言，是写文章、说明道理常用的方法，它是作者阐述观点的有利助手。我们如果把它应用到谈话当中，也能使对话锦上添花。如刘吉与大学生的对话：

问：“你认为党风怎样才能好转？”

答：“我喜欢一副对联，上联是‘党风正官风正民风也正’，下联是‘家风好厂风好国风也好’，横批是‘干劲冲天’。”

问：“你是怎样抓党风的？”

答：“我也想起一副对联，上联是‘前门不开，后门难堵’，下联是‘正道畅通，邪道堵死’，横批是‘开堵并举’。”

刘吉借用两副对联，表达出自己作为党委书记对党风好转所抱的巨大希望，同时也表达了自己的决心。

在谈话中，除借用类似的对联、俗语外，人们还可以借用名人名言。比如：

问："现在社会上泛滥新的'知识无用论'，你怎么看？"
答："我一直坚信弗兰西斯·培根的一句话：'知识就是力量。'"

答句借用培根的话，表明自己对"知识无用论"持反对态度。

为了增加对话的艺术效果，营造和谐的氛围，人们也可以借用小幽默、小笑话。如：

问："现代化大生产运用的是高等知识，为什么还叫我们补习初中课程呢？"
答："有个笑话说：一个人在吃第五个烧饼时饱了，他说，早知如此，何必吃前四个呢？"

答句似乎没有直接回答问句，但这个小笑话就足以说明"初中课程"与"高等知识"之间的关系。这种侧面回答幽默风趣，通俗易懂，要比正面回答好多了。

郭沫若在全国科技大会上发表的《科学的春天》这篇演讲词，结尾十分精彩：

春分刚刚过去，清明即将到来。"日出江花红胜火，春来江水绿如蓝。"这是革命的春天，这是人民的春天，这是科学的春天！让我们张开双臂热烈拥抱这个春天吧！

郭沫若借用古诗，短短几句话，就表达了多么丰富的思想内容，又充满着多么炽热的情感，从而具有强烈的感染力和鼓动力。他借用唐代诗人白居易写的《忆江南》里的两句诗，从而使得这段话妙语生辉，大放光彩。

毛泽东在讲话中经常使用借用法，如他在一次讲话中说：

“中国古时候有个文学家叫司马迁的说过：‘人固有一死。或重于泰山，或轻于鸿毛。’为人民利益而死，就比泰山还重；替法西斯卖命，就比鸿毛还轻。”

这种生动有力、贴切精当的比喻和借用，不仅形象鲜明地讲清了死的不同意义，而且能够引起听众思考，加强讲话的感染力。

不直言自己的意图

“亮相法”是指在回答对方发问的时候，回答者既不愿直言自己的意思，又要对方理解自己的意思，并按照自己的意愿去做的一种沟通术。

英国作家王尔德在未成名时很贫穷，有一个贵族想请他当家庭教师。在谈到食住条件时，贵族问他是否愿意和他的家人一起共同进餐，王尔德回答说：“那全看进餐时懂不懂礼貌。”这一回答实质上已表明了王尔德的内心思想——看贵族是否尊重自己。

另一种亮相法是：当对话中的一方向另一方提问的时候，回答的一方不告诉具体的事实，但又能使对方明白实质。如 1946 年 8 月，美国支持蒋介石发动内战，毛泽东在和美国记者安娜·露易斯·斯特朗谈话时，斯特朗问毛泽东：“共产党能支持多久？”毛泽东答：“就我们自己的愿望来说，我们连一天也不愿意打，但是如果形势迫使我们不得不打的话，我们是能够一直打到底的。”鲜明地亮出了共产党对内战的立场和态度。

“亮相法”跟“闪避法”相比，相同的是，都是“被述”的；不同的是，前者是告诉实质，后者是回避实质。

插话的技巧

“接话法”是指在交谈中，一方正在讲述的话头转向另一方时，另一方应该如何接答的技巧；或当一方讲到某一话题时，另一方应该接应或说明的插话的技巧。

“接话法”的应接技巧有相当高的要求。接话者应该反应迅速，思维敏捷，机敏精巧地应答对方的话茬，讲出恰到好处的妙语来。1972年，美国总统尼克松访问苏联。一次，在苏联机场上飞机准备起飞时，一个引擎突然发动不起来。此时，在场的勃列日涅夫又急又恼，指着民航部长问尼克松：“我应该怎样处分他?”尼克松说：“提升他，因为在地面发现故障总要比在空中好。”尼克松的接话本领是高强的，不仅在“视点”上比勃列日涅夫要科学得多，而且在言辞上含义深刻、风趣幽默。

委婉用语受欢迎

在人类的沟通场合，常常会出现许多不好处理的局面。这时，巧妙而得体的委婉话语便往往成为排难解纷的“利刃”。请看下例：

宋代《过庭录》里有这样一个故事：有个叫孙山的人，考取了末名举人。回到家乡，有人问自己的儿子考中了没有，孙山说：“解元尽处是孙山，贤郎更在孙山外。”他不好意思直接说“贤郎”未考中，而是拐了一个弯子，说榜上最后一名是孙山，你的儿子还在孙山之后，实际上便是没有考中的意思。由于这句话说得高明，所以，它被广为流传。后人便以“名落孙山”表示投考不中，并一直沿用至今。可见，委婉话语是多么受人欢迎！

第五章　职场沟通

求职面谈沟通的技巧

面对面地“推销”自己

求职工作的晤谈，即是应聘者为了展示自己的资格和能力与招聘者进行的沟通活动，是求职活动的第一步。在这个过程中，诚实是必需的，而那种打肿脸充胖子的行为是不宜的，这只能瞒骗一时。如果应征工作的晤谈令你胆战心惊，那么，也许这就是因为你深深地明白自己究竟有几滴墨水。

据说，有一个人对商业广告极有研究，曾在无机会中创造机会。他为了求职前去拜访一个大公司的经理。会面以后，他始终没有说出谋职的意思，只和经理谈天，在谈话中尽量巧妙地叙述广告对商业的重要性及其运用的方法，他举了许多有力的例子。他丰富的言谈引起了经理的兴趣，结果他没说出谋职，经理反而主动请他替公司试办设计广告业务，他的目的达到了，这就是仅凭一席话给自己创造机会的人。他有才干，而且懂得怎样用巧妙的沟通找到施展才干的职位。

有一个青年到一个火柴厂去谋求职位，他对于此业原是外行，但为了去求职，他预先调查好了国内火柴厂的出品数量和销量、外国火柴在市场上的地位、各种火柴厂产品的比较、各竞争厂家的营业情形，等等。求职时，招聘者对他在此业上的广博研究大感兴趣，在几十个应征者当中他出类拔萃，结果不言而喻，机会垂青于他。所以，预备一些使对方发生浓厚兴趣同时表现你深谙此道的谈话资料，往往能帮助你较易获得成功。

由此可见，求职工作面谈的好坏，在很大程度上决定着求职成功与否。

这种面谈不同于社交拜会，不宜摆出一副安逸的姿态。谈话的范围应限于一定的界限内，不要谈办公室的陈设，不要谈对方的装束。你可以谦逊，但绝不可以谄媚；一味唯唯诺诺，别人会觉得你一无是处。另外，面谈时间有一定的限制，所以当你说出你的能力，对方试探你的智慧时，简单作答是必需的。你必须把你的资格和能力，浓缩在一个很短的时间内交待清楚，所以精炼就是你所受训练、教育及能力的最佳证明。

你在发表意见时，不可肆意批评别的营业方法，更不可告诉对方说“我的计划一定成功”或“如果雇用我，必可使业务改良、发展”之类的话。这只能让对方心里称许，而不应由自己说出来。报告你的能力时也不应流于自夸，得失应该让对方去评判。这样，即使你的见解和他不大相符，希望仍不会失掉。自夸必连带着固执，这样的态度只会使人厌恶。

如何应对招聘者的问题

求职面试时，招聘者手中往往拥有许多求职履历表，这里面的应聘者个个实力雄厚，所以招聘者想知道你和别人相比有什么独到之处。在能力相同的情况下，某些求职者之所以能够成功，关键在于他们在面试时的出色表现。

招聘人员提出的问题可能多种多样，但归纳起来不外乎以下10种：

——介绍一下你自己

招聘人员已经注意到你是否按时到达，打扮是否得体等，现在，你得用语言给对方留下好印象。确切地说，你该用两分钟时间来谈论你接受的教育和工作经历，并说明你为何觉得自己适合干这份工作。

你应该准备好一句能让人记住你的话。比如，有位成功者这么说："我毕业于一所没有名气的大学，但请看看我过去10年的工作成就吧！"突出了他的精明和强干，从而使他战胜了势均力敌的竞争者。

——你为何找不到工作

招聘人员对有人回答这一问题的欺骗行为极为敏感，你应该直截了当，眼睛看着对方。德比公司的温斯托克警告说："如果你的回答超过了一分钟，那你就算完了。"你可以实事求是地回答："我和新上任的头目们产生了观点分歧。"你也可以这样说："他们给我的工作不是我想干的，那不适合我。"

——你的实力如何

这是问你是否体力充沛、全神贯注、充满自信、办事果断、成熟老到、反应灵敏、卓有成效、意志坚强。"其实，这一切我们都想了解。"新英格兰金融集团的前副总经理帕克·库勒这样说。你要用工作中或在校时的具体实例来证明自己的才干，比如"毕业实习时，我销出的票券比任何同学都要多"。这便是你毕业成绩的一个有力证明。

一位求职者这么回答："我的性格刚毅、果断、执著，做事讲求效率；我的工作态度是踏实肯干、认真负责、爱岗敬业；我的奋斗目标是在机遇和能力的双重催化下实现自我价值，追求人生的成功。"

——你想要多少工资

初次面试不要提及报酬问题，你未来的雇主会在第二或第三次见面时提出来。假如要说，那你既不要提得太低，那会显得你对自身价值信心不足，也不要提得太高，那会吓坏你的雇主。你可说个范围，比如“我希望年薪在4万元到6万元之间”。

——你能为我们做些什么

面试官要看看你是否对他们公司做过调查研究。那些对公司和企业不甚了解的应聘者，一般都被面试人员认为傲慢自大或“口头表达能力差”而遭淘汰。一位大学生是这样回答的：“我不敢说能做什么惊天的伟业，但贵公司极有发展潜力，我想在老板的领导下，充分发挥我的专业特长和能力，为公司的进一步发展贡献我全部的才力和心血。如果可能的话，这不仅是一种荣誉，更是一种义务。”

——你有什么弱点

这是要看看你是否坦率诚实和具有良好的心理平衡能力。有些招聘官常常会这样问：“能谈谈你某次失败的经历吗?”错误的回答是：“我想我没有这种经历。”要知道，从不失败的人是没有的。成功的回答应是：“人的一生谁也免不了会有缺点和弱点，人的发展就是在缺点与弱点的不断更改中完成的。我的弱点是在我向着一个特定的奋斗目标努力追求的过程中常常出现急躁情绪。我想随着年龄的增长和经验的丰富我会不断改正的。”

回答时，要尽力展示你在失败中得到的收获。有位工程系毕业的学生，在大学一年级时差点因考试不及格而退学，但毕业后求职面试时，他这样告诉面试官：“我很快振作起来，我用的是一种武器——顽强拼搏，要战胜困难，非顽强拼搏不可啊！后来，我的成绩一直是A。”结果，他得到了自己满意的工作。

——你最成功的事业是什么

你说不出一件自以为成功的事，有的老板就不雇用你。你可以说一下近五年来那些最值得你骄傲的事情，如果可能，最好能用数据说明。比如：“去年，我所在公司的10个销售人员中，我的业绩排名第一，独立完成了全公司30%的销售额。”或者说：“因为我推荐的那套电脑软件，公司每年节约8万元。”

——你喜欢什么样的老板

不要自以为幽默地说："我喜欢我以前的老板。"也不要对以前的老板说三道四。这一问题的目的是想看看你是否会和老板闹别扭。

有位成功的应聘者是这样回答的："我喜欢那种能力高超，意志坚强，能跟他学到东西，能给我机会，给我指导，必要时又能给我批评的领导。"

——你为何辞去现有的工作

招聘者心里完全清楚，很多人离开原来的工作岗位是由于他们跟老板合不来，然而，没有多少人想听你讲述这方面的事。

很多招聘者建议把加入一家新公司的理由设定为事业发展的需要。例如："在原公司销售科工作了两年后，我学到了许多有关营销方面的知识。现在，我想学点别的。"或者"现在，我想学点新东西，而贵公司则是我最中意的。"不过，要是你确实因与老板发生冲突而被解雇，那么，你最好主动把事情原委告诉他们，而不要让他们先问你。话要说得既明确又有艺术性。例如："在管理形式方面，我和原公司的一位新金融主管存在着分歧。不过，我们双方对此表示理解。"

——你会和未来的老板相处得好吗

有的招聘者建议回避这样的问题。但是，也有人建议这样说："我会一心一意扑在工作上，注重工作成效。然而，我也灵活多变，能和不同性格的老板很好地相处。"

如果问题很明确，如"讲一讲你曾相处过的你认为是最糟的老板"，注意你的措辞，并把你们之间的分歧说成是工作中的或是管理方面的，而不要说是私人问题。

除了以上 10 个问题，面试官可能还要出些附加题考考你。他可能说出一件难办的事，问你该如何解决；他还可能用各种方式试探你是否正直。

有家公司的副总经理故意问应聘者："不少公司，为拉生意在暗中给人好处，你对此怎么看?”这一问题的正确回答只有一个：我不会做任何违法的事。”

招聘面试通常以“还有我们未谈及的事吗”来结束。这个时候，你可问问你的工作内容、老板的期望，以及你要接替的人是为何走的，等等。机智的提问不仅能得到对方给你的满意回答，还能加深你在对方心目中的印象。临别时，你可以简要地说明自己适合这份工作。

你只要好好准备，并结合实际自由发挥，就一定能战胜那些准备不充分的对手，在招聘面试时获得成功。

不可乱说话

面试时绝对不能口无遮拦，什么都说，否则你不可能找到好工作。那么，面试时有哪些话题是不能说的呢?

——内心的性别或种族偏见。你或许以为面试官与你志同道合因而大讲特讲，其实，这样不啻于自掘坟墓，职场里不容许性别和种族歧视存在。

——先前雇主的产权性机密资料。如果谈了，会让面试官认为你这个人不值得信任。

——政治话题。

——宗教话题。

——家人或亲戚。即使面试官桌上摆着自己的家庭照，你的口袋里装有家人或亲戚的照片也不行，因为这不符合面试的场合。

——某地区的天气或交通，或任何风土人情。你把它们批评得体无完肤，然而，你有可能碰巧批评到面试官的家乡，而面试官正巧又深深地思念着故乡。

——心爱的明星球队或运动员。你最喜欢的可能是面试官最讨厌的，虽然面试官因为这一点就反对你不合情理，可是也无可厚非。

——为面试官取得某物或某种特殊商品的提议。举例来说，“我能为你买到批发价”，也许这是事实，如果换个场合会表现出你待人的热忱，可是在面试时则格格不入，而且会显得你是在贿赂面试官。

——你如何地厌恶数学、科学或其他特别学科。虽然表面上看来这似乎与此职位无关，然而，公司主管阶层也许正巧期望员工擅长数理。

——抱怨面试官让你久等，或让你填写工作申请表，或接受打字测验的房间热得烤死人。你想表现给面试官的是你的积极面，一味抱怨则适得其反。

——老提大人物名号以自抬身价。举例说，你前任老板是个室内设计师，你曾协助她装潢某位名人的宅邸。名人的排场和派头并不值得你大讲特讲。假使你真地与某些社交名流为友，也要留心，别造成你在吹嘘自己的印象。

——和工作毫不相干的个人憎恶。举例来说，你提到如果自己不幸天生一头红发，绝对会把它染成另外一种颜色，而你也许会发现公司总裁碰巧就有一头火焰般的红发。

——漫无焦点的闲扯。你回答完问题或做完一段评论后，应就此打住，等待下文。话点到为止，喋喋不休徒劳无益。

——谈话偶尔会陷入沉默，为了化解冷场的情况，你脑中浮现的念头，不可随意脱口而出，务必三思而后言。

——将面试官赞美得天花乱坠。即使你诚心佩服其人，在这种情况下，你的赞美可能遭到误解。当然，你可以这么说：“与您面谈是一种愉悦，谢谢您。”

求职方法面面观

——自信幽默法

一位大学毕业生走进一家报社问道：“你们需要一位好编辑

吗?”言下之意自己当然就是“好编辑”,说话很是自信。

“不。”拒绝却是那么干脆。

“那么,好记者呢?”说话还是那么自信。

“不。”拒绝还是那么干脆。

“那么,印刷工如何?”依然是坚韧不拔。

“不。”看来是没戏了。

可是——

“那么,你们一定需要这个东西。”这位大学生从公文包里拿出一块精美的牌子,上面写着:“额满,暂不雇用。”

报社主任笑了,并开始用一种新的眼光来审视面前这位年轻人了。最后,这位年轻人被录用为报社销售部经理。

自信的语言应答不但有助于受试人吻合招聘者既定的聘用期望,而且可能重新塑造招聘者的聘用愿望。

——见微知著法

国外某家企业欲招聘一个职员,有三位求职者报名前来。招聘人员让这三个人想象自己正在砌砖盖房子,然后问道:“你们在做什么?”

第一个应聘者说:“砌砖。”

第二个应聘者说:“我正在挣钱,每小时 3.3 美元。”

第三个应聘者却说:“你问我吗?我正在修建世界上最宏伟的高楼大厦。”

结果,第三个应聘者被录取了。

如果你作为公司的主管人员,不难想象这三个人未来发展的情况怎样。最可能的情况是:前两个人依然是砌砖工。他们没有远见,不重视自己的工作,缺乏追求更大成功的推动力。这种人很难为企业的发展做出创造性的贡献。但是,那位把自己看成在修建高楼大厦的砌砖工决不会永远是个工人。也许他已成为企业主或承包商,甚至成为有名的建筑师。第三个砌砖工已经掌握了新的思维方法,这为他在工作中的自我发展开辟了道路。

一个人的工作态度能够说明他是否能担负大任。事实上，招聘者测试求职者能否适合某项工作，就是看他对目前的工作有何看法。如果求职者认为自己的工作很重要，就会给招聘者留下深刻的印象，即使他对那项工作还有不满。道理很简单，如果他认为他目前的工作很重要，那他很可能为下一个工作而自豪。这是许多单位用人的重要原则。一个人的工作态度同他的工作表现有着密切的关系。他的工作态度，正如他的仪表一样，会使他的上级、同事和下级，乃至他接触的大部分人了解他的内在品质。

——单刀直入法

在某市的大学生供需见面会上，该市公安局研究所的招聘桌前，围满了前来求职的男性公民，其中大部分是男大学生。一个年轻的女大学生硬是挤到招聘桌前，向招聘人员表明自己渴望从事刑事检验分析研究工作。

招聘人员面露难色，因为这个研究所从来没有女工作人员。可是，面对着姑娘恳求的目光，招聘人员决定破例给她一次机会。

他说："工作人员需要亲临案件现场，遇到的全是血淋淋的场面，姑娘家哪敢去呢?"

"我就敢去，"这个姑娘双眉一挑，毫不含糊地说，"让我抬死人，我也不怕。"

"你可别说大话，干这行没黑夜，没白天，得随叫随到。"

"嘿！我假期打工就是给人家开车，跑起路来没点儿胆量行吗?"说着，她掏出了驾驶证。

招聘人员这下服了，心里直嘀咕，这样泼辣能干的姑娘比有的小伙子还能干呢！这个研究所的招聘人员当场拍板，与之签订了招聘合同。

这位姑娘求职成功的秘诀在哪里呢？她三言两语，坦率直陈自己的优点和长处，对于招聘人员的发难并没有显露出丝毫畏难情绪和踌躇神态，这一切均符合刑侦工作人员应该具备的心理素质。尽管如此，招聘人员还是不太相信她的胆量，她亮出驾驶证并表明自己的胆量，这才使招聘人员信服。我们试想一下，如果这位姑娘在这种场合讲话细声细气、畏畏缩缩，招聘人员则很难相信她能够胜任刑侦检验研究工作。她话锋凌厉，单刀直入，快言直陈，而不闪烁其辞，使人确信其具备刑侦检验研究工作应具备的品质，则她的成功应不足为奇。

——绵里藏针法

说话时柔中有刚、绵里藏针，可以显示出一个人的沟通能力，这也是个人求职取得成功的一大法宝。

一家外贸公司举行一次别开生面的宴会招聘考试，一位小伙子表现良好，深深吸引了招聘人员。

在宴席上，这位小伙子走到这家公司的人事经理面前举杯致辞："赵经理，能结识你很荣幸，我十分愿意为贵公司效力。但如果确因名额有限我不能梦想成真，我也不会气馁的，我将继续奋斗。我相信，如果不能成为你的助手，那我就一定会当你的对手……"

小伙子言语得体，柔中有刚，充满自信，意志坚强。这是外贸工作最宝贵的性格。他的谈话彬彬有礼，不卑不亢，机智敏捷，性格开朗，具备了搞外贸的优良素质。最后那句话提醒了这家外贸公司的人事经理：如果因为录取名额的限制，让这位优秀人才流失到别的公司，岂不是一大损失。最后，公司录取了这位青年。

——随机应变法

招聘者有时会出些尴尬情境中的难题，看应试者怎样应答。应试者如果表现出色，就能在一时之间赢得招聘者的好感。

国外一家旅馆老板测试三名男性应试者，问："假如你无意推开房门，看见女房客正在淋浴，而她也看见你了，这时，你该怎么办?"

甲答："说声'对不起'，然后关门退出。"这个对答无称呼，虽简洁，但不符合侍者的职业要求，而且也没使双方摆脱窘境。

乙答："说声'对不起，小姐'，然后关门退出。"这个称呼准确，但不合适，反而加深了旅客的窘迫感。

丙答："说声'对不起，先生'，然后关门退出。"

结果，丙被录用了。为什么呢？因为他这种故意误会的说法，维护了旅客的体面，非常得体、机智，表现出一个侍者应该具有的职业素质和应变能力。

——折中艺术法

折中的语言是求职者在遇到两难问题时，选择较为理想的回答办法。

日本住友银行招聘公关人员时，极为重视职员协调人际关系的才能。该银行没有专门考核业务知识，而是提出了一道别出心裁的判断题："当国家的利益和住友银行的利益发生冲突时，阁下采取何种对策？"

三类不同的应聘者回答问题的方式迥然不同。

第一类人回答："当国家利益跟我们银行利益发生冲突时，我会坚决地站在我们银行的立场上。"

银行主管人员认为，这样的人将来准会捅娄子，不能聘用。

第二类人回答："当国家利益和住友银行利益发生冲突时，我作为国家的一员，应该坚决保护国家的利益。"

银行主管人员认为，第二类人员适合在政府部门工作，也不可取。

第三类人则回答说："当国家利益和银行利益发生矛盾时，我要尽全力淡化矛盾。"

银行主管人员认为这种人才是住友银行需要的高手。企业同政府的关系往往集中表现在国家利益和企业利益上，企业公关人员作为企业与公众之间的媒介，只有善于注重社会整体的协调性，才有可能妥善处理好企业与国家的关系。

第三类人为何求职成功，而前两类人为何不成功呢？要成为一名公关人员，必须具备协调人际关系的才能和本领。在企业与其他影响企业生存发展的组织发生冲突时，公关人员既要消弭双方的分歧，又要维护双方的合法权益，这样才能保证公司顺利发展并与其他组织维持平衡和谐的关系。住友银行的问题可谓别出心裁，独具风格。在这种两难选择的情况下，求职者采用折中的答题方式，同时，提出若干建设性意见，有助于企业摆脱困境。这类人自然会博得招聘者的欣赏。

——避虚就实法

求职过程中，求职者要因时循势，避虚就实，说明自己的优点和长处，并不失时机地向招聘人员展露自己的才华和能力。这样，对方才会对你心中有数，从而形成积极、正确的评价，这样无形中就为你的求职成功增添了一份希望。

小张是某师范大学中文系的本科毕业生，面临着毕业分配，许多同学急得像热锅上的蚂蚁，小张则悠然自得，神情自若，同班同学极为惊讶他的表现，这小子葫芦里装的是什么药呢？原来小张已经打定主意到附近的××师范专科学校求职，并向该校寄出了履历和学业成绩，××师范专科学校已经向他发出面试的通知。

面试这天，小张早早地来到这所学校，学校领导接见了他，并告诉他今天上午他将与另外两名来自不同学校的A君和B君竞争同一职位。面试的第一个步骤是自我介绍，小张排在最后，他向领导表明自己出身于农民家庭，决心献身教育事业，为提高当地人民文化素质服务。但A君和B君自我介绍时，只简单介绍自己在校的学业成绩和行为表现，并没有说明各自的求职动机。

随后，学校领导要求A、B两君和小张亮出各自的拿手好戏。他们两人把自己四年学习期间发表的散文、诗作展现在学校领导的面前。

小张不满足于表露自己在学校时已经取得的成绩，采用了避虚就实的策略，主动请缨，要求到讲台上露一手。他的提议当即赢得校方的赞同。俗话说："好马劣马，拉出来遛遛就知道了。"小张的课讲得生动活泼，这表明了他的口才和学识俱佳，是块做教师的好材料，当然受到校方的青睐。而A君和B君在真枪实弹的教学比武面前，却口才不佳，语不连贯。所以，他们俩的面试成绩较差，小张的求职自然大获成功。

——有的放矢法

交谈的成功不在于辞藻的华丽或朴实，也不在于据理力争或委婉柔顺，而在于在交谈过程中，你要始终围绕着问题的中心去说明问题、解决问题。对于一个复杂的问题，如果三言两语难以解释清楚，你则不妨详细地说出来，但要做到简洁而不烦琐。有时，你还要根据表达的需要，将各个不同的讲话内容细致地组织，并考虑答话的顺序与步骤，以便取得较好的效果。

在一次求职面谈中，一家企业招聘人员向一位女大学生问道："国外一家企业的代理人携巨款来我市寻找适宜的投资对象，你作为我市某中型企业的法人代表，请问你将采用什么步骤赢得这笔投资?"

这位女大学生略作思考，然后答道："首先，我需要了解对方详细的背景材料，例如，该公司的经营方针、项目、实力、已有业绩，当然也包括这位代理人的个人材料，最重要的是他此次来中国的计划；其次，代理人来后，我应当与对方预约见面时间和地点，比如说可以通过电话，或与有关机构及个人联系；第三，与代理人商谈时，我应当使用他国的语言，以增加熟识感和亲切感；第四，这次行动不一定会成功，但是，我要尽我的所能给对方留下深刻而良好的印象，以期为下次合作打下基础。"

虽然这位女大学生的回答不尽圆满，但招聘单位录取了她。

女大学生的第一句话，说明了作为一个企业主管人员，要知己知彼，把握对方的背景资料，清楚地了解对方的底细，而她要了解的这个外商投资计划也表明了企业主管人员对当前活动重点的安排应有清楚的认识，这是面谈中最成功的一句答话。她的第四点回答也显得极为成功。胜败乃兵家常事，商界也是如此，没有所谓的常胜将军，因而企业主管人员与外商谈判时要保持良好的心理素质，胜不骄，败不馁，给外国人留下良好的印象，争取下次合作。

只要你掌握了这些求职的方法和技巧，就不愁找不到好工作。

亮出你的新颖创意

婷婷去深圳某电子公司应聘时，穿的是一袭雅致的连衣裙。老板问她，为什么愿意离开家，从遥远的西安来深圳打工。

婷婷微笑着说："在深圳一年四季都可以穿裙子！"这出乎意料的回答，令老板十分欢喜。他马上笑着站起来，走过去握着她的手说："好，我们欢迎你，你有一颗纯真质朴的心。"婷婷用一句轻松的调侃，就将一个很难的问题轻松化解，表现了较高的应变能力。

再如：李恒南下广州，第一次参加应聘面试，迟到了，到达该公司时，已有 30 个求职者排在他前面，他是第 31 位。

怎么能引起主试者的特别注意而赢得职位呢？李恒很快拿出一张纸，在上面写了一些东西，然后折得整整齐齐，走向秘书小姐，恭敬地对她说："小姐，请你马上把这张纸交给老板，这非常重要！"

那小姐很称职，点点头把那张纸条取走，并很快送到老板的桌上，老板看后笑了起来，因为纸条上写着："先生，我排在队伍的 31 位，在你看到我之前，请不要做决定。"

最终李恒得到了工作，这是他善于沟通的结果。确实，一个善于沟通的人，一定是个富有创意的人，而这家广告公司所要的人才，就是要求其想像力丰富，有创意。

诚实赢来的机遇

美国某公司在珠海招人，广告登出来后，不少人前往应试。过了笔试关的有几十人。

最后一关是面试，应试者一个个进去与洋老板直接交谈。张扬这一天也去了，当他走进老板的办公室时，老板突然惊喜地站了起来，径直向张扬走过来，握住他的手，兴奋地说："想不到在这里见到你。那一次，我陪女儿在白藤湖划船，她不小心掉进水里。你奋不顾身跳下水，把她救了起来。当时忙着救女儿，也忘了问你的名字！世界真小，想不到在这里见到你！"

张扬被他这一大段激动人心的话弄糊涂了，心想准是这洋老板认错人了！于是坚定地说："先生，我没有救过人，你认错人了吧？"

但老板仍一口咬定是张扬，千真万确；而张扬依然坚定不移地否认，口气坦然真诚。

这时洋老板才大笑起来，拍了一下张扬的肩膀，说："好样的！你是诚实的，面试通过了。"

原来，是老板在演心理剧，他根本没有女儿。诚实最终为张扬赢得了满分。

有些公司在举行面试时会假设一些事情或情景，以试探面试者的真实品德个性，不知情者往往吃亏，而且吃了亏还不知道自己错在哪里。

从上例可看出，求职还是要遵循做人诚实的基本原则，有时诚实还会为你赢得机遇。

诚实是一个人的必备品质，所有正规的公司都希望他们的员工具有诚实可靠的品质，这样，他们才会放心地把事情交给你去办。

有些人在面试时花言巧语，说得天花乱坠，只求把主考官蒙骗过去，完全没有考虑到自己的真实个性。这样也许会一时得利，侥幸过关，但是这终究经不住时间的考验，下场必是可怜地被淘汰。

与上级有效沟通的技巧

与领导沟通要注意语言技巧

与上司交谈是我们在工作中经常遇到的事情。我们在和上司谈论工作的同时，切不可忘记，这也是和上司沟通的好时机。

在同地位无论比自己高出多少的人进行交谈时，你应该既尊重对方，又要不卑不亢、落落大方。你应该与同常人交谈一样，表情自然，态度和善，言词妥当，尽量地发挥你的聪明才智，展示你的独到见解。

与上司的交谈多属于汇报性质。情况汇报，就是将某些材料向上级报告。收集汇报是上级了解下情的一条主要渠道。下级向上级汇报情况，请求指示，是领导者的一项经常性的工作，也是一项基本职能。汇报可分为定期汇报与临时汇报，分为书面汇报和口头汇报，其中运用最广的是与领导人面对面的口头汇报。汇报的成败，既要看时机选择，更取决于口语表达。向领导者作口头汇报时，如果下级不明白上级意图，不能抓住重点，不懂得概括，不善于表达，成绩讲述得不够，问题分析得不透，上级就把握不准问题，就很难明确表态。结果是，有成绩得不到肯定，有困难得不到帮助，请示的问题也很难得到满意的答复，这都是不实事求是地汇报情况所造成的后果。

另外，下级在同上司交谈时，还要注意掌握谈话的时间和风格。首先，要学会说短话；其次要简明扼要，直奔主题；其三是要将存在的问题明确提出来。掌握这三点，下级才能达到完整准确地汇报工作的目的。要知道，上司都忙得很，他们没有时间听你讲多余的话。

其实，讲短话是一种能力，是一种艺术；比讲长话更难，更需要在实践中锻炼和提高。一次，有人问有天才演说家之称的美国总统伍德罗·威尔逊，撰写一篇五分钟的讲话稿需要多少时间，他说两天左右；一个小时的讲话稿呢？他说我现在就可以讲。可见，讲好短话是一件很不容易的事情，必须下苦功夫学习。

如果你不幸摊上了一个十分主观的上司，他总是强加给你许多工作，那么作为部下的你就没办法跟他讲道理了吗？不是，你可以选择下面两种方法：

1. 说话力求婉转

这种方法常见于上司强制性给你安排任务时。如果上司把部下叫来说："请你今天把这些工作干完，好吗?"部下望着那小山般的公文，摇摇头说："这么多，叫我怎么能当天干完?"这样的应对，就太不合格了。公文虽然堆积如山，也可能很快可以办完，或者你还有办不妥的理由，不过当你说"今天无论如何也干不完"时，假如上司说："什么？连这点小事也办不好？要我办给你看看吗?"到这种地步，彼此就都很难收场了。

自然，作为一个上司，用太强硬的话驳斥部下，也是愚蠢莫及的，因为他大可改为"你试试看，好吗?"

作为下属的一方，如果答复时改为"很好，我尽量办着看看"时，情形便不同了。这是因为你只是"尽量"而不是"保证"，实际上你还没有干过，也没有理由肯定答复，你可以设法快去做，到下班时还干不完，便可汇报"还没干完"，这时上司看到，也就不以为然了，因为上司的自尊心被维护了，你所得到的无非是两种回答："确实太多了，明天再干吧。""我叫小李来帮你。"这样事情就好办了，就可很好地避免上下级之间的矛盾。当然，同事之间也应该这样，说话不能直来直去的，让人接受不了。

2. 避免过多的解释

这种方法常用于道理难以简要说明时。比如说，你今天到一个新的单位工作，不免要和周围的同事们略作应酬，你就可以这样介绍说："我是今天刚来上班的××，在会计室管出纳，以后请多指教。"这样的表达就是很得体的。不过，如果你说："我是某大学会计系毕业的，曾在某单位当过会计主任……"这样就过分了。凡是良好的应酬，都应避免自大、分辩和太多的解释。

再如，你今天早晨上班迟到了，于是向上司解释迟到的原因，你说："今早中山北路发生车祸，汽车被阻塞，我只好半途下车去找出租车，但出租车都被别人拦走了，等了好久才找到一辆……"公交车、阻塞、出租车都是原因，而迟到却是结果，你的上司一定不耐烦听这些解释。下面有两个参考，你看哪一个比较好呢？

“今天乘公共汽车出了毛病，所以迟到了，非常对不起。”

“今天迟到了，非常对不起，因为公共汽车半途出了毛病。”

上面两句解释，原因与结果互相倒置，听起来一样令人舒服。但大多数场合，原因与结果哪一个排在前面关系极大。利用“迟到”作为你的应酬技术的试金石，成功还是失败，答案不言自明。

千万别伤害领导的面子

冲撞领导，最伤领导的面子，最能招致领导的记恨，使他对你充满怨恨和怒火。这样，你可能面临着被解职的危险。所以，在口头上你一定要给领导留足面子。

大多数领导喜欢命令自己的下属，这不但是上下级组织关系的必然要求，也是领导履行职责、达到预定目标的前提和保障。领导一般都会认为，自己有权要求下属去做某些事情。

许多领导还认为自己比下级更优秀，因此才能够做领导；在潜意识中，他有着很强的优越感，对自己充满信心。那么，自己发出的指令，下级就应服从，而不是各有主张、各行其是，破坏自己的计划。

领导的尊严感最强。行使权力、发布命令，使事情向着自己所预想的目标发展，便会给他带来这种感觉。而尊严是一个人最敏锐、也是最脆弱的感觉，因为它总是同一个人最本质的某些东西相联系在一起的，侵犯尊严便等于是对人的污辱和蔑视。这在自认为理所当然地享有受人尊重的权力的领导的眼里，是绝对不能被容忍，更不能被谅解的。

许多时候，下级的冲撞会使领导下不了台，面子难堪。如果领导的命令确有不足，采用对抗的方式去对待领导，这无疑会使他感到尊严受损，转而以敌意来对抗敌意。特别是在一些公开场合，领导是十分重视自己的权威的，或许他会表示，可以考虑你的某些提议，但他决不会允许你对他的权威提出挑战。

下级冲撞领导，一般都会使用比较过激的言辞，特别是一些很伤感情的、过头的话。这些话会像一把把尖刀直刺向领导的内心，这势必会惹得他怒火中烧，大发雷霆，视你为敌。在这种情形下，你可能是出于某种忠心才说的，但如果言辞不当，反而会使领导认为你是一直心怀不满。他会想："嘿，这家伙隐藏得好深，竟骗过了我！原来他一直对我有成见，一直是三心二意，今天终于暴露出来了！"

对抗会使领导失去理智，领导觉得尊严受损，权威受到挑战，在面子上感到相当狼狈难堪。这会使他把事态看得十分严重，一时也不会考虑什么是非曲直，只有一味地报复下级。在此种情形下，领导一般都会十分激动，甚至是头脑发昏，恼羞成怒。失去冷静的判断，你就成了他的第一号敌人，他势必要打垮的对手，过激行动常常会因此而发生。即使是当时比较克制，事后他也会是越想越气恼，找机会报复你。

抗上者死，这是历代刚直迂腐的谋士常常遭遇的悲剧。如今社会的人不得不引以为鉴。

三国时，曹操认为，刘备、孙权乃是自己统一天下之大障碍，所以决定发兵讨伐，扫平江南。而有一大夫，叫孔融，却是迂腐得很。他以刘备是汉室宗亲，孙权虎踞龙盘为名，称曹操是"兴无义之师，恐失天下之望。"这句话惹得曹操大怒。孔融退了，仰天长叹："以最不仁义去讨伐最仁义者，怎么能不败呢？"结果被人听去，报告了曹操。曹操又是大怒，诛杀了他的全家。

据说，早就有人对孔融说过："你这人刚直得有些过分了，这是你自取祸患的根源。"

孔融的才学不可谓不高，但他未领会主人的意图和决心，出言不逊，特别是以"至不仁"来形容曹操。这怎么能不使曹操心怀懊恼，必欲杀之而后快呢？

所以，下属在与上级沟通时，切勿激动，而是要时刻提醒自己，即使自己是对的，也要注意态度、方式方法和时机问题，千万不要冲撞对方，引起上级的怒火，使他怨恨于你。

下属首先应在态度上保持对领导的尊重，切不可流露出对对方的意见不屑一顾的神色。一定要把谈论工作同个人的能力或尊严区别开来，时刻留意，不能把对工作的看法上升为对人的看法；或不能让对方误解，认为自己对领导本人有看法。只有当上级感到你仍然是承认他的权威的，你的意见是针对工作而并非借工作之名行人身攻击之实时，他们多半才会冷静下来，考虑你的想法。只要你超脱个人利害，处处替领导着想，领导不是没有体会的，他会被你的忠诚所感动。

下属谈论问题时，还要注意方式方法，以一种对方更容易接受的方式来说明自己的想法。一般来说，语气要温和，言辞要避免极端，最重要的是有分析、有根源，条理清晰，能够说服人。下级一定要记住，领导是权威，拥有最终的决策权，而你只不过是一个参谋。对领导说明看法，不要选用那些过于肯定的方式，而是要用商讨的语气委婉地加以表达。比如说，你可采用这样的方式："我想这样是不是会更好些?"或"也许我的这点看法会对您的计划有所补充"或"我觉得自己有责任向您反映一些情况"，等等。

另外，下属还应选好时机和场合：在公开场合说就不如私下里谈好；事已确定后说就不如事情尚处酝酿中说好；领导正发脾气时说就不如等他心平气和时说好；领导情绪低落时说就不如领导比较得意时说好。总之，下属应根据领导的脾性、作风、情绪等，伺机而动，选择一个最能使他接受别人的时机与他进行交谈。

把话说到点子上

下级与上级沟通，要讲究说话的方法，不能长篇大论，前不着村后不着店；要把话说得好听，还要说到点子上。

同样一番话，却有不同的说法。有的人话出一杆枪，刺人一个倒仰；有的人嘴里像含了一块糖，笑口常开，让人如见弥勒佛。前者把事办砸了，后者却把事办成了。同样的话，说起来开门见山和曲折婉转，效果大不一样。

有人曾讲过这样一个故事：

我曾经接待了这样两位推销员，他们都是来自河南灾区推销猪毛油刷的。

一个进门后说："我们是生产刷子的，我们那儿受了灾，来看看你们能买几把不？"作为一个无线电厂，油刷用量是甚微的。我摇摇头。他又说："我们的产品是省优质产品，是国拨价，实行三包。"我详细地跟他解释了不需要的原因，他再没说什么，走了。

另一个就不同了。他坐下后，用试探的口气问："无线电厂用刷子不多吧？"我告诉他："太少了。"他掏出一封证明信深情地说："我们地区受了灾，政府给拨了救济款，但也要求生产自救。我们根据本地条件，组织大家生产猪毛刷子，看您能用点不？"我也和他讲了实际情况，但他又进一步说："我想你们的用量也不会大，可是，老少一百多口人不能光靠吃国家救济，我们也有两只手啊！用自己的劳动增加点收入，也能给国家减轻些负担，您说对不？您哪怕就买一把，也是对我们的支援，对灾区的心意，我们从心里感谢您呀！"我被他感动了。在洽谈价格时，他又说："我们知道现在东西要结实，好用，便宜……大家说，要想找碗饭吃，刷子做得不能孬了。价钱嘛，只要有一分利，我们也干。"最后，我们签订了十几把刷子的合同。

同样推销一种东西，一个有所收获，另一个却两手空空。原因何在呢？原因就在说话技巧上。第一个只是泛泛一说，平平淡淡，不明不白，给人们以产品卖出去与否无所谓的感觉，他只能空手而归；第二个，他先以询问的方式打探买方的底细，同时用弦外之音表明自己业务的熟练，引起买方对他的重视。在得知"用量很少"之后，他并不灰心丧气，紧接着讲了自己的困难状况，以唤起对方的同情。其目的就是要买方给予协助，这也为以后的谈话打下了基础，铺平了道路。

当他知道对方不想订货时，还不甘心，进一步指出如果如对方给予他厂一定支持后，这将会对国家、对集体带来好处和意义。这样，他以负责的态度、诚恳的语言、深切的感情去感染对方，使人从内心愿意帮他一把。在协商质量和价格时，他避开容易产生争议的直接交涉方式，用“刷子做得不能孬了”和“有一分利，我们也干”的迂回方式，使买主感到放心。这样一来，他这次的收获虽然不大，但毕竟还是有的。照此下去，积少成多，获益也就大了。

善于沟通的人动动嘴，说的话恰到好处，充满真诚，感动了人心。而有些人跑来跑去，却总跑不到点子上，结果白白出力流汗，事情也没办成功。

有时候，人在最软弱、最需要安慰时，对方几句贴心的话，会使彼此的感情融洽；他在日后请人帮忙时，也可以少些曲折。

刘森在学校里与教务处主任关系不是很亲密。有一次主任由于胃出血住院急诊。刘森听说后便买了一些营养品，去医院看望主任。

看着病床上躺着的主任，刘森诚恳地对其夫人说：“您的孩子在外地上大学不能回来，而您又这么大年纪，像这样日夜照看，身体怕支撑不下来。我年轻力壮，身体又好。如果您需要我来替您照看一下主任的话，您尽管说，不要太客气了，再说现在也不是讲客气的时候。”

几句掏心窝的话一说，立即把他和主任的关系拉近了许多。这以后，主任对刘森的态度特别亲热，老远见到刘森就打招呼，工作上也特别照顾。

而事情也巧，主任出院后的一周，由于学校里要选一个年轻点的人出国深造，然后回校再执教，以挑起学校的重担。这件事经过千挑万选，最后确定在刘森和李平之间产生，而决定大权就握在主任手里。

李平平时和主任关系不是很深，此刻为了能得到这次机会，对主任的态度来了个一百八十度的大转弯。平时端茶送水，休息时便拎着礼物去和主任沟通一下感情。真是“平时不烧香，用时猛上香”。对这种人神佛是看不惯的，人也如此。

其结果是学校派了刘森出国深造，李平失去了机会。刘森学成回校后，大胆革新，得到领导器重，一路平步青云。

这就是口才的功效。一副好口才，只是让说话的人张一下嘴，便取得成功。相反，没有它，你就是跑断双腿，也不会有收获。

想必刘森当初也没想到，去医院探望主任时说的那一番话会产生这么大的效果。但事实却向他证明了他的行动的正确性。少些功利性，多以一颗平常心来为别人想想。“设身处地，由己类人”，这正是人际沟通中的原则。

汇报工作是和上司沟通的好时机

汇报工作就要与领导直接面谈。这是表现自我的好机会。汇报工作不是简单的你说我听，掌握好技巧，你就会获得上司的青睐。

1. 下属应学会勤于汇报

一般来说，任何一个上司比较看重两样东西：一是他的上司是否信任他，二是他的下属是否尊重他。作为上司来说，判断下属是否尊重他的一个很重要的因素，就是下属是否经常向他请示汇报工作。心胸宽广的上司对于下属或懒于、或因忽视而很少向其汇报工作也许不太计较，而且会好心地认为也许是下属工作太忙，没有时间汇报；也许是这本身就是他们职责内的事，没必要汇报；或者是自己这段时间心情不好，易表现在言谈举止上，他们怕来汇报，等等。但对于心胸狭窄的上司来说，如果发现这种情况，他就会做出各种猜测：是不是这些下属看不起我啦？是不是这些下属不买我的账了？是不是这些人联合起来架空我啦？一旦这种猜测成了他的某种认定，他就会利用手中的权力来捍卫自己的“尊严”，从而做出对下属不利的举动来。

在工作中，领导和下属往往容易形成一对矛盾，一方面下属都愿意在不受干扰的情况下独立做事，另一方面领导对下属的工作总有点不放心。那么，谁是矛盾的主体呢？这就要看下属和上司的工作内容、工作范围以及工作职责。一句话，在很大程度上，下属的命运是由上司掌握的。因此，在这种情况下，要解决上述矛盾，通常的情况是下属应适应上司的要求，凡事多汇报。这对那些资深且能力很强的下属来说，他们就只能在领导的支持和允许下工作，如果没有这种支持和允许，他们将无法工作，更不用说创造出业绩了。

聪明的下属懂得：完成工作后，自己应立即向上司汇报；工作进行到一定程度，一定要向上司汇报；预料工作会拖延时，应及时向上司汇报。

2. 汇报工作的技巧

(1) 调整心理状态，创造融洽气氛

汇报者向上司汇报工作要先营造一个有利于汇报的氛围。汇报之前，汇报者可先就一些轻松的话题作简单的交谈。这不但是必要的礼节，而且汇报者可借此稳定情绪，理清汇报的大致脉络，打好腹稿。这些看似寻常，却很有用处。

(2) 以线带面，从抽象到具体

汇报工作要讲究一定的逻辑层次，不可“眉毛胡子一把抓”，讲到哪儿算到哪儿。一般来说，汇报要抓住一条线，即本单位工作的整体思路和中心工作；展开一个面，即分头叙述相关工作的做法措施、关键环节，遇到的问题、处置结果、收到的成效等内容。

(3) 突出重点，莫泛泛而谈

泛泛而谈，毫无重点的汇报显得很肤浅。通常，汇报者可把自己主管的或较为熟悉的、情况掌握全面的某项工作作为突破口，抓住工作过程和典型事例加以分析、总结和提高。

(4) 有失误便要设法弥补

下属给领导汇报工作时，往往会出现一些失误，比如对一些情况把握不准，或漏掉部分内容，归纳总结不够贴切，等等。对于失误，下属可采取给领导提供一些背景资料，采取组织参观活动、利用其他接触机会与领导交流等方法对汇报进行补充和修正，使其更加周密和圆满。

3. 汇报工作要把握好分寸

作为下属，要不要经常找上司谈谈，汇报自己的工作呢？这也常常是人们在工作中难以把握的一件事。

如果经常找领导或上司聊聊，固然可以使其了解自己的工作情况，了解自己的能力，熟悉自己的情况，加深对自己的印象；但是，找多了，有时也常常会招惹领导的烦心，以致于讨厌自己。而且，这也容易给同事们一个爱拍上司马屁，或喜欢走上层路线的坏印象。因此，这里有一个“度”的问题。也就是说，找多了不好，但完全不与上司接触，也并不是明智之举。汇报次数应当适度，那么，怎样才能把握好这个“度”呢？

首先，这个“度”在于自己的工作状况和进程上。当自己的工作已经取得了初步的成绩，达到了一定的阶段，并有了新的开始时，你应该向上司汇报自己前一阶段的工作和下一步的打算。这是十分必要的，它使上司能够了解你的工作成绩和将来的发展，并给予必要的指导和帮助。

其次，这个“度”也在于你的工作性质。如果你的工作性质本身决定了你必须经常找上司联系，汇报工作，那么，你切不可因其他顾虑而不去汇报；否则，只会让上司觉得你不称职。如果你的工作性质与上司不是直接联系的，那么你就要少去汇报；否则，它容易招惹人们的猜测和怀疑，并可能会给领导本人一些想法。

再次，这个“度”还在于你与上司的私交如何。如果你们之间私交很深，那么，你不妨把这个“度”放宽一些；如果仅仅是泛泛之交，则不要太随便。

实际上，让上司过于了解自己也并非是一件好事。接触多了，固然可以让上司知道你的长处和优点，但同时也让他更清楚你的缺点和不足。所以，下属和上司保持适当的距离，往往可以起到一种意想不到的效果。真正明智的上司完全可以，而且能够及时地、客观地了解其下属的种种情况。对这样的上司，与其说依靠汇报去加强他对你的了解，还不如更好地工作，用你的成绩去赢得上司的赏识。汇报只是一种形式，更重要的是你所汇报的内容如何，是不是真正让上司感兴趣，是不是真正有意义，这才是关键。

4. 选择好汇报的时机

聪明的下属不仅善于向领导汇报工作，而且还会把握恰当的时机。

某个机关有位科长工作认真又能干，但是处长却对他牢骚满腹，原因是这位科长常常向处长提出下属或自己的计划，而时机总是不凑巧。比如：

处长准备外出时；

处长心情不好时；

处长正忙时。

就常识而言，这些时候下属应尽力避免向上司提出烦琐的问题。但这位科长不知是运气不好，还是其他什么原因，在和处长谈工作时他总是恰巧碰到这些时候中的某一种。最后处长终于忍不住了，沉下脸对他说："非要现在说吗？你没看到我现在正忙吗？自此以后，这位科长在要和处长谈工作时，总会先确定一下处长是否有空。在进处长办公室时，他还会问一句："您现在是否有空？"说完，他又会说："有……"这个时候处长忍不住说："有什么事快说，我还有事，别这么啰嗦！"如此以来，这位科长真有点不知所措了。

要成为上司的好助手，下属应该耳聪目明、手脚灵活，能够关心自己周围和整体的事情，尤其要用心观察周围的动态，正确地掌握对方的心理，然后再采取行动。如果那位科长能事先掌握处长的情况，再说"现在是否方便"，就不会弄错汇报工作的时机了。

掌握给上司提异议的技巧

在迫不得已的时候，下属需要给上司提异议。一般情况下没有人肯冒这个险。惹上司发怒，是一件棘手的事，不过总是有化解技巧的。

帕特丽夏·科克女士是马萨诸塞州智囊团的成员，她工作精干而颇有建树。但始终没有被提升。终于在某一天，她为这事与上司争了起来。

"在争论中，我们互不相让，气氛十分紧张，"这位女士后来回忆说："然而这场唇枪舌战之后不久，我就不得不离开了那家公司。"

非常遗憾，科克没有遵守同上司打交道的基本规则：没有把握取胜，就不要轻易向"头儿"开战。不过这并不意味着你应当尽量避免与上级冲突。对一位不甘寂寞的下属来说，至关重要的恰恰不是唯唯诺诺，而是把自己的不同见解恰到好处地向上司表明。而避免矛盾，只能暂时奏效，若长此以往，下属吃不香睡不甜，人格受贬；上司则耳不聪目不明，指挥无当。

如何才能做到既提出异议，而又不冒犯上司呢？以下几条规则也许对一些欲言又止的下属们有些参考价值。

1. 选择恰当的时机

在找上级阐明自己不同见解时，下属先向秘书了解一下这位头头的心情如何是很重要的。

即使这位上司没有秘书也不要紧，下属只要掌握几个关键时间就行了。当上司进入工作最后阶段时，下属千万别去打扰他；当他正心烦意乱而又被一大堆事务所纠缠时，离他远些；中饭之前以及度假前后，都不是找他的合适时间。

2. 有火先把它消掉

如果你怒气冲冲地找上司提意见，很可能把他也给惹火了。所以你应当使自己心平气和，尽管你长期已积聚了许多不满情绪，也不能一古脑儿抖落出来，应该就事论事地谈问题。因为在上司的眼里，一个对公司持有怀疑态度、充满成见的下属，是无论如何无法使他重鼓干劲的，这个下属也就只能另寻出路了。

3. 鲜明地阐明争论点

当上司和他的下属都不清楚对方的观点时，争论往往会陷入僵局，因此，下属提出自己的见解时必须直截了当，简明扼要，能让上级一目了然。

在纽约市政部门任职的一名科长克莱尔·塔拉内卡，很少与上级有摩擦，但这并不是说她对上司百依百顺，她会把自己的不同意见清楚明了地写在纸上请上司看。“这样能使问题的焦点集中，有利于上司去思考，也能让上司有点回旋的余地”，她说。

4. 提出解决问题的建议

通常说来，你所考虑到的事情，你的上级早已考虑过了。因此如果你不能提供一个即刻奏效的办法，至少应提出一些对解决问题有参考价值的看法。

5. 站在领导的立场上

要想与上级相处得好，重要的是你必须考虑到他的目标和压力，如果你能把自己摆在上级的位置来看问题、想问题，做他的忠实合伙者，上级自然而然也会为你的利益着想，从而有助于你完成自己的目标。

与同事和谐沟通的技巧

掌握同事间沟通的艺术

同事不同于朋友、夫妻，大家聚到一起，是因为工作的缘故。工作之余，彼此也应多沟通，多交谈，以便给相对单调的工作加入一些调料。

与人交谈，是一项十分有意义的沟通活动。通过交谈，人们可以交流思想，沟通感情，加深友谊，增强团结，促进工作，激励斗志，增长知识，开阔眼界，陶冶情操，愉悦心灵。生动活泼、轻松愉快、情趣横溢、健康有益的交谈，不仅可以达到上述目的，而且还给人以莫大的精神享受；而枯燥乏味、单调无聊、死气沉沉的谈话，只能是浪费时间，令人厌烦。因而，掌握交谈中的艺术是很重要的。

1. 端正态度，尊重对方

与人交谈，首先要尊重、体谅别人，对人要谦虚谨慎，诚恳率直。不要妄自尊大，盛气凌人；不要自以为是，武断专横；不要虚情假意，恭维奉承。只有这样，大家才能和谐融洽地相处，推心置腹地交谈。态度不端正，就会引起别人的反感；思想上一旦形成鸿沟，交谈就很难进行。

2. 言语适当

交谈，是一种有来有往、相互交流思想感情的双边或多边活动。参与谈话的人，不但要“听”，而且还要“讲”。听对方说话，听者要做到聚精会神，心领神会，切不可漫不经心。与此同时，听者还要做出积极反应，有什么想法和感受，通过点头、微笑、手势、体态等不同方式随时表露出来；而不能处于消极状态，呆头呆脑，无动于衷。

全神贯注地听，仅是交谈中的一个方面。谈，在某种意义上说，显得更为重要。谈的方式多种多样，你可采用任何一种：直截了当地陈述事实，提出问题，发表看法；委婉地表示不同意见，进行评论。这些方式都能使谈话顺利进行。

在交谈中，你应尽量少用或不用“是”、“不”、“可能”一类的字眼作答，一两个字不能给人以启示和激励。要设法使别人从你的话中得到鼓励和启发，使他感到有东西可继续讲下去；但另一方面，也要防止使谈话变成长篇大论的演讲。对某一话题，你可能有很多东西要讲，但他人也可能有高见要谈，要做到使大家都有发言机会。说话要干净利落，简明扼要；发言冗长，只会使人烦躁。

3. 把握住中心话题

交谈中，你应注意不要偏离话题。当大家正在谈论新发明的特效药时，切不要因听到有人谈他姑姑是如何服用此药而得救的，你便滔滔不绝地讲起你姑姑如何如何，或讲她服用 APC 治愈了感冒。如果这样做，那就是你不知不觉地偏离了谈话的主题。

4. 及时改变话题

话题的转变，在交谈中占有十分重要的位置。当大家对某件事似乎已详尽谈论，感到兴致索然时，你就要立即转换话题。转变的方式很多，让旧话题自然消失就是其一；另一种方式，就是重提刚议论的事情，然后迅速更换话题。比方说，当大家感到对自学成才的著名作家、诗人再也没什么新东西可讲时，你可以这样转换话题："是啊，古往今来，靠勤奋自学而蜚声文坛的作家、诗人，真是举不胜举。大家也知道，自学成才的科学家、发明家更是遍及四海。"这样，大家就会重新兴致盎然地交谈起来。第三种方式是，你可直接突然地改变话题，而无需再说别的。"关于体育锻炼，是否就谈到这里？现在让我们谈谈外语学习吧。"或者干脆说："现在改变话题。"

改变话题，要注意"火候"，既不能太迟，又不宜过早。当话题仍然引人入胜，切不要因你感到索然无味就谈别的东西，并强迫他人跟着你转。

5. 跟上交谈的节拍

当话题几分钟以前已由乒乓球赛转到篮球赛，如果你再谈乒乓球赛，显然是跟不上谈话节拍；当大家正兴致勃勃地谈论篮球赛，假若你把排球赛也扯进来，显然是不识"火候"；当大家正评论球类比赛，你却谈起飞机、大炮一类风马牛不相及的话题，显然是离题十万八千里，那只会使人啼笑皆非。

你要学会密切注视谈话进行的情况，把注意力始终集中在正谈论的话题上。只要你头脑清醒、目光敏锐，只要你能跟上谈话的“节拍”，就不会出现那种对方需要你作答、而你却未听见的尴尬局面。

6. 积极弥补失言

与人谈话，失言总是难免的，特别是在心情过于激动时，这种情况更容易发生。由于一时忘记了别人的禁忌，忽略了他人的生理缺陷，忘掉了某人的不幸，有伤人家感情的话语，有损人家尊严的言词，有失人家体面的言论，都可能会出现。一旦失言，你就要视具体情况，采取应急措施，进行弥补。假若过失严重，但你和对方很熟，恐怕你最好说：“很对不起，老×。”说完立即谈及其他东西。如果接近失言的危险边缘，你要竭尽全力迅速摆脱；这时特别需要冷静沉着，莫要惊慌失措，更不要大喊大叫。

他人失言，你要尽力帮助补救。对于他想出来的转移话题，你不但要感兴趣，而且还要带头谈论。如果他惶恐不安，不知所措，你还要迅速、主动地换个适当话题进行交流，以帮助他解脱困境。

巧妙化解同事的牢骚

发牢骚、抱怨工作中的种种不快是每个工作中的人都会做、会遇到的事，但要注意“牢骚太盛防肠断”。一般的牢骚发发也无妨，但如果有同事在你面前论及别人是非，你就要长个心眼，理智对待了。

对上司不满、对公司不满，永远大有人在，遇上有同事来诉苦，指责某人有意刁难他，或公司某方面对他不公平的情况时，你应该做到既关心同事的利益，又置身事外。

例如，同事与某人不对头，指出对方凡事针对他，甚至误解他。

你或许会很耐心地听他吐苦水，听他细说端详，但奉劝你只听不问。尤其是切莫查问事件的前因后果，因为你一旦成了知情者，就会被认定是当然的“判官”了，这就大为不妙。

你只需平心静气地开导他：“我看某人的心地还不差，凡事往好处想，也许人家是无意的。”

要是同事对公司不满，你的立场就比较复杂，站在公司立场上是你应该的；但站到同事那边，又有害无益。可是，人家来找你，你若保持缄默实在不礼貌。你不妨这样告诉他：“公司的制度不断改进，这次你觉得不公平，或许是新政策处于过渡期，你不妨跟上司坦诚相见谈一下，但犯不着坚持己见。”这样处理方为上策。

有些人生性耿直，遇到不快之事便会大发脾气，开心之际又会雀跃不已；相反，有些人却深藏不露，喜怒全埋在心底。

十分不幸的是，你的两位同事分别是这两种典型性格的人，偏巧最近因公事闹得很不愉快，而你是他俩的亲密战友，他们自然分别向你诉苦。在这种特殊情况下，你会很容易惹来更大的麻烦，或被指为“两头蛇”，或被某一方视为敌人。

要绝对置身事外是不可能的了，你惟有采取缓和之法，那就是不偏袒任何一方，也不添加任何意见。其中一人或许向你诉说冤屈，最后还要你认同：“他这样做，简直是坏心肠，想害我，你说是不是?”

无论他是如何的情辞恳切，平日又是如何的客观，此刻他肯定多少掺了些自私见解，又何况这只是他的片面之词，难以定断。你最好以退为进：“大家合作贵在愉快，我看你跟他不妨冷静地坐下来讨论一番，否则我是帮不上忙的。”

恰当的赞美可以拉近感情

英国前首相丘吉尔说过：“你想要人家有怎么样的优点，那你就怎么样去赞美他吧。”

在与同事的交往中，适当地赞美对方，总是能够创造出一种热情友好、积极肯定的交往气氛。这是因为：

1. 赢得别人对自己的赞许，是人类的一种本能的需要

人们正是在别人的赞美声中认识到自己的存在价值，获得非常重要的社会满足感的。人在婴儿时期，就从父母的点头、微笑、拍手、抚摸等赞美性的动作中获得满足；成人以后，人更多的是在别人、在社会舆论的赞许声中获得强烈的成就感的。在社会心理学上，这被称为“社会赞许动机”。应该认识到，每一个人都有他的优点和长处，这些优点和长处正是个人存在价值的生动体现。人们一般都希望他人能看到和肯定自己的优点和长处，从而肯定自己的价值。因此，诚恳的赞美之声，总是能够赢得对方的欢心，同时也为自己打开局面创造了良好的气氛。

2. 赞美能促使对方形成良好的行为规范，有利于相互交往并引其向积极肯定的方向发展

在人和人的交往中，适当的赞美能束缚对方的缺点，引其向善。比如，对方本来具有优柔寡断的缺点，若听你称赞他很果断，那么他就可能鼓足勇气向自己的缺点挑战，努力朝你赞许的方向去改进。这是因为他的自尊心受到了你的激励。

3. 适当地赞美对方，能够很自然地赢得对方同样友好的回报

根据行为科学的理论，别人对待你的方式，大部分取决于你对待他们的态度。有的人总是抱怨别人不热情、不友好，其实他该反省一下自己。打个不完全贴切的比方：面对镜子，如果镜子中的形象令你不悦，那原因最好从自己的脸上去找。一个热情友好的赞许，总能换取对方同样的态度，从而为相互沟通大开绿灯。

可见，赞美对方的宗旨是尊重对方、鼓励对方，以及创造友好的交往气氛。因此，交谈应该真心实意，诚恳坦白，措辞适当。如果因为有求于人你才表示赞许，则会令对方感到你动机不良。所以，当你不需求对方什么的时候，表示赞许才显出诚意和可信。当然，你对别人的赞许也不必过于频繁，过于频繁就失去了鼓励的意义，并显得滑头、俗气，反遭别人轻视。赞美的话语也不宜过分，言过其实的恭维话就成了“拍马屁”，只会被人耻笑。这些都表明

人们赞美他人需掌握一定的“度”。

一个恰如其分的赞美，还表现在赞美题材的选择上。人们应根据不同的对象、不同的关系、不同的场合，选择不同的赞美题材。比如，对于年长者，人们可赞美他的健康、经验、知识、地位或成就；对同辈人，可赞许他的精力、才干、业绩和风度；而对初见面者，人们则主要赞美其可见的外表或已知的实绩；在公众场合，赞许对方那些可引起众人同感的品德、行为、外表和长处比较适宜；到别人家中做客，则可赞美其孩子的聪明、妻子的烹饪手艺或家居布置等。实际上，除了对方的忌讳和隐私以外，只要实事求是，态度诚恳，赞许的题材随手可拾。

恰如其分的赞许还需有赞美的方法。下面几种方法可供借鉴：

（1）直接赞许。当着对方的面，以明确、具体的语言，提及对方的名字（或尊称、昵称），微笑地赞许对方的行为、能力、外表或他拥有的物品。比如你的同事剪了个新发型，与其泛泛说：“你的发型不错。”不如说：“这个新发型使你年轻了10岁。”这样能够强调你表示赞赏的证据及针对性，而不是敷衍了事。如果你能在直接赞美之后，用一个问题衔接下去，效果则更好。比如，“这是在哪家发型屋做的？”或“你怎么想到选择这种发型的？”这让对方不至于因为要匆忙做出适当的反应而尴尬。

（2）间接的、含蓄的赞许，即运用语言、眼神、动作、行为等向对方暗示自己赞赏的心情。比如，在公众场合你特地请某人签名留念，这个行为就意味着你对他的赞美；你特地向一位女士请教，就暗示着你很重视和欣赏她的能力；聚精会神地听对方谈话，并不时微笑着点点头，也是一种表示赞许的方法。

（3）预先赞许。如果对方有较强的自尊心和一定的领会能力，那么你也可以按照自己对他的期望预先赞美他。这样就可以调动他的自尊心，鼓励他朝你热切希望的方向发展，以约束他朝相反的方向发展。

如何处好同事之间的关系

工作中最烦心的事不是工作的繁重与否，而是你和同事的关系。可以这么说，与同事关系好了，你在工作中就会顺心；关系不好了，你就会四处碰壁。如何处理好这些复杂的关系，就看你的沟通艺术如何了。

处理好同事之间的关系是件非常不容易的事，其中有很多学问。这里给大家概略地介绍一些专家、学者提出的精辟见解，以资借鉴。

1. 注意谦虚待人

在同事、朋友面前，你不要把自己的长处常常挂在嘴边，更不要老在别人面前炫耀自己的成绩。如果一有机会便说自己的长处，这在无形之中就贬低了别人，抬高了自己，反而被别人看不起。

2. 说话要有分寸、有条理

与同事相处时，有人总是抢话头，说起话来没完没了，令人讨厌，时间一长大家就会离他远远的。

3. 切忌背后议论他人

在与人接触交往时，应竭力避免背后议论他人。不负责任的议论，不仅失去了交往的意义，还会伤害同事间融洽的感情。特别是在大庭广众中，你要尽可能避免说别人的短处，有时言者无意、听者有心，不胫而走，往往会挫伤他人的自尊心。

4. 尽量避免憨言直语

要理解对方的意思，不要只凭自己的主观愿望，说出不近人情的话。只有言词委婉，才有利于融洽感情，办成事情。

5. 不要显露有恩于别人

同事之间总会有互相帮助的地方，你可能对别人的帮助比较多、比较大，但是，你切不可显示出一种有恩于他人的态度，否则会使对方难堪。

6. 不忘别人的恩德

自己对别人的帮助不要念念不忘，但是别人对自己的恩德却要挂在心头。无论得到谁的帮助，不论得益大小，都应适度地表示感谢。这样，不但能增进友情，也表现了你的“受恩不忘”的可贵品格。

7. 替他人保守秘密

替他人保守秘密特别重要。每个人都有一些隐私，知道的不要说，不知道的不要问，因为这是与你无益而对他人有损的事。

8. 做不到的宁可不说

对朋友说谎，失去朋友的信任，这是最大的损失。所以，与新老朋友交往，都要诚实相待，避免说谎话。你应说到做到，不放空炮，做不到的宁可不说。

9. 要有理解宽容和谦虚诚恳的待人态度

同别人打交道、交朋友，就要设身处地理解别人的情感、行为，理解别人的痛苦和需要。你要与人为善，持宽容态度；要配合默契，热情有度；要谦虚诚恳，真心待人，以此来赢得大家的信任、尊重和友谊，获得更多的朋友。

同事间有了误解怎么办

误会会给我们带来痛苦、烦恼、难堪，甚至会产生预料不及的悲剧。所以，陷入误会的圈子后，你必须调整自己，采取有效的方式予以解除，使自己与他人都尽快地轻松、舒畅起来。

误会即指别人对你的看法与你的实际不符，是无意之中产生的认识上的错误。这种情况在同事之间并不少见。其形成的原因有两个方面：一是自身的言行不够谨慎，言谈行事有欠周到、欠细致、欠精明之处，致使他人不能准确地领会你的意图。二是因为对方的主观臆测的倾向。由于每个人具有不同的经历、学识、价值观、气质、心境，对同一件事、同一句话，不同的人会有不同的理解。以下这些方法可以帮助你消除同事间的误会。

1. 消除自我委屈情绪

产生误会后，不为自己辩解，总以为自己正确、有道理，不被理解。心中怀有委屈情绪的人，必定不愿开口向对方作解释，这种心理障碍便会妨碍彼此间的交流。此时，你应多替对方着想。无论他是气量小、心胸窄还是不了解真相，不了解你的一番苦心，你都不必去计较，只要你真诚地向他表明心迹，那么，误会便会消失。

2. 查清原因方可化解怨恨

产生误会后，一方怒气冲冲，充满怨恨敌视；一方满腹狐疑，委屈压抑，双方隔阂越陷越深，而且一谈即崩，大有新的误会接踵而来之势。此时，你需要冷静。你必须下一番力气内查外调，搞清楚对方的误解源于何处，否则任凭你费多少口舌，也不会解释清楚；搞不好，还会越描越黑，弄巧成拙。

3. 书信可传情

面对一封信要比面对当事人从容得多，当面难以启齿的话题在信上也会坦然地表达出来。书信效果往往比当面交涉的效果更佳。但要注意，写信时措辞一定要简短、亲切、明了，切勿啰嗦、令人生厌，语气需要真挚、诚恳。你要充分表达自己愿意消除误会、重新和好的急切心情，表达自己至今仍铭记以往的友情以及对对方的信赖和尊敬。

4. 用事实来证明

有的误会用语言不能解释清楚，那么就用与之相反的行动去证实。如朋友误解你同某一异性有暧昧行为，你又说不清楚，那么，你只要与自己的爱人相依相伴、相敬如宾、亲密无间、双双出入社交场合，令他人找不到破绽，误解也就自然消失了。

5. 找对方当面说清楚

误会的类型千奇百态、多种多样，但解决的最简捷、最方便的方法便是当面说清楚，大多数人也都喜欢这种方法。记住，如果有误会需要亲自向对方作说明，你千万不要找各种借口推脱，一定要克服困难，战胜自己，想方设法当面表明心迹。

6. 利用一些好时机

解释缘由，消除误会，必须选择好时机。你一定要考虑对方的心境、情绪等感情因素。这大多可选择提干、长工资、定职称或参加婚宴等喜庆日子，此时对方心情愉快，神经放松，胸怀也就较为宽广，你若抓住这些时机表白，往往能得到对方的谅解，从而使双方重归于好。

7. 及时解释，越拖误会越深

有人被误会搅得焦头烂额，总感觉心中有难处，不好启齿，结果碍于情面，时间越拖越长，误会越陷越深，到最后无限制地蔓延，造成了令人极为苦恼的后果，自己反倒更加痛苦。所以，有了误会，你要迅速解释清楚；拖的时间越长，就越被动。

8. 他人帮忙

人与人之间的误会常常是在工作中产生的，双方的误解涉及许多因素。个人解决可能会受到限制，以至不能明白透彻。所以在有些时候，请领导和同事帮忙，也不失为一个好办法。

怎样与同事建立亲密关系

同事是一个可变化的概念，可以变成你的朋友，也可以变成你的师长。与同事建立亲密的关系，会使你的工作和生活都受益无穷。

如果一个人能够与其他同事建立较为亲密的关系，那么，他一定能够获得同事们的赞美。

在此，本书为你提供几种与同事建立亲密关系的诀窍。

1. 工作结束之际，切莫匆忙地向同事告辞

当一天的工作即将结束时，你最好不要一面拿书包、整理桌上

的文件或是做着其他什么动作，一面对其他同事说："今天你真忙啊！"、"我走了"、"谢谢你今天的捧场和帮忙"、"明天见"之类的告辞的话。

这是因为，你在忙乱之中向他人告辞，容易显出你急于回家的心情，而且这种告辞方式也显得太随便和漫不经心。如此一来，你在工作中留给其他同事的好印象就会在某种程度上打了折扣。

虽然告别之语不过是些寒暄的客套话，可是，只有你把告辞本身作为一件正事的时候，它才会产生相应的效果。

2. 学会背后赞美他人

人人都希望得到别人对自己的关心。因此，假如你与其他同事在一起时，对某位并没有在场的同事表示出关心，说一些"他最近大概很忙吧"、"他真够辛苦的"之类的话，那么就会使同事们产生这种想法："他对别人真地很关心啊！假如我没有在这里的话，他一定也会对我表示这种关心的。"

有了这种印象，同事们自然会对你产生更多的好感。

发牢骚的10个技巧

在工作中你也需要发牢骚抱怨一下，以发泄心中的不满和怨恨。发牢骚要不影响自己和他人，就需要高超的口才技巧。当然，没有这些技巧你千万别去发牢骚。

1. 发牢骚要对准目标

只对你不满的人提出异议，千万不要牵连无关者，不然就犯了"打击一大片"、无谓树敌的错误。

2. 发牢骚宜早不宜迟

有抱怨有牢骚，如果有机会，就马上说给对方听。不然，越等越生气，还会牵进题外话，扩大了事态。试想，你把对方好久以前的事积攒起来指责一番，时过境迁，对方可能记不得了，反而你倒成了小题大作的人。即使你的牢骚没有恶意，也会给对方造成不愉快，影响你们以后的关系。

3. 抱怨话不能重复

如果你已发过牢骚抱怨，对方已经接纳，你就不要再重新提起了。对方既然耐心地听过你的指责，你就不能再提其过错。假如你们以后不保持联系，你应泰然处之。

4. 只对别人能改变的行为发牢骚

只有对对方能改变的行为进行抱怨，抱怨才会有效。你要求丈夫洗脚可以，但要对方戒烟就有困难。你抱怨别人吵吵嚷嚷或许会见效，但却无法抱怨别人爱生气。非意志能改变的行为，你都不要去抱怨。

5. 抱怨无需开场白

“你听我说，有一件事我早就想跟你说了。这话不好听，但请你不要生气……”如果是这样一个开场白，对方在听了你的抱怨之后，不仅不会感到歉意，反而一开始就把对方惹恼了。

6. 牢骚话不能言过其实

发牢骚避免使用“你总是……”、“你从不……”等方式。这种说法包含了对方过去的行为，是指责对方一贯如此。这种夸大的说法，会使你的牢骚失去真实性。

7. 发牢骚不用道歉

既然已经抱怨了，那么你就不要再说道歉的话。如果你再和对方说抱歉的话，就是要求他宽容你，这反而会给他增加不必要的负担。

8. 发牢骚不能问对方的动机

不要问别人为何做出令你不满的事，如果你的意思是不希望他做这种事，但要他先去探求自己做一个动作的原因，然后再去正确地回答你的问题，可能是难了些。而且大多数人都不喜欢别人问他做一件事的动机。

9. 不会称赞的人慎发牢骚

如果你从来都没有夸赞过别人，那么你也休想让别人接受你的批评和指责。如果你一向只知抱怨、指责，别人就只好记住你这一点，以为你只会发牢骚，怨天尤人。所以，你想偶尔发牢骚，平常就该称赞别人，你也要学会如何去感谢别人倾听你的牢骚。

10. 抱怨不能用体态语

抱怨要说出来，不能挂在脸上。虽然面部表情有时也能使别人做不愿做的事，但谁都不喜欢听到叹息或看到对方失望的态度后就改变自己的行为。况且，对体态语的理解，有时人们还有可能产生误解。

与下属真诚沟通的技巧

增强说话的权威感

作为上司，要使你的命令得到贯彻执行，你的说话就得有权威。要想有权威你就要增加说话的分量，每一个字都要仔细斟酌，以达到上行下效的目的。

同是讲话，有的人讲话分量重，有的人讲话分量轻。之所以有这种差异，除了讲话者本人的身份以外，讲话的方式也十分重要。如果你是这方面的权威，你完全可以通过自己的讲话方式告诉他你的身份。

1. 要“言简意赅”、“长话短说”。某君写了很多很多封应征信，填了很多很多张申请表，一一寄出，均如石沉大海。所幸得到了一张回邮的明信片，但仅有“某时面谈”简简单单几个字，他一定终身忘不了这张短短的回复。

2. 要最后出场讲话。说话时愈将重点放在后面，愈能显示出所说的话的重要性了。“重点置之于后”的心理因素，中国人最具有代表性。开会时，官级愈高的人愈后到；舞台上角儿露脸，最后出场的角儿，必定是最最重要、最最顶尖儿的了。

3. 要使用口头禅。口头禅是人们常挂在嘴边的口头语，人们往往以某一句话来介绍自己，来强调自己，使别人听来亲切自然，也为自己树立了一个独特的商标。

4. 采用幽默的讲话风格。幽默的话，易于记忆，又能给人以深刻印象，正是自我标榜的商标。这样，你便能给他人留下深刻的印象。

5. 句子短些。短句子说起来轻松，听起来省力，吸引力也强。最好一句话一个意思；一句话的含义过于复杂，听者费力，交流就多了一层障碍。

6. 要有顺序，选择什么样的线索来整理说话内容，可视需要而定。说话要注意通俗易懂，忌讳使用古词语、专业用语；至少要吐字清晰，语速适当。

7. 你在说话时要坚定而自信，力度要适中，眼睛正视对方，这样才能显示出你是充满自信和颇有能力的。若讲话时眼睛不敢正视对方，握手软弱无力，会使人觉得你意志薄弱，容易被支配。要学会注意对方的眼睛。研究显示，一个人如果紧张，目光会游离不定，而且眨眼次数增加。要学会注意对方的小动作。一个人可以做到喜怒哀乐不形于色，但他的小动作会透露他的心情。例如，你在谈话时发现对方的腿在轻轻晃动，这表示他对你的话不以为然。

8. 讲话时要站起来，并且要站直。开口前先等几秒钟，你要等大家都看着你时再说。与别人谈话时，身体稍往前倾，会让别人更容易接受你的意见。

9. 作强调时要运用手势，但不可指着别人的脸晃动手指。讲话慢而清晰，语言简短，等于告诉对方：“我有能力控制一切。”

10. 努力扩大知识面。知识面越广，越能令你在各种场合充满自信地加入别人的谈话。

除此之外，你还要注意行动轻捷，笨手笨脚对你的形象损害最大；穿着上要整洁，避免刺眼的色彩和繁复的配饰，保持干净。此外，你还要注意身姿，含胸显得畏缩；昂首挺胸可以创造出你居于领导地位的形象。

平等真诚地与下属沟通

不妨站在外交的角度上看待自己与下属的沟通，你们除了职位不同之外，其他都是相同的。此时，平等的心态很重要，只有这样，你才会获得下属的信赖。

1. 选择谈话的最佳时机

人对于他人意见的接受机制并不是任何时候都一样的。人的认知、情绪的特定状态，直接影响着其对他人的意见的接受态度。同样的意见，可以因人的认知、情绪状态的差异而产生顺畅和阻滞这样大相径庭的接受态度。如何选择适当的时机，应根据下属心态的具体征候而定。譬如，当下属对自己的见解颇为自信，对自己的行为毫无省察的时候，领导一般不宜急于促其明辨是非，而应静观其变。一旦当他这种偏执的炽热减退而萌生了反思的冷静时，领导方可介入寻求话题。特别是当一个人对某个问题百思不得其解，开始怀疑自己的理性能力，焦渴地企盼着得到他人点拨的时候，谈话的最佳机会便到来了。这时领导亮出的看法会使下级感觉到久旱逢甘雨般的愉悦。

2. 在工作之外进行双向和谐的沟通

态度乃是个人对某一对象所特有的评价与行为倾向。态度来自价值，价值是态度的核心。在非工作场合与下级谈话的一个很重要的作用，就是补充工作场合中领导威仪之外的色彩，有力地印证领导与下级之间的人格平等；使下级认识自己应是交流的积极参与者，而不是被动的接受者。

这就是说，领导在非工作场合与下级的沟通必须是双向的、和谐的，之间洋溢着相互信任的气氛。

要知道，下级由于特殊的经历、深入的实践而产生的某些思想、见解往往闪烁着独特的智慧火花。这是因为，在真理面前领导与下级原本就是平等的。所以，领导要善于向下级学习，比如罗伯特·特奥利弗所说的："对于真正的交流大师来说，倾听和讲话是相互关联的，就像一块布的经线和纬线一样。当他倾听的时候，他是站在他同伴的心灵的入口；而当他讲话时，他则邀请他的听众站在通往他自己思想的入口。"这种富有诗意的美好境界应该为每一个领导心神向往。领导敢于、乐于随时向下级敞开心扉，他才具有领导的气度；领导得以站在下级心灵的入口，他才能真正体味到领导的力量和信心所在。而在非工作场合中彼此谈话还心怀戒备，这对于双方都是较大的悲哀。

3. 要有求同存异的雅量

在非工作场合谈话中，谈话内容不可避免地要涉及到多方面的争论问题。由于是私下交谈，下级常常会直陈己见、袒露心曲、无所顾忌，在思想观念、价值取向、是非态度方面与上级发生争论在所难免。这时领导不应针锋相对地予以驳斥，而应当仔细品味其见解的合理性。即便是对其中明显的悖论，领导也不要奢望通过自己的一番点拨而药到病除，而要采取循循善诱的疏导办法。

这里需要特别指出，领导尤其要对表面上看来似乎离经叛道而实际并非如此的见解，不能随意地表示惊诧，视为异端。一时拿不准便可存而不论。爱因斯坦说过："这个思维世界的发展，在某种意义上说就是对'惊诧'的摆脱。"

大量事实表明，领导的雅量不仅仅关系到领导的凝聚力、亲和力，而且直接制约着决策的科学性。所以，人们往往把它视为人类的美德，领导更应如此。

4. 应善解人意，多说体恤的话。

当下级有困难时，领导要及时发现下级的苦衷，用温馨的话语、令人信服的道理安慰他们的心灵，帮助他们走上解脱的彼岸。

领导在谈话中要富有巨大的理解力，对下级的遭际要表示“人同此心，心同此理”的理解和同情，而决不可流露些许揶揄、嗔怪、不屑的意味。领导要把自己摆进去，想想“假如我是他该如何办?”帮助其拓宽视野，觅出新路。

领导面对着下级的感情世界，应怀有真诚感，少用或不用“你应该”、“你必须”、“你怎能”的命令式。周恩来总理之所以受到党内外、海内外各界人士的热烈拥戴，很重要的一点就在于他广交朋友、善解人意。在《周恩来与夏衍的相交与相知》这篇回忆录中，有这样一个感人的情景：当夏衍声泪俱下地向周恩来诉说了政治运动不能搞“人人过关”的意见和自己的委屈后，周恩来当然是赞同的，也很受感动。但他除了点头之外，有些话一时很难说。尤其是在夏衍被调出文化部，把工作关系安排到对外友协，被迫在家“闭门思过”和下乡“改造思想”时，周恩来还能再说什么呢？当时北京出现不正常的政治形势，其来源和发展趋势，他自然比夏衍更清楚，但党性原则使他不能对夏衍多说，他只能用深沉的语调说：夏公，我们是相互了解的。我们不是圣人，也难免有错。但是你几十年来为党辛勤地工作，也曾出生入死，受了不少委屈。我相信你能正确地面对现实。你要保重，做一点力所能及的事，不必勉强自己。同时，我们党在领导文艺和文化事业统战方面的活动，成绩和失误，你是清楚的。但还有不少同志不清楚，你有时间要写一点回忆的文字，对正反两方面的经验教训，都应该认真地写一写，否则，将来下一代都不知道了！

这样的知心话既让人觉出发自肺腑的滚烫，又不越出党性原则的范围，怎能不催人泪下！

赞扬是激励下属的良方

工作中常见的现象是上司对下属的错误大发雷霆，其实这是一种非常愚蠢的做法。贬斥只代表过去，赞扬却可以通向未来。不管工作做得如何，人总有可值得表扬的地方，表扬永远胜过批评。

有些管理者在管理过程中对“赞扬员工”有着一种担心，他们认为赞扬个别员工会使他们自我陶醉，滋生懒惰，不思上进；同时，他们也担心其他员工在背后议论，说领导对下属不能一视同仁，对员工不平等。其实这种担心是多余的。每个人都渴望得到赏识，得到赞美，无论是身居高位还是地位卑微，也无论是刚入公司的小青年，还是升迁无望即将退休的老员工，概莫能外。上帝算是人之精华了。上帝也是要人们赞美的，因而信仰上帝也就是赞美上帝，上帝也只会保佑那些赞美他的人。赞美能使百年冤仇顷刻顿消，赞美能使古板呆脸增添笑容。人们普遍地希望自己能得到别人的赞美，对于赞美他的话，他自然地也就容易接受。公司的管理人员在对员工进行赞美时，担心是可以完全打消的。被赞扬的员工不但不会骄傲，反而会因为受到赞扬而更加努力。

赞美是需要发自内心的，真诚的；当然还有最根本的一点，就是它要基于事实，切莫虚夸、枉夸。

管理者赞扬员工，一定要在员工的工作成绩达到该赞扬的程度时才赞扬。只有这样，员工才会产生无限的喜悦和神圣的使命感，感到自己得到应有的承认，因而更加努力地去工作。

赞美或赞扬的价值在于真诚，即是说它不需要廉价的拍卖。不要以为赞扬便是“灵丹妙药”，包医百病。在员工没有好的表现和成绩时，你认为随便对其施加一通赞扬，员工便会信以为真而激发工作热情吗？很显然，若一开始他们还有所顾虑的话，他们很快就会不理睬你的话。这是因为他们认为你在搞阴谋，刻意讽刺。这是会影响管理人员在员工中的形象和权威的。

赞扬一定要有可赞扬的事实，虚浮的赞扬不仅不会产生激励的作用，反而会增加不信任的因素，使赞扬者变成伪君子，使员工产生受捉弄感。在赞扬时，语言要发自内心，这是很严肃认真的，不能给人以造作感和过于随意感。如果管理者在赞扬员工时漫不经心，一边读报、喝茶，一边说着几句赞扬的话，这不但不会起到赞扬的效果，反而会引起员工的反感，认为你是在敷衍他，对他不尊重。久而久之，即使当你严肃认真地去赞扬员工时，员工也会不在乎和不理睬。“人不畏惧倒下，但最怕人格和威信再也提不起来”。而人格和威信的“倒地”，也就在不经意的琐碎事中实现了。因而，赞扬不能无关痛痒，赞美更要显出真诚。

另外，以非常公开的方式对单独一个人进行表扬，会使赞扬的效果更加显著。一位国外的企业家说：“如果我看到一位员工的杰出的工作，我会很兴奋，我会冲进大厅，让所有的其他员工都看到这个人的成果并且告诉他们这件工作的杰出之处。”这位企业家发现员工的成果及时给以表扬，并示之以大家的做法，会使其他的员工暗暗憋上一股劲，你追我赶，你赶我超，从而形成良好的工作氛围，使整个企业在一件小事上得到最大的受益。相反地，企业家如果只对这位员工进行私下表扬，暗暗努力的也许只有这名员工自己，反而达不到上面那样好的效果。

一般人都尊重领袖，自己内心也有一种领袖感。企业里的每位员工都是愿意“脱颖而出”的，企业家们当众进行表扬恰是让他们“出”。有了成绩的员工被表扬，就等于在企业中树立了一个榜样。

企业应该以定时的表彰大会和随时现场表扬相结合的方式，对工作优秀、有突出成绩的员工给予定时或及时的认可和赞赏，并在适当的情况下加以奖励。就其形式而言，表彰应该以个人的表彰为主。尽管有时成绩是集体努力的结果，但表彰最好是个别的，只有这样才能更大程度地激发员工的热情，发挥他们的创造性。在表彰之后的员工闲聊中，管理者不难发现，大家所讨论的焦点往往是优秀个人，而对集体只是在对吹对捧中才派上用场的。因此，赞扬不仅要公开化，而且要具体化。

有一位企业家，他的员工和部下总是充分显示出自己所具有的才能，发挥出应有的能力。这表明他在用人方面显示了超凡的艺术。他是怎样用人的呢？

他每次迎接刚参加工作的新员工时，总是带着发自内心的微笑，一一握着他们的手说："我一直在等待着你们的到来。"那些自尊心很强的人，看到老总这般的赞扬、这般的亲切很是兴奋，便决心以后要干劲十足。这位企业家不仅在口头上这样说，在具体工作中更是如此去做。他信任员工，大胆地让员工去做事情，给予员工很大的自主权，使员工们真正感到这位企业家确实是"一直在等待着"他们的到来。

另外，他对那些成绩突出，很想成为领导，自信心非常强的部下也采用这种方法，给他们以看似不是赞扬的赞扬，使员工部下感到自立的重要。这位企业家对那些有专业特长的人总是报以敬重和谦虚的态度，他总是爱对他们说些"虽然我不是专家，但是有你们的帮助，我肯定能够成功"之类的话。这位企业家所用的方法就是经典式的"怀柔政策"：用平淡的赞扬，以亲切耐心的态度去激励员工和部下。那些过于自信、过于固执的部下和员工也往往为其所"感动"，从而使企业上下一条心，拧成一股绳，使企业蒸蒸日上。由此可见，赞扬是花费最小、收益最大的管理技术，不能不令人称道。

与下属交谈时应注意什么

领导与下级交谈是为了疏导工作中的障碍。以此为目的，谈话就要平和，直指重点，达到解决问题的目的。

为使领导与下级交谈时取得满意的效果，领导在语言上应注意以下几个问题：

1. 要引导，不要训导

领导与下级交谈，是为了发扬民主，走群众路线，全心全意依靠人民群众办事。因此，领导在交谈中，既不能放弃领导权威，又不能摆官架子，应该尊重群众、理解群众、依靠群众、信任群众，充分听取群众意见。即使是对需要引导的问题，领导也要摆事实、讲道理，以理服人，不能采取训斥、指责的神情和口吻。

但是，生活中也确实有这样的领导者，他们往往采取“命令式”、“训导式”、“吓唬式”、“讽刺挖苦式”的方式进行谈话，群众很不买他们的账。普列汉诺夫是俄国最早的马克思主义传播者，工人们十分钦佩他的才华和知识，都想来同他谈谈工人的理想和俄国的前途。他似乎也愿意跟工人谈话。但是，不知为什么，工人们见到这位出色的理论家之后总感到有种“隔膜感”和“距离感”。当工人不同意他的见解，试着陈述自己的意见时，他就会交叉着双手，显得高傲的样子：“你的爸爸妈妈还在桌子底下爬的时候，我就……”这种官腔十足、盛气凌人的语言终于使他逐渐失去了听众，失去了人民。

大话、空话、官话，说到底，都是不实事求是、不解决问题的废话。领导在交谈中如果说大话、空话、官话，必定会使自己脱离群众，助长官僚主义，也就难以做好工作。

2. 不能模棱两可，含糊其辞

在交谈中，群众往往要向领导及领导机关提出建议、提小要求、或提出批评，而且接着又往往会有这样一步：我们想听听领导对这个问题的看法和态度，要求领导给予答复。可以说，这些做法都是正当的。领导对群众的这种热情要给予肯定和保护；对群众提出的问题，态度要虚心，观点要明确，不能遇到问题绕着走，躲躲闪闪。在表达时，领导要切忌模棱两可，含糊其辞。群众所提的问题，能够马上解决的，应给以肯定明确的回答；不能马上解决的，把道理和情况讲清楚；自己不了解情况、须事后做调查才能下结论的，也如实讲出。对于根本是非问题，更不能支支吾吾，不置可否。在语言表达上，领导要少用“说不清”、“不好说”、“大概”、“也许”、“可能”等词语，也不能绕弯子，绕了半天，不接触实质问题。当然，有的问题，不好直截了当地说“好”与“不好”，“行”与“不行”，领导有时也不妨巧妙回避，但这毕竟是极少出现的，尤其在同群众的谈话中应更少地出现，切忌用“外交辞令”

搪塞群众。只要领导有实事求是的态度，群众是会通情达理的。

3. 不能东拉西扯，言不对题

文章有主题，交谈也有议题，有一个中心。写文章有“切题”的讲究，交谈也有围绕议题来进行的要求。领导在交谈中的语言，应是有感而发，具有鲜明的针对性、诱导性，启发大家围绕中心探讨问题。领导切忌把话说散了，东拉西扯，脱离主题，甚至把交谈搞成了像坐茶馆一样东拉西扯的“神仙会”。古今中外，海阔天空，传闻轶事，道听途说，全部扯进来，却把主要议题丢在一边，把群众要求解决的重要问题丢在一边——领导应该注意避免这种失误。除了事先明确议题、多做准备之外，会上领导还要注意在语言运用上正确发挥导向作用。

与下属个别谈话的技巧

个别谈话含有一部分私人性质。你的下属也有不同的特点和性格，针对这些，你要运用不同的谈话方式，收集不同的信息解决存在的问题。

每个领导者都会碰到与下属个别谈话的情况。

有的人很会沟通，不管什么人，也不管多么复杂的问题，经他一谈就迎刃而解。

有的人却不会沟通，甚至一谈就崩。原本并不复杂的问题，经他一谈反而复杂了。

这说明个别谈话其实并不简单。不同的谈话对象和不同性质的谈话，在语言运用上应该有所不同。谈话对象个体之间的差别是很大的，不同的出身和经历，不同的文化程度和性格，不同的年龄和性别等，都有不同的心态，而且影响着对外部事物的接受和理解。

一般地讲，知识分子理性观念较多，你在与其谈话时道理应讲得深，言辞文雅并注意逻辑性。

文化水平较低的人理性观念相对少些，你在与其谈话时讲道理应深入浅出，并注意多讲些实实在在的事。

性格开朗的人，喜欢快人快语，不喜欢拐弯抹角，你在与其谈话时可以开门见山，直截了当。

性格内向的人，往往思想含蓄而深沉，你在与其谈话时不能过于直率。

年纪大的人阅历丰富，你在与其谈话时切忌说教。

年轻人阅历浅，有的涉世不深，你在谈话时就应该多讲些道理。

谈话内容不同，谈话的方法也要有区别。

有人以为表彰性谈话最好谈，其实不然。表彰在于产生良好的社会影响，因此谈话要阐明表彰的理由，注意分寸，留有余地，不能讲过了头，更不能把表彰变成吹捧，要引向更高的目标和层次；如果不引导，谈话就没有什么意义。

批评性谈话，也许是最难谈的，但只要方法得当，也可以变难为易。要尊重对方人格，以诚待人。要轻“批”重“评”。“批”是指出所犯错误的性质，“评”是讲道理重教育，启发思想觉悟。如果只“批”不“评”，就会变成训斥，被批评者不但难以认识错误，还可能因为没有想通而顶起牛来。

此外，批评要力求准确，批评性谈话最忌讳的是批评不准确，与事实不相符合最容易引起反感与对抗。所以，批评性谈话一定要把各方面的事实和情况搞清楚，说话要有根据。

领导应掌握道歉的艺术

道歉不是损面子的事。给下属道歉更能增加领导的威信。道歉也是上司们承担责任的一种方式。

下属犯错，即等于是领导的错，起码领导是犯了监督不力或委托不当的错误。何况领导的义务之一，就是教导下属做事。在这种情况下，适当地在下属面前低头，领导就不会得过且过。

如果下属闯祸，领导要先冷静地检讨一下自己，如果完全是因为下属自己的疏忽，你可叫他到跟前来，冷静地向他分析整件事情，告诉他错在什么地方，最后重申你的宗旨——要每一个下属做事全力以赴，冷静地处理各种事情，但你永远是他们的后卫。

要是下属犯错，你也有间接责任，就请你与下属单独会面时，将事情弄清楚，不是叫你认错，而是一起去研讨犯错误的前因后果，并鼓励下属以后多多与你磋商。

无论成因是哪一种，请你切忌向下属大发雷霆，尤其是在大庭广众之前。你尊重对方，下属才会更内疚，更敢于正视问题，也避免了日后跟你闹情绪。

你应该有领导的风度，与下属一起承认过错。领导也不是完人，也有说话做事欠妥当的时候。所以，领导也应适时对自身的过失进行道歉。道歉的话是消除后遗症的“定心丸”，说得越及时越好。及时说，可以大事化小、小事化了；如果把必须要说的因难以启齿而拖延时间，“捂”出来的后果就有可能像把热毒焐成痈疽那样危险。因此，要学会有艺术的道歉，至少要掌握如下几个要点：

1. 立刻道歉。如果你认识到了自己的不对，你就应该立刻去道歉。当然，当对方心情愉快、时间悠闲的时候，效果是会好一点的。但比如说，你今天犯错了，隔了几天才认错道歉的话，也未免太不应该了。因为，事情过去不久你再去道歉，人们往往会怀疑你的真诚度。

2. 态度要诚恳。认错道歉要堂堂正正，不必装模作样。认错本身就是真挚和诚恳的表示，是值得尊敬的事情，你不可也不必为此感到丢了面子。态度要诚恳，要坦率。当你因某件事想要取得对方谅解时，态度是很重要的。你应该坦率地向他说出这件事中的缺点、错误，并表示改正，这才能证明你希望获得谅解的决心。

3. 时间越早越好。道歉不要推延时间，要越早越好，面对对方清晰地表明。若是事过境迁，一是难以启齿表达歉意，二是听者将会无视你的诚意。对自己所干的事勇于承担责任，不推脱，不找借口，更不要文过饰非；也不要采取大事化小、小事化了的态度。

4. *勇于承担责任。*既然是你已经做错了，就无需掩饰，勇敢地承担起责任才是获得谅解的最好办法。推卸责任或避而不谈，只能适得其反。向对方道歉时，要倾听对方的诉说，了解他的内心需求，有针对性地道歉。不可不视具体情况，就千篇一律地用“对不起”、“请原谅”之类的话语，而是要具体问题具体分析，如果损坏了别人的东西，还应当赔偿。道歉主观上要真心，充分显示出内心的悔意。如果将道歉视为息事宁人的手段，而漫不经心、敷衍塞责，则道歉不但起不到相互沟通的作用，反而会失去别人对你的尊敬，使关系向恶性方向发展。

5. *要给对方时间以接受你的道歉。*你的错误使对方产生不快，对方对你从不满到谅解，需要一个过程。如果你请他原谅没有当场被接受，也可以稍后再过去表达你的歉意和不安。如果是熟人之间要致歉，也可以相互回顾当时的情况，仔细分析发生不快的背景、起因和当时的处境，使对方分清什么可以原谅，什么不可以宽容。经过冷静的分析，可以更好地增进双方的友谊，弥补已经造成的裂缝。

第六章　交友沟通

择友有标准

友人沟通有技巧

《伊索寓言》中有一则《旅人与熊》的故事：两个好朋友走在一条路上。突然，一只熊在他们的面前出现，一个人率先爬上一棵树躲了起来，另一个人无路可逃，只好倒在地上屏住呼吸，假装死人，因为据说熊是不吃死尸的。那熊走近他，用鼻子嗅了一会儿便走了。熊走后，那个躲在树上的人跳下来，问那个装死的人，熊在他耳旁说了些什么。他回答说："狗熊给了我简短的忠告：对于一个在危险时把你抛弃的朋友，决不可与他一同旅行。"

这个寓言告诉人们，交友需要有所选择。我国古代思想家孔子早就将朋友分为益友和损友两种类型，鲁迅先生认为骗子与屠夫间也有叫朋友的。这些都是我们交友时应记取的。生活中，每个人都会有自己的择友标准，其中，品德好应该是摆在第一位的。真正的好朋友应该在政治上互相促进，工作上互相支持，学习上互相帮助，生活上互相关心，相互信任，相互理解，相互尊重。

此外，交友还需考虑性格是否接近，爱好是否相投。我国心理学家研究表明，当代大学生择友的标准是：是否志同道合，有没有共同理想，志向是否相同，以及对事物是不是有共同的看法。英国有一位著名哲学家对于交友有过精辟的论述："没有真挚朋友的人，是真正孤独的人。"希腊作家斯托贝对交友也有高度评价："财富不是朋友，而朋友却是财富。"可见交友对人是十分有益的。然而，交友也有学问，友人沟通更有技巧。只有讲究交朋结友言谈技巧的人，才能享受友谊带来的快乐。

促膝交谈

经常促膝交谈，是深化友情的纽带。而朋友间的交谈，其形式和内容有别于其他交谈，首先是措词不必那么严谨；其次，话题也不必仔细斟酌，就是服饰也可以比较随便。但是，如果由此而认为友人交谈不必讲究语言艺术，那就大错特错了。口才对于维系和发展友谊是至关重要的。

（一）直率诚笃，肝胆相照

直率诚笃的交谈是朋友间真诚相待，关系融洽的表现。不能做到这一点，友情便会淡化。

维也纳著名心理学家阿尔弗列德·阿德勒在《生活对你意味着什么》一书中写道："谁不对自己的友人真诚，谁就会在生活中遭遇到最大的困难，就最容易伤害别人。人类的一切败事皆出于此。"事实的确如此。设想一下，假若你有甲乙两位朋友，甲朋友与你谈话经常拐弯抹角，闪烁其词，而乙朋友说话却不加粉饰雕琢，而是心诚意笃、直抒胸臆。其结果必然是你与乙朋友的友情与日俱增。所以，当你不能满足朋友的要求时，直截了当地向他说明原因，你能获得谅解；当你求助于友人时，开诚布公地提出来，友人会鼎力相助；当朋友言行出了毛病时，你不妨直抒己见，给予帮助……总之，直率诚笃是指朋友间交谈不隐瞒自己的想法，不讲客套话，不采用"外交辞令"，相互信任，肝胆相照，这样才能深化友谊。

应该指出的是，直率诚笃的谈话并不等于"赤膊上阵"，它同样应该讲究语言的艺术，在语速、语调、体态语及表达方式等方面，都应力求适当，以利于对方接受。

宋代大文学家欧阳修直言帮助友人宋祁，有一段有趣的故事。

宋祁写文章有个爱用别人看不懂的冷僻字的毛病，以此显示自己博学多才。欧阳修同他一起修《新唐书》时，很想找个机会指出他这一毛病。一次，欧阳修去探望宋祁，宋祁不在，他便在门上写上一句话："宵寐匪贞，札闼洪休。"

宋祁回家看后感到莫名其妙，只好去问欧阳修。欧阳修说："你忘了，这八个字是'夜梦不祥，题门大吉'啊！"

宋祁埋怨欧阳修不该用冷僻字眼，欧阳修大笑道："这就是您修唐书的手法呀！'迅雷不及掩耳'，多明白，您偏写成'震雷无暇掩聪'，这样写出的史书谁能读懂呢？"

听了欧阳修的话，宋祁深感惭愧，表示以后要改掉这个毛病。欧阳修以诚笃之心、直率之言帮助了宋祁，从而增进了两者的友谊。

（二）谈笑风生，亲密无间

老王和老张是一对好朋友，由于一时误会而产生了隔阂，他们俩有一段时间没有交往了。有一天，老王跑到老张家，进门便说："老张啊，我今天是来唱'将相和'的。"

老张感到很不好意思，忙接过话头说："要唱'将相和'也该我'负荆请罪'啊！"两人在笑声中握手言欢。

试想，老王与老张若不用这种说笑式交谈，要驱除各人心中的云雾，该说多少话呀！而且效果未必有这么好。

说说笑笑，谈笑风生，是朋友间交谈的一大特色。友谊往往就在这亲密无间的说笑声中达到了升华。有时，相互间产生了点小意见，为了消除它，彼此开个玩笑，说句逗趣的话，比正儿八经说道理效果更佳。生活中，大概谁也没见过老是板着面孔说话的一对朋友吧！

（三）言而有信，相互尊重

1797 年 3 月，拿破仑偕同他的新婚妻子参观卢森堡的一所小学，受到师生的热情款待。拿破仑夫妇很受感动，当场向校长送了一束价值三个金路易的玫瑰花，并说："……只要我们的法兰西国家存在一天，每年的今天我将派人送给贵校一束价值相等的玫瑰花。"后来，由于许多原因，这位伟人没有实现自己的诺言。

1984 年，卢森堡政府重提此事，向法国提出"玫瑰花悬案"的索赔，连本带息高达 137 万多法郎。法国政府不甘为一句话而付出如此高昂的代价，但考虑到拿破仑的声誉，只得写了一张措词委婉的道歉书，这"一诺千金"的"玫瑰花悬案"才算了结。

这件事虽然是发生在两国之间的，朋友间又何尝不是信用第一？中国人历来把"言而有信"看得很重，把它当做做人的美德，看人的尺度，交友的准则。这是因为，一个讲信用的人，能够做到前后一致，言行一致。人们便可以根据他的言论判断他的行动，进行正常的交往。所以，朋友间说话一定要守信用，这样别人才会信赖你、尊重你。

生活中有这样一种人，他对人表现得非常热情，而且经常在朋友面前夸耀自己如何有能耐。当你委托他办事时，他满口应承，似乎唾手可得；但事过之后，便"泥牛入海"。这样的人，失信于朋友，便会失去朋友，切不可仿效。

沟通有诚意

培根认为：如果把快乐告诉一个朋友，你将得到两份快乐；如果把忧愁向一个朋友倾吐，你的忧愁将会被分掉一半。

即使是要好而无需做作的朋友之间，在沟通中也还是有一些值得注意的地方。这样，友谊之花将长开不败。

朋友间少讲客套话

假若你到一个朋友家里，你的朋友对你异常客气，你每说一句话，他只有“唯唯”而答；每和你说话时，他总是满口客套，惟恐你不高兴，惟恐开罪于你。如此一来，你一定觉得如针芒刺背，坐立不安。

这情形你经历过吗？你如此对待过你的朋友吗？

虽然是客气，但这客气显然是会给人痛苦的感受的。开始会面时的几句客气话倒不成问题，但你若继续说个不停就不太妥当了。谈话的目的在于沟通双方的情感，增加双方的兴趣。而客气话，则恰恰是横阻在双方中间的墙，如果不把这堵墙搬走，人们只能隔着墙，做极简单的敷衍酬答而已。

朋友初次会面，略谈客套后，第二次、第三次的见面就应竭力少用。那些“阁下”、“府上”等名词，如果一直用下去，真挚的友谊必将无法建立。

客气话是表示你的恭敬或感激，不是用来敷衍朋友的。所以说客气话要适可而止，多用就流于迂腐、流于浮华、流于虚伪。有人替你做一点小小的事情，譬如倒一杯茶吧，你说声“谢谢”，也就够了。

要是在特殊的情形下，那么你最多说声“对不起，这事情要麻烦你”，也就足够了；但是有些人却要说“呵，谢谢你，真对不起，我不该拿这些小事情麻烦你，真使我觉得难过，实在太感激了……”等一大串，你在旁边听见也会觉得不舒服的。

你在说客气话的时候要充满真诚，像背熟了的成语似的、流水般泻出来的客气话，最易使人讨厌。说客气话时态度更要温雅，不可表现出急促紧张的状态。还有，说话时你要保持身体的均衡，过度的打躬作揖、摇头作态来帮助你说客气话，并不是“雅观”的动作。

把平时对朋友太客气的说话略改为坦率一点，你一定可以享受到友谊之乐。对平时你从来不会表示客气的人们稍微说话客气一点，如家中的仆人、你的孩子、商店的伙计、计程车司机等，你一定会收到意外的好处。

朋友面前不自大

爱自我夸大的人是找不到好朋友的，因为他自视甚高，不大理会别人的意见，只会自己吹牛。他一心只想找那些奉承和听从他的朋友。人们对这种人是敬而远之、惟恐避之不及的。这种人如果让他做生意，他觉得没有人比得上他；如果他是艺术家，他就以为自己是一代大师。凡是有修养的人，必定不会随便说及自己，更不会夸张自己，他自己很明白，个人的事业行为在旁人看来是清清楚楚的，没有必要让自己去说。

千万不要故意与人为难，有的人专门喜欢表现自己和别人的意见不同。如果你说这是黑的，他就硬说这是白的；但是，如果下一次你说这是白的，他就反过来说它是黑的，这种处处故意表现自己与别人看法不同的人，和处处随声附和的人一样都是不老实的，被人看不起，甚至被人们憎恶，是不忠实的朋友。说话是帮助你待人处世的一种方法，说话的本身，并不是我们的目的，没有人愿意做一个口才很好而到处不受欢迎的人，不要为了表现你的说话口才，而到处逞能，惹人憎恨。口才一定要正确而灵活地表现，而不是为了自吹自擂，借以宣扬自己。

听了对方说话之后，发现其中有一点与自己的意见不同，你立刻就提出异议，而对方一听也就立刻以为自己的意见全被否定了，这当然是一件严重的事情。在这种场合，我们一定要记得预先说明哪一点或者哪几个方面，自己是完全同意了，然后指出自己与对方意见不同的那一方面。这样，对方就会很容易地接受你的批评或修正。这是因为，他知道双方对主要部分的意见是完全一致的，你所不同意的是对次要方面的意见。这样做，对方才体会到这是老实的表现，是真诚而又实在的，并没有做违心之事。

不要抹煞朋友的一切意见，在做法上也要这样，如果抹杀了朋友的一切，别人的好处一点也不承认，那么，谈话就可能不融洽，要再继续谈下去也有困难。无论你的意见和对方的意见距离有多么远、冲突有多么厉害，我们都要表现出一切可以商量的胸怀，并且相信无论怎样艰难，大家都可以得到比较接近的看法，使双方不致造成僵局。

诚心地赞美朋友

对朋友发出一番赞美之辞，不仅是加深友谊的成功秘诀，同时也能唤起朋友的潜在力量，提起朋友的自尊心，帮他从艰难困苦中超越出来。现实生活中需要赞美的场合很多，赞美对自己、对他人的影响都是积极的。赞美使对方感到愉快，自己也心境开朗。遗憾的是，人们对于司空见惯的事不太注意，没有意识到他的需要，更没有意识到你的一番赞美之词能满足他的这种需要，从而可以不费吹灰之力得到这个人的信赖与友情。

莎士比亚说过："我们得到的赞扬就是我们的工薪。"从这个意义上说，每个人都是别人"工薪"的支付者。你也应该慷慨地把这种"工薪"支付给你的朋友。我们平时听到的最多的牢骚是什么？不是"太累了"或"太苦了"，而是"干了这么多，谁也没有说个好字"。这类似的牢骚很能说明一个问题，即人们需要得到"工薪"，而支付"工薪"的人又太吝啬了。

有人说，赞扬是一笔投资，只需片刻的思索就能得到意想不到的报酬。这话有些道理，但似乎又含有太多的实用主义的味道。赞扬不应该仅仅为了报酬，它还是沟通情感、表示理解的方式，如同微笑一样，它是照在人们心灵上的阳光。马克·吐温说："靠一句美好的赞扬我们能多活上两个月。"

让朋友表现得比你更优越

安德鲁·卡内基是美国的钢铁大王，他白手起家，既无资本，又无钢铁专业知识和技术，却成为举世闻名的钢铁巨子。这当中充满了神奇的色彩，使许多人迷惑不解。

有一位记者好不容易才令卡内基接受采访，他迫不及待地劈头问道："您的钢铁事业成就是公认的，您一定是世界上最伟大的炼钢专家吧?"

卡内基哈哈大笑地回答："记者先生，您错了，炼钢学识比我强的，光是我们公司，就有两百多位呢!"

记者诧异道："那为什么您是钢铁大王？您有什么特殊的本领?"

卡内基说："因为我知道如何鼓励他们，使他们能发挥所长为公司效力。"

确实，卡内基创办的钢铁事业是靠他的一套有效发挥员工所长的办法取得发展的：卡内基的钢铁厂因产量上不去，效益很差。卡内基就果断地以一百万美元年薪，聘请查理·斯瓦伯为其钢铁厂的总裁。

斯瓦伯走马上任后，鼓励日夜班工人进行竞赛，于是这座工厂的生产情况迅速得到改善，产量大大提高，卡内基也从此逐步走向钢铁大王的宝座了。

可见，卡内基是十分聪明的，如果他自命为最伟大的炼钢专家，那么，这至少会导致一些水平与其不相上下的专家不肯为其效力，即使是斯瓦伯这样的管理专家，也不会被他看重使用，而人们也不会如此敬仰卡内基了。法国哲学家罗西法古说："如果你要得到仇人，就表现得比你的朋友优越吧；如果你要得到朋友，就要让你的朋友表现得比你优越。"

为什么这句话是事实？因为当我们的朋友表现得比我们优越

时，他们就有了一种重要人物的感觉，但是当我们表现得比他还优越时，他们就会产生一种自卑感，产生羡慕和嫉妒。

纽约市中区人事局最得人缘的工作介绍顾问是亨丽塔，但是过去的情形并不是这样。在她初到人事局的头几个月当中，亨丽塔在她的同事之中连一个朋友都没有。为什么呢？因为每天她都使劲吹嘘她在工作介绍方面的成绩、她新开的存款户头以及她所做的每一件事情。

“我工作做得不错，并且深以为傲，”亨丽塔对拿破仑·希尔说，“但是我的同事不但不分享我的成就，而且还极不高兴。我渴望这些人能够喜欢我，我真地很希望他们成为我的朋友。在听了你提出来的一些建议后，我开始少谈我自己而多听同事说话。他们也有很多事情要吹嘘，把他们的成就告诉我，比听我吹嘘更令他们兴奋。现在当我们有时间在一起闲聊的时候，我就请他们把他们的欢乐告诉我，好让我分享，而只在他们问我的时候我才说一下我自己的成就。”

苏格拉底也在雅典一再地告诫他的门徒：“你只知道一件事，就是你一无所知。”

无论你采取什么方式指出别人的错误：一个蔑视的眼神，一种不满的腔调，一个不耐烦的手势，都有可能带来难堪的后果。你以为他会同意你所指出的吗？绝对不会！这是因为你否定了他的智慧和判断力，打击了他的荣耀和自尊心，同时还伤害了他的感情。他非但不会改变自己的看法，还要进行反击，这时，你即使搬出所有柏拉图或康德的逻辑也无济于事。

你应记住永远不要说这样的话：“看着吧！你会知道谁是谁非的。”这等于说：“我会使你改变看法，我比你更聪明。”——这实际上是一种挑战，在你还没有开始证明对方的错误之前，他已经准备迎战了。为什么要给自己增加困难呢？

有一位年轻的纽约律师，他参加了一个重要案子的辩论；这个案子牵涉到一大笔钱和一项重要的法律问题。在辩论中，一位最高法院的法官对年轻的律师说："海事法追诉期限是六年，对吗?"

律师愣了一下，看看法官，然后率直地说："不。庭长，海事法没有追诉期限。"

这位律师后来回忆说："当时，法庭内立刻静默下来。似乎连气温也降到了冰点。虽然我是对的，他错了，我也如实地指了出来，但他却没有因此而高兴，反而脸色铁青，令人望而生畏。尽管事实站在我这边，但我却铸成了一个大错，居然当众指出一位声望卓著、学识丰富的人的错误。"

这位律师确实犯了一个"比别人正确的错误"。在指出别人错了的时候，他为什么不能做得更高明一些呢?

因此，我们对于自己的成就要轻描淡写。我们要谦虚，这样的话，自己永远会受到别人的欢迎。

要比别人聪明，但你不要告诉人家自己比他更聪明。

沟通有忌讳

有人认为，朋友之间可以无话不说，说什么都不会得罪人，其实并非如此。如果朋友之间说话"嘴无遮拦"，动辄挖苦讥讽、满口粗言秽语，同样会令朋友尴尬和不快。长此以往，朋友还愿意和你在一起相处吗?

交朋友的目的之一就是彼此从对方那里得到精神愉悦。倘不如此，则彼此相处时得到的都是烦恼不快、尴尬窘迫，那么这种交往就将失去吸引力，友谊就可能降温。为了使每次朋友相聚都能成为愉快的"节日"，人们在交谈时应注意口下留情。为此，有几类话应在讳忌之列，它们是:

一、揭短挖苦的话

在大多数情况下人们是愿意听赞扬话的。如果一见面你就揭朋友的短，即使说的是事实，人家心里也会不高兴的。尤其是反复多次指出人家的某一个缺点或不足，就更不讨人喜欢。一般来说，揭短挖苦的话有：

1. 嘲笑别人身体上的缺陷。
2. 嘲笑别人过去不光彩的历史。
3. 嘲笑别人的缺点。
4. 嘲笑别人忌讳的方面。

哪怕是以开玩笑的方式经常揭朋友的短处也属不宜。

二、过分指责的话

工作上有时出现了一点问题，有的人不问青红皂白就指责抱怨朋友，盲目作出结论，为自己开脱，这也会引起朋友的不满和失望的。比如："我说如何如何吧，你偏不，看，搞糟了吧！听你的准没有好。"对于这种自作聪明的说明，朋友为了照顾面子也许并不说什么，可是心里必定会有想法。

三、贬低对方的话

对于自己的才干、能力和成绩，人们希望得到他人公正的评价，特别是朋友的肯定。他如果在朋友那里听不到赞扬，反而听到一些贬低自己成就和才干的话，心里就会有一种失落感。贬低对方的话，一般有：

1. 贬低对方的工作成绩。
2. 贬低对方的优点。
3. 贬低对方的优势。
4. 贬低对方的才干和能力。

四、揭露老底的话

每个人都可能有过失、有毛病，但并不喜欢被他人提及。与朋友相处时，如果你有意无意地把人家老底翻出来，对方就会感到难堪。比如，一位女士指出某女士不像话，把老公抠得太紧时，她的一位朋友就揭其老底说："你还说人家呢，忘了你老公一出门，你先翻他的口袋，两角钱你都不放过，为这事你们还打了一架呢!"对方的脸一下子红到脖梗上。

第七章　恋爱沟通

爱是心灵的语言沟通

在爱情世界里，语言是心灵的钥匙，它能打开对方的爱情之门。谈恋爱，就是要谈话。在谈恋爱的过程中，彼此相互沟通思想，传递感情，达到相互了解，这样才有成功的可能。

如果说爱情是人间最美丽的花朵，那么处于热恋中青年男女之间的绵绵情话，就是美丽花朵上的一串串晶莹夺目的露珠。它从青年男女的心灵深处涓涓流出，滋润着他们浓烈炽热的感情。在花前月下，在细雨黄昏中，它悄悄吐露着爱情的芬芳与甜蜜，从而给这个世界增添了诗情画意，给人类的语言宝库增添了金玉之声。爱情的语言就像青年人五彩斑斓的爱情生活一样，充满了无穷无尽的迷人魅力。

谈恋爱过程中，恋爱双方要注意适时地使用恋人昵称，这样就可以缩短彼此间的距离。短短一句称呼，它是度量人际关系远近的一把尺子。异性间的爱情关系是人类最自然、最密切的关系，所以在称呼上应表现出它的独特性。

称呼的变化标志着“爱情浓度”的变化。青年男女由相识到相知，进而发展到相亲相爱，是有其自然的发展过程的。这种发展过程不仅从对方眼神飞顾流盼的暗示中可以看出，而且双方称呼的变化也会将爱情的秘密泄露出来。而最能显示情人间浓厚感情和亲密关系的，就是恋人之间的昵称了。恋人间的昵称多种多样，因人而异，但是它们有很高的隐蔽性，一般只在私下场合才用。比如，一方称对方为小宝贝、小白兔、大灰狼等。

发挥情话魅力，就可以打动对方的心。恋人之间的谈话，恰如蝶恋花、彩云追月，总是指向一个目标，那就是向对方抒发感情，真可谓“千言万语总是情”。情话的魅力在于情，爱情是异性之间相互吸引的一种体验，带有很大的冲动性。恋人们在浓情似火的时候，他们的语言就缺少逻辑与理智，说出许多“痴话”、“傻话”来。所以，只要有了真正的爱情，恋人哪怕是说海枯石烂、地老天荒也不过分。

巧用含蓄暗示，就可以增强沟通的魅力。当爱神降临到青年人的心头，它可以使鲁莽者变得心细，粗暴者变得温柔。相爱的人仿佛从对方身上发现了一个全新的世界。特别是初恋者，他们彼此互相试探、猜测、幻想，这就使双方变得极为细腻、敏感，对方的每一句话、每一声叹息，都能引起情人们的悉心揣摩。

这时候，他们的言谈都充满了含蓄的暗示和突然的倾诉，充满了亦真亦幻的言外之意、弦外之音。因此，这绵绵情话就有了许多机巧、许多滋味，这也是柔肠百转的爱情生出的特殊魅力所在。

拓宽沟通空间，增强彼此了解，培养感情基础。看着恋人们整天耳鬓厮磨，燕语呢喃，总有说不完的情话，总有诉不完的衷肠，有人就不理解：难道情话就说不完吗?

其实，情话既是可以说完的，又是可以说不完的。可以说完的话，是指那些卿卿我我、信誓旦旦、爱呀死呀之类的“高浓度”的话。这些感情强烈的话，初听起来确实让人心醉，让人疯狂，而说得多了，就会给恋人虚伪、夸张之感，就不再那么动听了。

而恋人们更常说的，总也说不完的，其实并没那么多情字。他们谈论的话题常随意转换，天南地北、海阔天空，也许没有多少诗意，也许还有点琐碎，而恋人们却还是那么津津有味地谈着。

在恋人之间，他们的谈话也不再是传递信息的工具，说话的内容对恋人们来说并不重要，更重要的是说话这种行为本身，是伴随着恋人的情话那一种语调，那一种笑声，那一个眼神，这一切都给对方以愉快与欣喜。这正是情话所具有的特殊沟通功能所在，它重视的不是语言的意义，而是说话的声音、语调；它沟通的不是信息，而是感情与心灵。

对恋人们来说，听着自己喜欢的人那美妙的声音，徐徐在耳畔回响，这本身就是乐趣，就是幸福。

总之，向心上人表达爱情，这是一种最甜蜜、最伤神、最微妙的感情活动，既要传达你的爱意，又要在谈话中了解对方的情意，知己知彼方能促进爱情的发展。在表达爱情的过程中，只要你把握好性别角色和情感浓度，发扬大胆主动、锲而不舍的精神，你就一定能拥有甜蜜永久的爱情。

谈恋爱实际上就是彼此向对方表现自己智慧的过程，在这个过程中，往往几句话，就能收到特别的效果，这种话语内在的精神力量往往比物质力量更加强大。这也就是俗话所说的：金钱买不来的东西，语言可以得到。

会意、赞美与幽默

打破常规

如果你遇到的是一位优秀的女性，你千万不要对她进行赞美，因为你的溢美之词可能只不过是在重复别的男人曾对她说过的话。对她而言，她已烦得时常感觉自己像个留声机了。你绝对不能再对她显而易见的优点，诸如美貌啊、才情啊、业绩啊大肆恭维，在社交场合你应适当地冷落她，但也不能令她难堪。你可躲在暗处，冷静观察她，相信凡是人都会有软弱或不足之处的，然后对症下药，哪怕把言辞说得略有冷嘲热讽也无妨，因为这些话是她从小到大从未听到过的，相信这些话对她会有一种震动的感觉。而你也就因此在她的芳心上留下了不浅的印迹。

亲切交往

在社交场合，女性最讨厌的男人有两种，一种是不合群的，这类男人常常是毫无兴致来与别人交谈；而另一种人则喜欢饶舌，不顾别人的感受而一味地表现自己。比较受欢迎的做法是，自然轻松地、亲切地与女性交往，不令女性反感或尴尬。这种亲切自然的交往方式，会使女性对你解除警戒而不设防，从而为你的交往大开方便之门。

大胆进攻

如果你是一个富于勇气的男人，同时你又不太相信爱情的产生与否是由时间的长短决定的，你不妨以此法试一试。假设你遇到了一位你认为比较优秀的女性，而你又生怕错失良机，想在较短的时间内让你们的关系上一个台阶的话，那么你就可以选择一个合适的机会，比如在与她外出过马路时，可用手轻轻托住她的肘弯，穿行于车水马龙之间，使她产生一种安全感。相信从此以后，你会缩短你们之间的距离。

学会赞美

只要是女人，她必定爱美，爱美是女人的天性。她们喜欢美丽的环境、美丽的事物，见到美丽的风景会惊叹不已，见到漂亮的蝴蝶或者是可爱的饰物会爱不释手。由此，她也总是希望自己在别人的眼中同样也是美丽动人的。

赞美一个女人的漂亮也有很多的学问。一般的女性不管有多美，对自己都会有所怀疑，对一些小小的问题也会耿耿于怀，自卑不已。所以要称赞一个女人漂亮时，你尽量不要用太过笼统的词，如“你很美丽”、“你很漂亮”等；最好是说出一些具体的地方，用“你身材真棒”、“声音真迷人”等比较好。当然，要是对方是一个真正的美女，那么就应另当别论了。还要注意的是，女人总不会希望只有你一人赞美她漂亮，她们希望大众都赞美她，从而十分在意别人在背地里如何评价她。所以，你在赞美一个女人时，说些诸如“听别人说你非常迷人，今天看来果真名不虚传。”或“听同事说这里来了位俏佳人，我猜得没错的话就是你吧”之类的话，肯定会在女人心里特别受欢迎。

男人的赞美非常重要。女人会把一个男人的赞美当作事业的催化剂，也能把一个男人的赞美当作社会对自身价值的肯定，更能把一个男人的赞美当作自己对未来的希望。男人的赞美不仅是女人的自信之源，也是女人用来征服自己、征服世界的尺度。赞美越多，她们就认为尺度越精确，而自己赢得的把握也就越大。

所以，你若是男人，可千万不要吝啬于赞美女人，只要你了解到她一丁点的感情特征，看出一丁点的优点，寻找出值得你称赞的地方，你就应大胆地去赞美。无论你称赞得够不够细腻，够不够精彩，她都会回报你一个幸福美满的“天堂”。

精神上的美永远高于表面上的美，你若真心想获取对方的芳心，不妨试试在修养、性格、品质等方面去赞美她。精神上的美是具有永恒性的，它对男人的吸引力远远超出了表面之美。无论是男人还是女人，都会重视这种精神上的美，并以此作为评定一个人到底如何的基准。而且，一个男人若是真地关心其人，爱护其人，那么他更要欣赏到她的精神上的美；同时，她也会因为你赏识她的精神之美而对你刮目相看。所以，重视其内在的美并用以赞美女人，也标志着你是一个具有内在之美的男人。

幽默相处

在一个周末舞会上，有个女大学生秀发披肩，亭亭玉立，她像一朵六月的新莲在沸腾的舞池中，裙袂翩翩飞，飘逸而芬芳。

在目光的包围和无休无止的旋转后，她累了，坐在一边休息。这时，一个男孩走过来向她微微鞠躬，并伸出右手。“我可以请你跳一支舞吗?”他彬彬有礼，像一个古代的王子，让人不忍拒绝。

带着一丝疲倦，她站了起来。当两个人面对面地站在舞池中等待音乐响起的片刻，她突然发现，那个男生竟然比她似乎还矮一点点。也许并不真地比她矮，但是女孩子觉得，如果哪个男生与她等高，那就已经是很矮了。“我比你还高哪!”女孩子轻轻地说，像小时候与小伙伴比高矮时得胜后的高兴的样子。其实她是没有城府之心的，因为她从小便比身边所有的朋友长得高，已习惯了在与他们的比较中骄傲地笑。但眼前的男孩子并不是自己的朋友，只是舞会上偶尔邂逅的舞伴。女孩子立刻为自己的口无遮拦而后悔了，她的脸刷地一下红了。

一切发生得太快了，男孩子有点猝不及防。稍稍愣了一下，脸上的笑还来不及退去，新的一波笑意竟浮了上来。他不愠不火地说：“是吗？那我迎接挑战。”

后面四个字的语词稍稍有点重。女孩子无语，歉意地笑，躲过他的目光，但却有点紧张地捕捉着他的信息。只见他下意识地挺直了腰胸，轻描淡写地说：“把我所发表过的文章垫在我的脚底下，我就比你高了。”原来，他也有他的骄傲。

舞会结束后，他们成为一对恋人。

常听女孩说，“我喜欢有事业心的男孩”。这句话似乎与“我喜欢事业成功的男性”有很大的区别。从理论上讲，没有哪个女孩不希望自己的男友取得事业上的成功，但是，大多数女孩决不会因为男友事业不成功而与他分手。只要男友懂得生活的幽默，能给她带来快乐，他就能得到自己的心。

越来越多的女孩子说：“宁可我负男友不可让男友负我。”这反映出现在女孩的占有欲日趋强烈，什么都想要，且一定要能够控制和把握男友对她的感情。

事业、金钱、权力，这些都是爱情的外部条件，最重要的是男孩要学会幽默，因为幽默是智慧的表现，这是自然的魅力，是男士之美。

约会、赴约及禁忌

约会

一见钟情的双方之一向对方提出约会是件令人高兴的事，但如果双方是第一次会面，而又是通过第三者介绍才知道对方并愿意接触的话，那么，这样的约会，可以由介绍人分别征求双方的意见后，确定下时间、地点，双方按约定赴约即可。

在有些人的观念中，认为主动约会的一方，会有失身价，今后在恋爱过程中会陷入被动。这样的想法是既幼稚又有害的。男女双方，都可以主动提出约会。尤其是男方，在这方面更应表现出一种主动的精神和姿态。

不过，恋人提出约会时，应注意：①无论是用电话、书信，还是口头等方式约对方会面，一方都不能以命令或生硬的口吻和态度“逼使”对方同意；而应以温和的、商量的口气，协商行事。②选择时间地点时，一方要充分考虑对方的赴约是否方便，最好是在商量时，让对方提出意见，以对方的方案为主。如果对方提不出具体意见，则可以提出自己的想法，经对方同意后再作决定。③约会的时间和地点一经确定，没有十分特殊的情况，双方都不能失约，不能迟到，更不可事先不通知对方，便单方面改变时间和地点。这样做既不礼貌，也会使对方因久等失望而产生情绪和误会。④因交通不便或交通工具出了故障，或其他客观原因而迟到的一方，应主动向对方表示歉意，并说明原因，请对方谅解。同时，先到的一方，对于对方因无法解决的困难而失约或迟到，也应予以充分地体谅和安慰。不可表示怒意，更不可使性子，一句话不说便丢下对方扬长而去，这样做的结果，即使不是吹灯散伙，也会在双方心中留下阴影。

第一次约会，态度和所谈的内容，也应注意。一般来讲，有以下几条原则必须遵守：①真诚、坦率。对对方希望了解的情况和提出的几点问题，一方如实地介绍和回答。有一说一，有二说二，既不能有意隐瞒，更不能说谎欺骗。②无论是谁主动提出约会，无论是谁在追求谁，在约会谈话时，双方都不可表现出洋洋得意之态，或以开玩笑的方式贬人褒己。一方要尊重对方，谦虚礼貌。在实在谈不下去想尽早离开时，一方也应先征得对方同意，不可以任何方式不辞而别。③交谈的内容尽可能广泛些，除了解对方的一些基本情况外，一方还可找一些话题，交换看法，从中试探对方的观念、水平、兴趣以及对生活、对人生、对艺术等的态度与鉴赏能力。第一次交谈，一方最好不要直接问及对方的家庭财产以及对方以往的恋爱史等。④考虑到各人性格上的差异，一方不可要求对方第一次见面时便滔滔不绝；同时，一方也不可毫不观察对方的反应，而大唱独角戏。一方要善于掌握分寸，善于寻找题目，善于诱发对方谈话的兴趣。

赴约

当你对一位异性心生爱慕之情时，你的内心也许正在酝酿着一次甜蜜的约会。但是，如何邀请对方赴约呢？这其中大有学问。

首先，你必须了解对方到底是哪一种类型的人。这是因为，不同类型的人对约会的地点和方式甚至约会的结果都会有自己的要求。一般来说，可分为如下三种：

1. 腼腆型

这些人敏感、聪明、腼腆害羞，常常给人一种清高的感觉，有时显得很傲慢。这种人在同异性的交往中，总是把对方理想化，热衷于同对方的精神交流，认为自己与对方的关系，犹如圣洁的彼岸一样纯洁、高尚、甜美。他们善于用文字来表达自己的感情，或者喜欢风花雪月式的约会，他们的感情细腻，如抒情的小夜曲一样。但是，他们又往往得不到对方的理解，因此这种类型的人又常常有孤独感，时时自暴自弃、丧失信心，感到自己在生活中软弱无力、不能奋起。因此，他们对待感情往往陶醉于诗一般的幻想之中。这类人喜欢把约会定在僻静、风雅的地方。

2. 主动型

这些人对异性的态度往往是明朗、直爽的。遇到意中之人，他们便会主动发起进攻、直抒心曲，刻不容缓。他们的性格就是这样快人快语，一眼相中，大举进攻，决不闷在心中。但是这种人，感情来得快去得也快，热得快冷得也快。这类人并不太专一，对人缺乏真正的、持久的尊重。其可靠度或温暖度的时间往往是短暂的。这种人精力充沛，善于交际，办事较快，一股热情之后，另一股热情随即又燃烧起来，他们喜欢把约会定在热闹、快节奏的社交场合。

3. 情感型

这类人最注重情感，一旦认定，终生决不后悔，感情专一、忠贞不贰。这种类型的人对同性、对异性都不轻浮，他们也注重外在的一些形式。这种类型的人，不太善于主动进攻，往往含而不露，往往给人以热而不烫、冷而不凉的感觉。总之，他们实际上在一言一行之中，都是有分寸的，决不会轻越雷池一步。这种类型的人对外界的刺激并不敏感，能够泰然处之；但在遇到大事之时，其阵脚也会紊乱一番，不太善于明辨是非。这类人在约会时强调要单独与对方在一起，不愿受到打扰。约会地点最好在他熟悉的地方。

除此之外，一方邀请对方赴约还要掌握一些常用的技巧。例如，男性在邀请女性时，一定要自己拿主意，比方说，他们想去划船就去划，想去游泳就去游个痛快。如果是带着女友的话，他们也总是尽量自己多作决定，多出主意。不要以为他们这样做太武断了，他们的这种做法的确有很大的吸引力，女孩子们个个心服口服地追随在他们的后面，几乎没有摇头说“不”的。

事实上，不管一个女人的内心有多么软弱，她也不会表露在外，而且，“谨慎”、“谦恭”、“有风度”是妇女的传统美德和本能表现。换句话说，在女性的心中，如果要应付男人的诱惑、邀约等，与其积极地去想、去思索，还不如以社会大众的习惯来顺从。

所以，当你要去邀请她时，绝不要用商量的口气问她：“愿不愿意……”之类的话，而应开门见山地说：“咱们一道去吧……”虽然女人也有不愿意与你同行的时候，但是，如果她想说“不”的话，则这多少会给她造成心理负担，使她对你有一种负疚感。然而，你如果用“愿不愿意……”这种问话，乍看起来好像非常客气，但事实上却给了对方“好”或“不”的两种机会。不用多说，责任上的分担，都推给了对方，而女人又不习惯于承担任何责任，所以，警戒心高的女人，为了不节外生枝，干脆就摇头对你说“不”了。“愿不愿意……”、“要不要……”这种不妥当的话语，被否定的可能性实在是太大了。相反地，如果你用单刀直入的问法：“咱们一道去吧……”那就大不一样了。

用这种决定性的问话得到的回答，往往就只有“好吧”二字。这是为了不让女人犹豫不决的最佳提问法。它不但问得好，而且主动权还掌握在男人手上。当然，她们可以婉言谢绝，因为她们留有为自己辩护或推卸责任的余地，说你事前没有征求她们的同意，自己早有别的安排。

约会禁忌

1. 少女的做作不宜过度

过度流露女性的可爱与娇媚可以很快掳获他的心，但是太过可爱，却会让男孩觉得自己是在和邻居家的小女生约会。如果你有在晚饭后请他回家小坐的打算，不妨事先在桌上放一些可能吸引他的书籍或画册，一来可以制造话题，同时也可以表现出你的品位。

大部分男孩都希望自己能够认识一个有成熟魅力的女人，即使他们会欣赏小鸟依人的女性，他们也不希望自己和一个少不更事的女生约会。你也不希望身边的他是个沉迷于电动玩具或模型玩具的大男孩吧！

男性希望和什么样的女性约会？成熟的打扮及谈吐，能让他们觉得对方和自己的程度相符合；坦率大方的沟通模式，可以使他们不用一直猜测对方的心思，也不至于使他们觉得自己像在跟外星人约会。伪装是最不受欢迎的，尤其在约会时，坦率被当成难能可贵的美德。

2. 哪壶不开提哪壶

把生活经验和别人分享是坦率，但万一整个聚会变成自己的个人脱口秀，可就不太妙了。每个人都希望自己能够表现出美好的一面。当你和对方谈话时，你应适度地让对方发表意见，甚至于巧妙地将话题转到对方身上，让他有表现的机会，同时这也增加自己了解对方的机会。有时会因伴侣所说的几句话，约会就变得非常不平凡。

虽说一般人在约会中十分强调“绅士风度”，但作为一位善解人意的女伴，可别得寸进尺，而让初次约会的对象吃不消。譬如，挑剔他选的地点不对，抱怨时间不佳或菜肴不很美味等，不但会破坏气氛，而且也容易使男孩退缩，认为你对他不感兴趣，或者你根本是个很难伺侯的人。你要试着不着痕迹地关心对方的感受，观察一下他喜欢的事物和话题，让他油然而生对你的好感。

3. 太早讨论敏感的政治话题

政治在这三五年来，已经成为一般人茶余饭后的重要话题。适度的政治理论，可以展现出你特有的思想深度，但为了政治理念不同而和亲人、情人针锋相对的，也大有人在。

谈论起政治理念时，你可以持比较温和的态度，即使理念不同，一般男孩还是能够接受的。政治信仰可以强烈，但语言必须婉转，如果你可以理性表达自己的主张，又不失包容异己的胸怀，政治话题谈或不谈就不成为问题了。

求爱、拒绝及争吵

如何追求不同年龄的男性

那种认为女方不能去追求男方的思想，已落后于时代了。这是因为那些工作太忙的或太腼腆的男子们，如果女性们不主动去向他们进攻的话，他们将一辈子没有谈恋爱的机会。

同时，女性在与各种年龄阶段的男性相处时也应使用不同的方法：

例如是年长的他，你可与之商议事情，但不要依赖性太强，可采取一种征寻意见的做法，即使没有这么一回事，这也是可以拿来对他进行试探的。这样，他会把自己的想法讲出来，你还可以时时不断地对他说些赞扬的话:“你真是名不虚传……能教教我吗?” 在受到各种各样的仰慕之中，对方的心也许就会有所活动，向你展开追求攻势。如果两人达不到相亲相爱的那种关系，也没什么，互相间不会感到有什么难为情的。相反你却可从年纪比你大的人那里学到一些他们考虑问题的思维方法。

例如是同龄的他，你首先要知道同龄人会很容易毫无隔阂地成为朋友的。所以要想达到这种关系，你首先应找到互相之间能很好接触的机会。你可以目不转睛地盯着对方，从各方面对其进行观察，寻找接触的话题。例如发现对方体态、面色不好的话，你可以询问他是什么地方不适，例如“是伤风感冒啦，还是昨晚喝多了?”如果对方说：“昨晚稍微多喝了点……”你便可到某药店买点醒酒的药来送给对方，并以开玩笑的口气说：“喂，以后这样可不行啊!”对方肯定会感到有亲近之感。

作为男性，就是得知自己被人注意了也不会很高兴。如果你预先对对方的爱好做了一些了解，那么与之交谈就能有的放矢。例如“哎呀！不知你还是位职业网球高手呀！昨晚的网球打得可真不赖啊!”这样就会使他大吃一惊，并且他就会热情地、洋洋得意地对你解说一番。对同龄的对方，你可以多准备一些能使其突然感到高兴的事与之交谈，这是一个窍门。

例如是年少的他，你要以母性的本能不断地显示出自己的温柔之情，发挥善于听别人讲话的样子。要不断地关心对方，询问他的一些苦恼的事和自满的表现。在对方失望时，你要参与商谈，并给予鼓励。注意！你尽量不要说些同情之类的话，因为这样反而会使他泄气。但是，如果你仅仅表现出母性本能，使他感到只有一种老大姐的气氛围绕着他的话，其男子汉的自尊心就会受到损伤，这点是必须引起你的注意的。这是因为，年轻的男子是一个具有撒娇、自尊、虚荣等复杂的混合体。

自然地表达你的爱意

爱是需要表达的，但肉麻的语言会令人难堪，自然地利用行动去表达则会令人怦然心动。

首先，你可以寻找理由碰触她的身体。例如荡秋千时，你可以这样说："来，我帮你推。"手自然地推其肩膀。或是有车从后边驶来时，你对她说："车来了"，顺便轻轻地搂着她的肩膀将她拉近。你也可在俩人来到餐厅门口时，轻轻拍拍她的肩膀，说："就这间，怎么样?"她若同意，轻轻扶着她的肩膀一同走进去。如果突然起风转冷或突然下雨时，你可以脱下大衣披在她身上，然后轻搂其肩膀。在介绍建筑物或名胜古迹时，你可以从背后把左手搭在她的肩膀上，右手指着建筑物或古迹说："喏，就是那一幢。"

其次，利用时机捏捏她的鼻子或其他易接触的部位，会让她觉得你和她很亲密。例如，你可以摸摸她的头，用手指拢拢她的头发，或用手指抚摸她的头发。如果她神态娇羞而不表示反对，你在下次就可考虑进一步的接触。摸她的手时，顺势摸她的手指根部，她会有意外的快感。轻轻捏捏她的鼻子，会使她心花怒放。用手点她的额头，说："你这顽皮的小狗狗"，会把她逗笑。她刚从草地上站起来时，你说："哎呀，这里脏了"，顺手给她拍几下。

初恋女性讲话术

所谓男友，是爱情尚未确定，需要加深了解的男人。如果男友不是爱情成熟的恋人，那么你和男友应该怎样相处呢？且提出十点来说明。

1. 当他在人家面前或单独对你赞美时，你应该微笑表示谢意。这是最含蓄也是最有礼貌的。

2. 他在人家面前或单独对你谈天说地时，所谈的话，忽然触及你的弱点，不管他是有意无意，你应不以为然。这样的话，场面便很轻松，既不开罪于人，也不令人难过；人家会觉得你很有度量，很有修养，敬你而不笑你。假若你看出男友是故意的，那么，以后你应尽可能避免和他见面或出游；如果他言出无心，则他会忏悔，他对你的宽宏大量，也会敬重不已。

3. 他高谈阔论、说大话，显然是在吹牛。你固不可助长其气焰，也不可揭穿其牛皮，最好以欣赏的态度听之。更重要的是：你要让对方知道，你愿意听他所说的话。

4. 他约会逾时，甚至失约，后来见面时，你不要加以责备，而应婉转地问他逾时或失约的缘故。若一字不提，他以为你不当一回事；若表示不高兴或加以责备，则令他难过。至于劝告也可不必，如他对你有心，不劝告他也会改过；若无心，劝也徒劳。

5. 他请你上餐馆吃饭，请你点菜。只有你们两人，如你不点，他会觉得难办；如你点价钱最便宜的，他会不安。因此，还是你点一个中等的，问他喜欢不喜欢，然后请他再点一个，他一定高兴。

6. 他指着百货公司或时装店，说要送礼物给你。你不愿意接受，不妨说“妈不许我接受男友的礼物”，这样比较婉转。

7. 两个男友陪你同行，你在路上应走在他们中间，这样才有礼貌。

8. 步行途中，他牵你的手，甚至揽着你的腰，你虽爱他，但怕被人看见，于是你轻轻笑道：“人家看见多不好意思。”或说：“我们也许有一天要这样，却不是现在，暂时把手放下吧！”这样他易信服。

9. 你对他认识尚浅，爱情未定，他求吻，你不妨说：“待我们认识较深的时候吧！”

10. 晚上，他送你返家，到了门口，你最好说：“谢谢你，再见”。这是因为，给吻固不宜，飞吻也不端庄，请他进屋里坐，天晚了也不好。

男孩子在天性上，一般是比较沉默寡言的，他们并不怎样擅长用语言将他们的感受说出来，而且他们要参加社交活动时，会感觉非常不舒服，浑身不自在，这点你要了解。因此，打开话匣子的任务，就不能完全寄托在他们身上，而是在你的身上了。

那你该怎样主动和他们谈话呢？

首先，你的态度要表现得大方得体，不要有女孩子该畏羞的观念，“扭扭捏捏”只会使你显得小气。

1. 你该使他感到轻松。用一个友谊的微笑欢迎他，是很有帮助的。双方自我介绍后，你可以对他说些简单的话，说话的时候要很自然地用眼睛看着他。你在说话时要缓慢从容，不要太急促，不要显得紧张或局促不安，否则一定也会造成他的不安与紧张。

2. 找些男孩子普遍爱好的事物做为谈话题材。譬如球类、音乐会、电影等，它们都能维持你们继续交谈的局面。

3. 男孩子喜欢那些使他们感兴趣的女孩。有什么关于自己的新事情可以告诉他的吗？譬如，上个星期的考试或音乐比赛，你到过什么地方度假，度假时发生的趣事不正是谈话的资料吗？上次参加毕业旅行的种种情形，你也可以描述一番。话题可多着呢，可以说俯拾即是。但你应注意不要说得太过琐碎；要有技巧，说得有趣而不繁复。

4. 你要表现出对交谈很有兴趣，而不是敷衍了事。你在谈话中不妨经常表现出你的兴趣，例如："我们有机会在一起谈谈，是件很使人高兴的事……"或者"我愿意多听你的事情……"，等等。这样，他会十分有兴趣地着意描述自己，使所有原来的局促感，一扫而空。

5. 我们常常听人家说，"良好的聆听者，是最受欢迎的人。"这话当然有其道理，但我认为过犹不及。你们想想看，谁需要一个所有时间都在聆听，而一言不发的人呢？而且，谁愿意和一个只会说"是的，我同意，请继续说下去……"的人谈话呢？

沟通无论如何不是单方的，要双方交替说话与聆听，才会引起彼此的兴趣。即使在他发表意见时，你也可以略提异议，稍作讨论，使谈话显得更有趣。

巧妙拒绝男性的诱惑

在日常生活中，漂亮的女性总是男性追求的目标。男性的诱惑多种多样，如"不去喝杯咖啡吗?"、"这部电影怎样?"、"喝点酒去吧?”等等。在这种场合下，你将采取怎样的态度去对待呢?

如果你马上拉下脸，斩钉截铁地说些“讨厌”之类的话，男方就会想:“怎么是这种女子!”便会死心了。如果你喜不自禁地说:“啊!真高兴”，相信这保证会使他认为你非常可爱。

在受到你认为讨厌的男性的邀请时，你可能会断然地作出回答:“不!”然后怒气冲冲地走开。但如果对方并不那么使你讨厌，自己又不清楚双方是否已达到了那种关系时，你便会有点左右为难了。

当遇到这种非分要求时，磨磨蹭蹭不是最好的办法。若稍一表现出犹豫的神态，男方就可能抓住这个时机进攻，你可能会故意拖拖拉拉，但过后肯定会后悔。

“因为爱你，所以才想要你的全部”，有些男子会不断地说着这类甜言蜜语，借以软化姑娘们的心，使她们处于无抵抗状态。但是他说的未必就是真话，如果他真的爱你、怜惜你的话，他是不会用这些语言来要挟你的。

这时，你可明确地回答说“不行”，或是用女人的武器——眼泪给男方降降温。这里，你所说的“不行”不是拒绝的意思，是让他知道这是为珍惜两人的关系而说“不行”的。

如果他是为此而与你分手的话，那么这种男人就没有什么值得你留恋的了，与其“拜拜”也是件值得庆幸的事。因害怕断绝关系而让出身体，以获得保障两人关系的做法，是绝对不可取的。那些下意识地想发泄自己的软弱、孤独、寂寞，而一个劲儿说“行吗?行吗”纠缠不休的男子，归根结底是没有什么了不起的懦夫。

但事情也并非都是那么严重。在热恋中的一对情侣间，如果当被对方问到“因为我爱你……行吗”时，你可以这样回答:“如果你真心地爱我的话，就不应做要我感到为难的事，”然后用手指指着他的前额，坐着对他说:“这是开玩笑吧!”男方马上便会邪念顿消，可能立刻就会转移你的注意力说:“哎呀!肚子饿了，去吃汉堡牛肉饼好吗?”

第八章　家庭沟通

夫妻语言沟通

充满爱意的夫妻语言

如果说爱情是夫妻关系的基石，那么，充满爱意的语言是夫妻关系不可缺少的润滑剂。一般说来，充满爱意之语，是真爱之心与得体语言形式的最佳结合。其主要表现为：

一、直抒情爱之语

在家庭中，夫妻之间虽说用不着天天把“我爱你”之类的词语挂在嘴巴上，但也不必束之高阁，在某些时刻一方不妨加以表露，以唤起对方美好的回忆，在彼此心中激起一阵阵爱的涟漪。

这对于密切夫妻感情无疑大有益处。

有一对中年知识分子夫妻就是这样，平时各忙各的事，他们之间的沟通机会并不多。可是他们到了一起，却总要说一些爱情之类的话题。在一起看电视时，剧情中男女之间的亲密情节常常成为他们夫妻爱情生活的话题，以此为比照，夫妻俩互相说说过去的甜蜜经历。这样，彼此间的关系又得到一次升华。

夫妻有时直抒爱语并不是多余的，它可以给平淡的生活激起一串串五彩浪花，把生活点缀得更美好、更惬意，推进夫妻的爱情之舟驶入幸福美好的港湾。

二、体贴关怀之语

充满爱意的语言并不一定都挂上“爱”的字眼，关切、关怀、支持、祝福之类的语言同样可以包含深深的爱意，都是对方乐意听到的。

比如，有些人平时工作很忙，很少顾家，可是他们却记得爱人的生日，借机说一些真诚而动听的语言以表达对爱人支持自己工作的感激之情和祝福之意，爱人听了十分感动，幸福之泉在心中流淌。

体贴祝福之语能使爱人感到对方更可爱，家庭生活更温馨。

三、逗趣玩笑之语

有些人十分幽默，喜欢在家里说些笑话，逗大家开心，创造欢乐的家庭氛围。有的夫妻一走进家门，就把自己的见闻趣事说给爱人听，特别是女性总是把自己以为最有趣的内容拿回来讲给爱人听，引出一阵阵笑声，其中就体现了深深的爱意。

有一些生活比较拮据的家庭，彼此运用幽默语言调节心情，缓解生活的重负，分担对方的痛苦，更是爱意的语言表现。

有一对夫妻一时发生矛盾，妻子生气不吃饭，也不理睬丈夫，丈夫开玩笑说：“爱生气可是老得快，愁一愁白了头，你想弄个老妻少夫呀？”

妻子被逗得噗哧一声笑了。

丈夫又说：“这就对了，笑一笑十年少，笑十笑老来俏！”

妻子的怨气顿时烟消云散，娇嗔地说：“小心我休了你！”她的心里像吃了蜜似的。

夫妻争吵应有度

俗话说："谁家的烟囱都冒烟。"夫妻之间，即使是最恩爱的夫妻，相互间也难免发生争吵。一般的口角，吵过之后也就完了；但是，如果争吵起来不加控制就可能使矛盾激化，引出意想不到的坏结果。所以，夫妻争吵有必要控制好"度"，即使在最冲动的情况下也不要超越这个界限。

一、不带脏字

夫妻争吵起来可能高声大嗓，说一些过激、过重的话，但是绝不要骂人，带脏字。有些人平时说话听带的脏字和不雅的口头禅，争吵时也可能顺口说出来。然而，这时对方不再把它当成口头禅，而视为骂人，同样会发生"爆炸"。

二、不揭短

一般说来，夫妻间对于对方的毛病、短处十分清楚。比如，对方存在生理缺陷，个子小，不生育，或有过失足等。在平时，彼此顾及对方的面子不轻易指出。可是一旦发生争吵，当自己理屈词穷、处于不利态势时，一方就可能把矛头对准对方的短处，挖苦揭短，以期制服对方。

有道是"打人莫打脸，骂人不揭短。"人们最讨厌他人恶意揭短，这样做只会激怒对方，扩大矛盾，伤害夫妻感情。

三、不贬低对方

夫妻争吵时难免各执一端，都感到真理在自己一方，对方在胡搅蛮缠，因而一方往往使用挖苦性语言贬低对方。例如："和你说话简直是对牛弹琴!"、"你这个人四六不懂，简直不可理喻!"、"你是一个泼妇!"、"你是一个无赖!"这些贬低对方的话，同样容易刺伤对方的自尊心，对方为维护自己的尊严会坚决斗争到底的。

四、不翻旧账

有的夫妻争吵时，一方喜欢把过去的事情扯出来，翻旧账，拿陈芝麻烂谷子做证据，历数对方的“不是”和“罪过”，借以指责对方，证明自己正确。这种方式也是很蠢的。夫妻之间的旧账很难说得清。如果大家都翻对自己有利的那一页，眼睛向后看，这不但无助于解决眼下的矛盾，而且还容易把问题复杂化，新账、旧账纠缠在一起，加深怨恨。夫妻争吵最好“打破盆说盆，打破罐说罐”，就事论事，不前挂后连。这样处理问题，眼前的矛盾才容易化解。

五、不涉及亲属

有的夫妻争吵时，不但彼此指责，而且可能冲出自家，把对方的老人、亲属也牵扯进来。例如：“你和你爸一样不讲理!”、“你和你妈一样混账!”如此把争吵的矛头同时指向长辈是错误的，也是对方最不能容忍的。

总之，夫妻争吵只要把握好一个“度”，就不会伤感情，“雨过天晴”，两人又会和好如初。

如何结束家庭冷战

在家庭中，当夫妻因某事发生矛盾出现冷战局面时，到一定程度时就要由一方首先采取行动打破沉默，这时另一方就会响应，夫妻握手言和，重归于好。打破沉默、消除冷战的方式有以下几种：

一、直言和解

如果双方的矛盾并不大，只是偶然出现的摩擦，一方就可以直截了当地向对方打招呼，打破沉默。如说：“好了，过去的事就叫它过去吧，不要再憋气了。”对方会有所回应，言归于好。

一方也可以装作把不愉快忘掉了，像什么事也没有发生似的，主动与对方说话，对方顺水推舟，这样也可以打破沉默。如上班前，丈夫突然对还在生气的妻子问：“我的公文包呢?”见丈夫没有记仇，妻子也不好意思不理睬，应声道：“不是在衣柜里嘛?”这样就打破了僵局。

二、认错求和

如果一方意识到矛盾发生的主要责任在自己方面，就应主动向对方认错，请求谅解。如：“好了，这事是我不对，我以后一定注意。”、“这件事是我考虑不周，责任在我，我赔不是，你就不要生气了；气出个好歹来，可划不来!”对方听了，一腔怒火也许烟消云散。退一步说，即使错误不在自己方面，自己也可以主动承担责任，以便带来积极的效果。

三、幽默和好

开个玩笑是打破僵局的最佳方式。如：“我说，你看世界上的冷战都结束了，我们家的冷战是不是也该缓解一下?”、“瞧你的脸拉那么长干什么！天有阴晴，月有圆缺，半月过去了，月儿也该圆了吧！女人不是月亮吗?”对方听了，脸色多会“多云转晴”。

四、借助中介和好

如果双方矛盾很大，当面说话担心对方不给面子，一方也可借助中介因素传递信息。比如，打电话就是一种方法。给爱人打电话，既可以认错也可以说明问题和愿望。只要对方接电话就有助于实现沟通，实现和解。还可以借助孩子搭桥。星期天，爸爸叫小女儿拉上妈妈一起出去玩，还在生气的妈妈不去，女儿不干，十分执拗，硬是把妈妈拉出了家门，就这样一家三口过了一个愉快的周末，回来的时候双方早就把不愉快抛到九霄云外去了。

总之，只要一方能针对矛盾的具体情况，采取相应的沟通方式，巧用言语，就可以很快打破僵局，使家庭生活恢复往日的欢乐与和谐。

长辈与晚辈的沟通

父母与孩子的关系虽然亲密，但是父母对孩子说话也并不能随随便便。因为，孩子与父母在年龄、阅历、心理等方面存在着很大差异，如果父母不注意这一点，对孩子说一些不该说的话，势必不利于孩子的健康成长。父母是孩子的第一任老师，父母的言行无时无刻不在潜移默化地影响着孩子。因此，父母在与孩子交往时应注意自己的言行。

父母与孩子交往，说话要讲究方法。概括起来，父母与孩子交往的口语忌讳有以下几点：

一、忌说损伤孩子自尊心的话

有些性格急躁的父母，对孩子恨铁不成钢，动辄用话语损孩子。什么“你这个笨蛋”、“一点出息也没有”、“活着干什么，还不如死了”，等等，孩子耳濡目染，身心定会受到创伤。

“你怎么不像你姐姐？她门门功课都拿满分！”这样的话语，无疑能把孩子的自尊心破坏殆尽。许多家长意识不到他们正把不安传给孩子。“是啊，为什么我不能像她一样？父母不喜欢我了。”他的反应往往是：第一，觉得自己遭到了贬黜，一无是处甚至没有希望；第二，摆脱人见人爱的姐姐；第三，为没人喜欢自己而愤愤不平。

这时，父母正确的说法应该是：“我知道你担心你的成绩不如姐姐好。我要你记住：你俩各有所长。我们也很看重聪明的孩子，你们各有惹人疼爱的优点。”

二、忌说吓唬孩子的话

“如果你不立刻跟我走，我就把你一个人抛在这里!”你真会这么做吗？孩子当然希望你不会当真。因为小孩子最怕单独呆在一个陌生的地方。但可能他听多了类似的威胁，已对此充耳不闻了。在这种争执中——往往发生在公共场所——一旦你失去控制，孩子就赢了。较有效的方法是：当他太出格时，你把他抱起来。这样他就会明白你不允许他在公共场所胡闹。

一般吓唬孩子的话有：

1. 有些没经验的父母，当孩子哭闹时，或孩子不睡觉时，为了立见成效，便信口胡说。例如，“再哭老虎来了”、“大夫来给打针”、“狼来了”，等等。

2. 当孩子不听话，或惹了祸，有的父母就恫吓说：“我打死你，我剁掉你的爪子，踢断你的腿。”有更甚者说什么“你要考不上大学，我就不认你这个儿子”，等等。

这些话都是犯忌讳的。

三、忌说命令孩子的话

有些父母在孩子面前耍威风，没有一点民主氛围。有的家长对孩子一味地限制，什么也不准。说话就是下禁令。例如，“放学后不许与同学玩，不许到同学家里去，不许把同学带到家里来”、“你每天除了学习，别的什么也不许干”。由于孩子生活在命令中，孩子就会变得迟钝，没有创造力。这些扼杀人才的禁令，应该去掉。

四、忌说气话

有些缺乏修养的父母，心一不顺就无端地牵连孩子，拿孩子撒气。父母在家没好脸，说话没好气；孩子不敢接近，又躲避不了。例如：“去去去，滚一边去”、“不要说话，给我装哑巴”，等等。

孩子有时问点啥，父母也没好气地说："不知道，别问我"或"老问啥，没完没了的，别问了"……这些使孩子横遭冷落的气话，都是父母不应该说的。

五、忌说侮辱孩子人格的话

1. 有的不理解孩子心理的父母，当发现孩子有什么"不端"，则认为大逆不道；不是冷静地把情况弄清楚，而凭主观臆断，说什么"你这个不要脸的小畜牲"、"小流氓"……

2. 有的稍为文雅的父母也有旁敲侧击、指桑骂槐的现象，弄得孩子反驳不好反驳，解释不好解释，只好心里不服也得忍着。

这些有伤孩子心理的、侮辱的话，也是做父母的与孩子交往时应该忌讳说的。

六、忌说埋怨孩子的话

当孩子犯错误之后，他会感到很无助。"我怎么会这样？我真傻。"他后悔当初没听从父母的话。就在这时，妈妈说："我早就跟你说过会这样。"转眼间，孩子的无助就变成了自卫。出于对母亲轻蔑语气的反抗，出于承认自己蠢笨的自卑感，他开始为自己辩解，要么在绝望中屈服或在愤怒中反叛，这样的话，则不利于孩子的成长。

较好的表达方式是："你试过自己的方法了，可没成功，对吗？真为你难过。我也是这么过来的。"

七、忌说欺骗孩子的话

有些言行不一的父母，言不行，行不果；说了不做，许愿不还。他们欺骗孩子的话一般有：

1. "听妈妈话，明天给你做好吃的"、"买新衣服"。

2. "好好念书，考好给你钱"、"买块表"、"放假领你去麦当劳"。

这些话如果不落实，次复一次，久而久之，孩子就会不信了。父母的话比没说后果还坏。这些诱惑孩子、说谎的话，父母千万别随便说出来。

八、忌说过分宠爱的话

有的父母，爱子女过分，便成了溺爱。我们常常会听到什么"你是妈妈的心肝儿"、"命根子"、"眼珠子"等。有时孩子耍泼，要什么，"好，妈这就给你买"。甚至孩子骂自己，自己还在笑；打了自己，自己还说"好"！这些容易造成孩子放荡不羁的语言，应该戒掉。

九、忌说粗俗脏话

有的父母张口闭口污言秽语，还有的父母在孩子面前吵架，当着孩子面的逗骂等，这些导致孩子粗鲁的语言，也是犯忌讳的。

晚辈与长辈的沟通

晚辈与长辈的沟通是一种特殊的交流和沟通过程。

在一个家庭中，面对阅历丰富但性情固执的长辈，晚辈处于弱势地位。因此，为了增强说服的力度，他们应善于利用各种有利的因素，运用各种说服技巧，这样才能达到目的。常见的晚辈对长辈的说服技巧有：

一、利用类比讲明道理

在说服过程中，晚辈可以巧妙地把长辈的经历和自己目前的状况相类比，以求得他们的理解，使他们没有反对的理由。

比如，有一位大学毕业生想到南方去闯一闯，家长不同意，他这样找理由说服："爸，我常听你说，你 16 岁时就离开家到外地上学，又找到工作，自己奋斗到今天！我现在出去比你当时还大两岁呢，我这是受你的影响才做出这样决定的，我想你会理解支持我的。”

听了这话，父亲没有再坚持自己的意见，他终于说了这么一句：“好，你长大了，像我的儿子。”

儿子成功地说服了父亲。

一般情况下，做长辈的都有自己认为辉煌的过去，他们免不了要以这些为资本对子女进行教育，要他们效法。对于已成年的子女而言，如果你想干一番事业却受到长辈的阻挠时，你就可以拿长辈的经历作为论据，进行类比，这种方式有很强的说服力。

二、以长辈的期望作为自己的旗帜

长辈对子女的未来都寄予厚望，望子成龙、望女成凤是他们梦寐以求的，而且在日常生活中他们常常教导子女要敢闯敢干，将来要做一个有作为、有成就的人。

在说服他们时，只要你提出的意见与他们所说的目标相一致，你就可以抓起这面旗帜，作为有力武器，为己所用。

有一位职业高中毕业的青年自己到社会上谋职，找到一份民营公司的工作。这时，父亲正在托人给他联系一家国家机关，听了儿子的意向后父亲表示不同意。这时儿子说：“这个公司我了解过了，很有前途，生产的是高科技产品，和我学的专业很对口，再说我想，国家机关好是好，可是人才济济，我一个职业高中毕业生，到那里要想干出一番事业，恐怕机会不多。可是在这个公司就不同了，我去那里，总经理要我马上把技术工作抓起来，这是多好的机会。爸，我从小就依靠您们，您常批评我没有出息，没有主见，希望我成为一个敢说敢为的男子汉，我现在长大了，觉得您说得对，我这次的决心就是自己独立思考后定下的，我想您一定会支持我的，这么多年您们一直替我作主，您就让我自己作一次主，行吗？”

听到这里，父亲还能说什么呢？他终于点头了。

一般说来，长辈们是很注意自身尊严的，对过去说过的话是不会轻易失信的，而且会立即兑现。所以，晚辈在说服长辈时，就可以适当地利用他们的这种心理，用他们的话作自己的旗帜，是很容易成功的。

三、发挥坚决的震撼力

晚辈在说服长辈时要表明自己的坚决态度，让他们明白自己的选择是慎重的，是下了决心的，不管遇到什么样的情况自己都是不会动摇的，即使做出了错误的决定也准备独自承担责任，绝不后悔。

这种坚决态度具有柔中寓刚的作用，对于长辈有很强的震撼力。它可以使长辈看到子女是有主意、有责任感的人，既然他们决心已定，如果硬顶着反而会把事情搞僵，不如顺水推舟，成全他们，同意他们的意见。

有一位女孩和单位一个男孩谈恋爱，可是她的父母不同意，认为这个男孩工作不稳定。她和父母最后摊牌，说："在这件事情上我的决心已定，我希望您们能理解女儿的心思。嫁过去后吃苦受累我认了，我心甘情愿。如果您们硬不同意，那也没有办法，您们就当没有生我这个不孝的女儿。不过，我内心是多么希望您们能理解和支持我呀！那样，我会很感激您们的。"

话说到这份上，父母还能说什么呢？他们并不想失去女儿，既然女儿已经铁了心，父母为什么还要逼她呢？他们同意了。在这个事例中，是女儿的决心起了决定性作用的。

最后需要指出的是，如果自己的意见不正确，甚至完全错误，那就不是你要说服长辈的问题，而是应该愉快地放弃自己的意见，采纳长辈的意见。当然，这同样也需要勇气和理智。

婆媳关系的沟通之道

受欢迎的婆婆

在家庭中，婆媳关系相处不好，责任在双方，但婆婆作为长辈居于主导地位，她们对于儿媳的态度，往往对彼此关系好坏有关键作用。因此，一般说来，在处理婆媳关系上，婆婆应做得更主动、更得体一些。作为婆婆，在同儿媳的关系上，应注意这样几个问题：

一、对儿媳不要苛求

婆婆要多了解儿媳的需求，替她们着想，多给以关照，这有助于加深感情，赢得她们的好感，很多矛盾就可能不发生或少发生。同时，对于儿媳的个性或存在的缺点，婆婆要宽容大度，不要苛求。儿媳是家庭的后来成员，她们的生活习惯对于新的家庭环境有一个适应过程，婆婆要尊重她们的习惯和个性，不要在短时间内强求她们的一切都按自己的意愿来统一。如果要求过急、过分，彼此就会出现矛盾；长期如此，就会使矛盾表面化。在处理彼此间的分歧上，宽容比苛求更容易改善彼此的关系。

婆婆在平时的言语中，要充分表达对儿媳的关心和体贴，对她们要体贴和理解。

二、遇事要一碗水端平

在家庭中如果有几个儿媳或小姑子，婆婆要注意采取一视同仁的态度，不要有明显的倾向性。在这方面，儿媳们是十分敏感的。只要婆婆在言语或行为中有一点偏向，她们就会感到自己受到歧视而心怀不满。所以，明智的婆婆不论办什么事都要注意公平，说话不偏不倚，使儿媳提不出意见。这样婆媳关系就好处了。

比如，有这样一位婆婆，有两个儿媳和一个女儿，她在处理家事上注意采取民主方法，叫大家发表意见，统一思想后再行动。结果，儿媳的意见就比较少。

三、说话要有分寸

婆婆对儿媳说话不能像对自己女儿那样直出直入，要讲究一点说话艺术。

1. 对于儿媳的缺点，婆婆不要直言批评，特别是不要大声地喝斥，最好使用和风细雨的方式和她们心平气和地谈，互相交换意见，把问题解决好。

2. 婆婆不要过多地指责她们的不足，尤其不要把她们的缺点到处扩散，要遵循“家丑不可外扬”的原则办事。

有的婆婆不懂得这一点，她们有意见不当面和儿媳说，而是到外面和街坊邻居说儿媳的不是。这样做既丑化儿媳，又不利于团结。一旦这些话传到儿媳的耳朵里，那就势必要在婆媳之间发生矛盾冲突。

3. 婆婆要有意地多为儿媳说话。

有心计的婆婆总是向着儿媳说话，甚至儿媳捅了漏子，自己还要主动承担责任，为她们开脱。有这样一位婆婆，她很疼爱儿媳，很关照她。有一次，儿媳出去玩回来晚了，丈夫下班回来见没有做好饭，就要冲妻子发火。婆婆见状，马上出来说话：“你吵什么，是我叫她出去多玩会，今天由我做饭，责任在我，不在她!”这样替儿媳把责任揽过来，使儿媳很感激，婆媳关系更密切了。

四、多夸奖

恰到好处的夸奖是一门魅力无穷的艺术。做婆婆的应该掌握这门艺术。

有这样一位高明的婆婆：儿媳做了双鞋子，或是织了件绒线衣，她总要称赞几句；和领导闲聊，她常常要夸儿媳一番。一次，有位客人来访，对她说："多年不见，您老人家精神更好了!"这本是句客套话，婆婆却顺势答道："人逢喜事精神爽嘛，俺儿媳多体贴俺，俺一年到头喜滋滋的，真是越活越有劲，越活越年轻!"这几句话犹如一股暖流注入此时正在旁边儿媳的心田。以德报德，她怎能不用优秀媳妇的高标准来严格要求自己呢?

五、多拉家常

家常话似是闲话，废话。其实闲话不闲，废话不废。婆婆主动跟儿媳拉家常，是婆媳间增进感情、缩短距离的有效形式。烹饪要领，编织花色，物价升降，奖金多少，南北名产，各地胜景，社会新闻，名人轶事，都可作为拉家常的内容。家常就越拉越有趣，婆媳越谈越投机。絮絮绵绵，其乐无穷。

六、多交流想法

婆婆要知道儿媳的心，交流想法是不可或缺的一环。交流想法，实质是交心。婆婆把自己的心亮给儿媳，就能以心换心，达到心心相印。

有人问：婆媳之间又不是学术团体内部的同志关系，有何想法值得交流?其实不然，添置家用电器的意见，赠送人情礼金的打算，旅游路线的安排，招待亲友的考虑，教育小孩的设想，社会现象的评析，等等，都可以拿来相互交流、商量、探讨。

七、掌握批评艺术

婆媳接触频繁，彼此关系就较易融洽；有的朝夕相处，儿媳如有欠缺之处，婆婆批评几句未尝不可，但要注意如下方面：

1. 泄怨排恼的批评只能加深彼此的裂缝。

2. 心直口快的批评可能触伤对方的感情。

3. 而情热语妙的批评却能感化对方，跟表扬有异曲同工之妙。

儿媳与婆婆友好相处的说话技巧

在家庭中，婆媳关系是一对特殊矛盾。要处理好这对矛盾，儿媳有重要责任。俗话说：“一个巴掌不响，两个巴掌叮当。”婆媳之间虽能各打五十大板，但作为儿媳一方的责任是推不掉的。那么，她们在说话中应如何处理与婆婆的关系呢？

一、要真心尊重、孝敬婆婆

婆婆是长辈，做儿媳的要从内心尊重婆婆，在言语上关心婆婆。特别是在儿媳当权的家里，那就更应如此，决不能把婆婆当成多余的人，在言语中有丝毫的怠慢和不恭。否则，不仅对方不能接受，加深矛盾，而且还会引起社会舆论的谴责。

婆婆如果年事已高，身体有病，儿媳在平时说话中更应关心、照顾她，不说嫌弃她的话。当然，这一切应以儿媳对婆婆生活上的关心照顾为前提。只要儿媳做得更好些，婆婆就会十分感激，很多矛盾就不会发生。

二、对婆婆言行要给予信任和理解

儿媳应善解人意，不要站在自己的立场上，对婆婆的言语产生这样或那样的不当想法，怀疑她的动机。有时候这种猜疑心理甚至会把婆婆的好心也想歪了，因而造成不良的后果。

比如，有一天一户人家中的小姑子拿回来一身新衣服，很漂亮。儿媳看到了，心里不高兴，怀疑是婆婆偏向女儿，对自己不公。她越想越有气，就在说话时带刺儿。为了团结，婆婆上街买回来同样的衣服给儿媳，说：“我不能亏待儿媳，一人一身！”后来，儿媳才知道小姑子找了对象，那件衣服是她对象给她买的，不是婆婆给买的。这时，她心里一阵自责，同时感念婆婆的宽容。以后，她再不多疑，转而信任婆婆，婆媳关系也密切多了。

三、有话要说在当面，不在背后吹风

有些儿媳对婆婆有意见，不是当面提出来，而是到外面说三道四。甚至有的儿媳说话不文明，用指桑骂槐的方式表达自己的意见，这样很容易引起矛盾。正确的方式应当是儿媳以真诚的态度、善意的动机，把自己的意见当面提出来，大家心平气和地协商解决，最终统一思想，消除分歧，创造和睦的家庭气氛。

四、口勤

口勤，就是要热情相待，问暖问寒，推心置腹。一些媳妇，跟母亲私房话说不完，在婆婆面前却无话可说，冷冷清清，自己都感到别扭，婆婆自然也不会舒畅。要改变这种气氛，作为晚辈，媳妇应主动亲热，多找话题。

首先，要勤叫。

媳妇的一声“妈”可暖遍婆婆全身。可有些媳妇偏偏惜“妈”声如金银，轻易不肯出口。也有一些媳妇，干脆学孩子的口气，称婆婆为“奶奶”。跟婆婆分居的媳妇，走婆家时大多数是进门叫一声“妈”，出门辞别时说一声“妈，我走了”。仅此两声，似彬彬有礼，但亲热不够。如果媳妇能把拉家常和称呼交织在一起，气氛就会好得多，例如：

“这几天怪冷的，妈，您只穿这么一点衣服，可不要着凉啊。”
“这么细的针都能穿，妈眼神真好！”

其次，要勤谈。

街头趣事，社会新闻，电影情节，戏曲唱腔，工作单位，家庭琐事，绒线花色，衣裤式样，读报偶想，读书有感，无一不可以作为话题。社会沟通较少、消息闭塞的老人，尤其是整天围着锅台转的退休婆婆，更是渴望知道家门外的一切新鲜事，如果能从媳妇口里获得各种信息，那真是其乐融融。

家庭角色沟通

在一些家庭中，随着时间的流逝，新鲜感逐渐消失，琐碎的家务事形成了一些积怨，家庭中的婆媳矛盾逐渐产生了。眼看爱妻、慈母整日愁眉苦脸，唇枪舌剑，作为“丈夫”和“儿子”的男人既感到烦恼，又束手无策。都说儿媳妇难当，婆婆难当，其实有时“丈夫”和“儿子”这个双重角色更尴尬。

那么，在家庭矛盾中，要成功地扮演好“丈夫”、“儿子”这个双重角色，他的言语非常重要。如果他善于说话，那他就常常能够很好地协调、处理好妻子同母亲之间的关系，消除家庭矛盾，增强家庭凝聚力。

一、妥善地搞好信息传递

由于丈夫和儿子这个特定的身份，母亲和妻子都会对他十分亲近，愿意将自己的想法向他吐露。男人对这些“信息”决不可置之不理，因为在大多数情况下，这些信息在妻子和母亲之间是互相得不到的，但时间一长，她们之间内心的想法就会积累成矛盾。“理”并不是男人将一方的话简单地告诉另一方，而是要对这些想法进行“处理”，达到对方可以接受、而不致于引起反感的程度。

这时，正确的处理方法是，男人把自己看到的、想到的，用“提示”、“当参谋”的方式提出来。

比如，母亲反映妻子早上起来晚了一些，丈夫就可以对妻子说：“××，我看母亲年龄大了，这一段又挺累，以后我们早些起来把饭做好。”妻子反映母亲为家里买什么东西她都不知道，儿子就可以对母亲说：“妈妈，××买东西很有审美观点，再买东西可以请她帮您参谋参谋。”这样“信息”传递了，而且双方都没有想法，矛盾也就被消灭在萌芽之中了。

二、不偏不倚，关心重视如初

由于“丈夫”、“儿子”这种双重身份，他在这个家庭中的一言一行，对妻子和母亲来说都是很敏感的，做得好会起到示范作用；做得不好，就会使妻子或母亲“多心”，留下“话柄”，产生矛盾。

男人解决这一问题的办法是：

首先应该做到，对待父母要比婚前更尊重，特别是在妻子面前更要注意。

家中的事要主动与父母商量。男人应注意关心老人的生活，除了吃、穿外，还要注意精神赡养，在言语上多关心体贴他们，问寒问暖。

其次，妻子家来人，特别是岳父、岳母串门，要十分热情，买些什么东西，带些什么东西，都是要你首先去说、主动去办的。

总之，男人要在家庭中营造尊老爱幼、礼貌、友好待人的氛围，并逐步使其成为一家人处事的准则。

三、多做“和稀泥”的工作

婆媳之间有意见，最好是经过“丈夫”和“儿子”这个中间环节把它化解掉，但有时由于某种原因，婆媳拌了嘴，在这种情况下，男人决不能参与其中，帮助一方而责备另一方，正确的做法是：

1. 先用诙谐的语言将她们劝开，然后分别认真听她们诉说。

一般说来，家庭琐事没有必要分谁是谁非，这样做的目的是让她们把心中的积怨都倾吐出来，取得她们的信任，暗示自己要帮助她们解决问题。

2. 当她们消气以后，分别肯定她们的一些正确做法，然后站在她们的角度上，设身处地地帮助她们分析哪些事做得不对。

这样，她们都会感到，你为她们争了理，但同时又为自己某一点做得不合适而内疚。

3. 之后，为了消除隔阂，加深她们之间的感情，你在一些事情的处理上不妨做点“手脚”。

比如，丈夫买点好吃的东西给母亲送去时说：“××感到对不住您老，买点东西请您用。”然后提议晚上吃点饺子，在吃饭时，丈夫对妻子说：“妈妈看你这几天不爱吃饭，特意包的饺子，多吃些吧。”这样，双方的心都热乎乎的，你敬我一尺，我敬你一丈，感情又和好如初，甚至比以前更好了。

四、利用“可借用力量”进行沟通

家里有的事自己不便说，可以把意图渗透给岳母、妻子的姐妹或自家的姐妹，以及其他妻子和母亲很信任的人，这些人的话会更容易被妻子、母亲接受，让他们做工作，效果会更好些。

第九章　师 生 沟 通

授课的语言沟通

教师授课语言要甜蜜

有些教师的课堂语言比较生硬，语粗气重，平板冷淡，少情寡味，犹如教堂里扯长嗓音的诵经声。它既不能引起学生的听课兴趣，也不能调动学生学习的积极性，对教学质量的提高也很有影响。为此，有必要强调一下，教师的授课语言要“甜”一点。当然，这里的“甜”，不是花前月下温言细语的甜，也不是讨好卖乖、迷人心窍的阿谀词之甜，更不是逗抚孩子“心肝”、“宝贝”的甜，而是充满教师的激情，饱含知识营养，能激发学生求知欲的、受学生喜爱的“甜”，是让学生在甜美、欢悦的感情所构成的氛围中，集中精力，认真学习的“甜”。为此，教师在授课时必须做到：

第一，只有心中装满了蜜，口中的言语才能甜。这蜜，就是对学生、对教师这个职业的爱。这是根本，是动力。只有爱学生，与学生打成一片，教师才能了解到学生的喜怒忧乐、兴趣爱好和希望要求；作为心声的语言，也才能温和、亲切、甜美。有些教师对教师这个职业一腔怨气，只想从教育对象身上找到些什么，对工作抱应付态度，这样的话，如何能够换取良好的教学效果？心中冷若冰霜，言语如何热得起来？动辄生气，迁怒于学生，又怎会有“甜”言奔涌？因此，教师首先要爱学生、爱职业，有道是言由口出，甜自爱来，就是这个道理。

第二，要注意心理修养，善于控制和表现自己的情绪。无论在课外遇到什么不顺心的事，情绪受到如何严重的冲击，教师在走进教室之前，一定要使自己恢复常态，决不能把自己恶劣的情绪传染给学生，更不能向学生流露甚至发泄。这种高度的情绪控制力首先来自于平素的心理修养，来自于高度的职业道德。在教室里，每个教育者，都是属于教育事业的，属于教育对象的；即使在课堂上碰到了学生回答不出问题甚至有不遵守纪律的情况，教师也应该冷静，保持良好的心绪，和蔼、亲切，讲出“甜”的话语来。

第三，注意揣摩言语技巧，运用语气、语调、节奏等把话说得更“甜”一些。甜的言语，除了浸透了感情之外，一般还表现为语气亲切、柔和，但不失庄重感；语调低一点，但不失其速度与生气，话中洋溢着与学生一道探寻知识奥秘的兴味。这就需要教师学点儿童心理学和儿童语言，尽量把自己失去的童心寻回一些来，使自己的口语符合学生的口味。唯其如此，才能使学生听出“甜”味来。

第四，要注意表情的运用。人的面部表情是丰富多彩的，它最复杂、最敏感，也最微妙。甚至很难用语言表达的、细微深刻的感情，都可以通过面部表情惟妙惟肖地表达出来。课堂上，学生不但要听，还要看。要让学生感觉出言语的“甜”味来，表情无疑可以帮你大忙。如果你的面目慈祥可亲，情感表露丰富，则会大大加强言语“甜”的效果。因此，你切不可忽视面部表情的作用，特别是眼神的运用。要让学生从你的眼神中看出深厚而动人的感情，倾心而热烈的嘱托，热情而深沉的关怀。

当然，传达感情的手段是多种多样的，一举手、一投足、一倾身等肢体语言，都可以帮助你讲话，都可以使你的言语变“甜”，因此，你也决不可忽视对它们的使用。

总之，教师要用学生乐于接受的语言，吸引学生跟着你来，以争取理想的教学效果。当然，教学质量优劣的决定因素，决不只止于言语一项。但是，我认为教师言语只要“甜”一些，授课效果一定会大有提高。

教学语言的响度要适当

由于性格、气质、体质、语言习惯等多方面的差异，每个教师在日常生活中说话声音的高、低、强、弱各不相同。有的喜欢粗喉咙大嗓门儿，有的总是柔声细语。各种语言习惯，在生活中一般并不妨碍思想交流。但是，上课堂讲课，音调的高、低、强、弱就是个不能不讲究的重要问题了。如果响度不当，则它不仅对授课效果有影响，而且与教师在学生心目中的形象也有关系。响度合理是理想的教学语言的重要条件之一，也是一切运用有声语言的场合应当讲究的问题。

说话声音的高、低、强、弱，从语音学角度说，是“响度”问题，而响度大小是以人的听觉的程度来衡量的。人们听见的声音的响度，实际上是强度、长度、高度的总和。物理学里用“分贝”作为计量声音强度的单位。分贝也主要是以声音对人的耳膜刺激、震荡的强弱程度来确定的。言语的音响效果，只能以听话一方的耳感来确定。

在日常生活中常见的现象是，当两个人“咬耳朵”说“悄悄话”时，这是窃窃私语；当人们面对大庭广众慷慨陈词时，则往往放开喉咙，大声疾呼。在房间里谈心和在旷野上呼唤，音高、音强差别很大。对正常人说话与对听力差的人说话，嗓门大小也不一样。可见人们在生活语言中，也总是很自然地根据听话人的生理状况和对话者之间的距离等条件，随时调整说话声音的高低强弱，尽量选择理想的响度。人们在看电视、听广播的时候，总是随时转动“音量”的旋钮，选择所需要的合理响度，力求听感舒服，既清晰省力又不刺耳。

教师上课，传授知识，是交流思想、传递信息的活动。为了提高教学效果，教师不能不努力寻求教学语言的“合理响度”，也就是使自己说话的音高、音强、音长达到和控制在最适当的程度。其具体标准，是使坐在每个位置上的学生都能毫不吃力地听清楚教师讲的每句话，发出的每个音节，并且耳感舒适。如果达不到或超过这个合理响度，就会妨碍信息传递，影响听课的效果。

例如，有的教师在新接任的班级上课，往往讲几句话以后，先问一下：“我这样讲，后面的同学听得清楚吗?”这样做的目的就是在于了解信息收取一方的耳感状况，以判定自己教学语言的响度是否合理。

不少教师自持声音“宏亮”，即使在小课堂上课也习惯于放开嗓门，像在大会上讲演。殊不知这种习惯的坏处实在很多：首先是教师不必要地做了多余的功，无谓地消耗了能量和精力；其次，由于学校教学区的建筑结构，不论是楼房还是平房，总是一排排教室毗邻连接的，当这间教室上课时，那间教室也在上课。如果某个教室里教师讲课声音过大，则这对于四邻是个很讨厌的干扰，对整个教学秩序也起着破坏作用；再者，对本班的学生来说，超过所需响度的讲话会使学生感到太受刺激，心神不宁，从而影响他们收取信息和及时反馈的效果。特别是在低年级，教师那种大功率“高音喇叭”式的讲话，会使少年儿童感到惊惶不安。此外，在中小学里，一个教师往往每天要连续上几节课，假如养成这种不合理控制声音响度的说话习惯，一登台就粗声大嗓，以致声嘶力竭，天长日久，就会很容易造成自己的声带损伤，使音色变得沙哑干涩，而且往往久治不愈。

反之，如果教师说话声音过小，达不到必需的响度，后面几排座位上的学生就听不清，不能顺利地收取到教师发出的全部语言信息，这当然也直接影响教学效果。有些教师讲课时故意将声音压得很低、很小，使稍远一点的学生听得很吃力，稍一疏忽就听不清，并且把这当作“经验”，认为这样做可以使学生专心致志地听讲。其实，这是不科学的。声音太小，时间过长，少年儿童的注意力很难集中，这和靠所谓高声讲课使学生注意力更集中的做法一样不科学。

教师到底应怎样才能科学、合理地把握教学语言的响度呢？这要靠教师自己善于体会揣摩，善于在实践中总结。话是讲给教学对象听的，教师要时时从学生的角度着想。这里，不可忽视的一个标准，就是教师本人的耳感。即自己讲话的同时，自己的耳朵也在听着。自己说话声音的高低强弱，音响效果怎样，自己的耳朵就随时在“监听”和检验。有一种现象很有趣：大凡耳聋或者听力弱的教师往往习惯于用过响的声音说话。这正表明了个人的听觉对于个人把握说话响度的重要性。

有经验的教师讲课，总是很自然地借助个人耳感，根据课堂空间大小，最近和最远的学生座位与讲台间的距离，听课人数的多少，教室有无天花板，门窗是开是关，课堂内外噪音大小等各种与音响有关的因素，以及个人声音的特点，把握个人说话的合理响度，追求响度的最佳效果。某些老教师讲究“音灌满堂”，这种做法对不对呢？这要有所分析。如果“音灌满堂”意味着坐在教室任何角落里的学生都能不费力地听清每个音节，则是对的；不过，有些提倡“音灌满堂”的教师往往指的是盲目地放开嗓门，那则是不科学的“超合理响度”。我国当前一般学校教室建筑面积多为60~70平方米，地面距离天花板的高度一般在3.3米左右，室内空间大约为200~230立方米。若在室内外比较安静、无明显噪音干扰的情况下，讲话声音只需比平常三五人在室内随便交谈的声音稍微大一点，就可以“灌满”这么大的空间，保证坐在室内每个位置上的人的听感清晰度。经验少的教师如果觉得难以把握课堂语音的响度，不妨课下在空教室里借助一部收音机或电视机试一试，将机子放在讲桌上，调整其音量，走到最后一排角落里听听其效果，找到最合适的响度，那也就是自己讲课的合理响度。

对有声语言来说，合理的响度是保证交流思想、传递信息效果的最重要条件之一。要掌握得好，教师既需弄清许多复杂的原理，又需积累足够的实践经验，这并不是件简单的事。教师应当充分重视，切切实实地下些功夫。

教学语言的趣味性

语言的趣味性是使教学语言产生魅力的要素，其作用就像菜肴里的盐。枯燥乏味的语言如同一盘忘记加盐的菜一样破坏着学生们的食欲，不论其营养价值有多么高，学生们吃起来总是淡而无味，食如嚼蜡。

增强教学语言的趣味性，应当重视三方面的因素：

一、用词精妙有趣

语言运用要着眼于选词和用词，做到精选妙用。语言有趣味不是靠堆砌词藻、玩弄词汇游戏可以达到的，而是由于用词精当巧妙。一个很平常的词，往往由于用得妙而格外生动传神。“调查研究”不是极普通常见的词吗？它本身谈不上生动有趣与否。然而毛泽东在列举党八股的罪状时说：

> “拿洗脸作比方，我们每天要洗脸，许多人不仅洗一次，洗完以后还要拿镜子照一照，要调查研究一番（大笑）。”

为什么听众听到这句话会“大笑”呢？因为这句话说得很幽默，很有趣味。这种效果是怎么产生的呢？就在于毛泽东把“调查研究”这个词巧妙地“大词小用”，用在照镜子上。这样就把党八股的作者们轻重倒置的可笑面孔活画了出来，包含着诙谐、辛辣而又不失为善意的嘲讽意味，听了之后怎能不使人想笑呢？如果我们把这里的“调查研究一番”几个字换为“仔仔细细地看看”，虽未改变原话的基本意思，却妙趣顿失，平淡无味了。

再如，“休息”、“起床”这些词本身有什么“趣味性”可言，而毛泽东在同一篇讲话里说：

“这里叫教条主义休息，有些同志却叫它起床。”

这样巧妙地一比拟，一句平常的话马上就“活”起来，成为一句颇含谐趣的、有味的话。可见，一个词、一个成语本身难说有没有趣味，只有当这些语言材料被十分巧妙地安置在一个恰当的位置上时，它们才显得生动传神、饶有风趣。

二、表达灵活、艺术

它指的是人们在表达时运用清新活泼的口语，选取鲜明生动的事例，选用新颖有趣的比喻等，把话说得新鲜、灵活、艺术。

毛泽东的讲课和讲演，在这方面也很具典范性。他的讲话往往词面上自然朴素而蕴义深刻丰富，听起来浅显平易，细细体会，却越“品”越妙，越“嚼”越有味。我们不妨随手撷取几例来看看：

例一，1921 年毛泽东在安源工人夜校上课，讲到“工”字时，说：

“‘工’字上面一横代表天，下面一横代表地，中间一竖就代表我们工人阶级是顶天立地的意思。我们是英雄好汉，社会的主人。”

例二，1937 年他在抗大二期开学典礼上说：

“抗大像一块磨刀石，把那些小资产阶级意识——感情冲动，粗暴浮躁，没有耐心等等，磨他个精光，把自己变成一把雪亮的钢刀，去创造新社会，去打倒日本。”

从这些例子看得出，毛泽东总是用生动活泼的口语，巧妙地设喻、类比、举例，把抽象的道理解释得具体、形象、深刻。既不呆板，也不枯燥，生动而风趣，从而增强了语言的吸引力。这样讲好像很轻松平易，毫不艰深费力，实则需要有很好的语言修养才能做得到。

三、情感充沛，全神贯注

它指的是人们在说话时情绪饱满，精神专注，情感真挚；讲得有味，听得才有趣。

教师的讲述和讲解是否吸引人注意听、乐意听，并不单是语言问题，它还与教师说话时的情绪状态关系密切。如果教师以饱满的热情全神贯注于所讲的内容中，讲起来辞恳情切，兴致勃勃，神采飞扬……这种形象和状态本身就会自然地产生一种诱人的魅力，激发起别人听他说下去的兴致。

你应当从自己说话的词句、语调、声音、神态、表情和目光中使人感到：你对于自己正在讲的一切是多么感兴趣，多么有热情，而且非常熟悉和了解的；使人感到你是那么认真、恳切地跟他们讲解这一切，你非常喜欢和珍视自己所教的这门学科。

不妨说，教师说话时的情绪因素，是教学语言趣味性的内在要素，是教学语言的生命、灵魂。若抽去这一要素，语言就犹如干巴巴的躯壳。假如教师在讲坛上，一面讲话一面打着呵欠，不时流露出魂不守舍或漫不经心的样子，使听的人明显地感觉到你对于自己正在讲的这一切并不看重，也没有兴趣，甚至很厌倦；你只是例行公事，不得不讲罢了；你不过像一台机器人那样，按编排定的软件程序机械地吐出一串串冰冷的音节，情感则是零度……那么，这种状态本身就会自然地产生出一种无形的“传染力”，渐渐销蚀着学生们听讲的兴致，使一种冷漠、无聊、沉闷的气氛笼罩在课堂上，在学生们心间弥漫开来，逐渐凝聚，化为“疲劳素”、催眠曲。

或者，你讲课时爱板着一副大主教传经布道式的庄严面孔，如同站在云端里一般，居高临下，表情木然，不苟言笑，威严有加，却绝无真情挚意，——这就切断和堵塞了伴随着语言沟通说与听双方的、息息相通的信息传递渠道。那么，则不论你讲的是什么内容，也都会使人感到压抑而乏味，更谈不上有趣。这是因为，抽去了情感情绪因素的语言，正如没有灵魂的僵尸，绝不会产生动人的魅力和生机。

幼儿教师的语言艺术

如果说孩子们是在听故事、做游戏中成长，那么，幼儿教师就整天在讲故事、做游戏中塑造下一代人的灵魂，在“说个不停”中从事着艰巨的劳动。所以，口语表达能力对于幼儿教师，就显得特别重要了。

言为心声，每天要回答幼儿的“十万个为什么”，固然需要幼儿教师在各方面都要有一定的素养。“上至宇宙之大，下至苍蝇之微，都有些切实的知识力。”（鲁迅《看图识字》）但是，仅仅如此还不行，幼儿教师还必须具有让孩子们听起来动情的口语表达能力。孩子们听你讲话，就应像听童话中仙人吹奏“魔笛”一样富于艺术魅力。只有这样，你的话才会在孩子们的心里生根发芽。否则，你的话就是过眼云烟，瞬息即逝。

幼儿教师的这种口语表达的特点，我把它概括为情真意切、清晰流畅、诙谐机智三个方面。

有人误以为幼儿知识经验缺乏，思维发展水平不高，可以随意哄弄，其实这是大错特错了。正因为幼儿有这些特点，他们常常把戏言当成真话，常常当众指出教师讲话的毛病，丝毫也不给你留面子。因此，幼儿教师与孩子谈话，更需要慎重对待，更需要情真意切，以情动人。

语言之所以能打动人心，完全在于它代表了某种思想感情。语言如果没有某种思想感情作为内核，那它跟锉锯子发出的声音还有什么区别呢？孩子对于有感情的语言和冷冰冰的语言是非常敏感的。国外有学者曾经做过这样的实验：他们把一些智力落后的孤儿，交给一位温情的妇女收养，孩子们得到她的关心爱护，聆听她信任鼓励的话语，于是智力水平很快得到了提高。作为幼儿教师，无论是日常生活中向孩子们提出要求，还是讲故事、念儿歌、做游戏，都需要把内心的感情，真挚的爱抚，充分地溢于言表。这种饱含慈爱关心的语言，会引起他们强烈持久的内心体验，于教育上也才会收到事半功倍的效果。

教师语言中爱的情感成分是自然产生的，不是外加的味精，也不是增加感叹词所能奏效的，它需要教师提高思想觉悟，充分认识幼教工作的意义和肩负的重任。这样，虽是脱口而出，也能“淡语皆有味，浅语皆有致”（王国维《人间词话》），受到孩子们的欢迎。教师的话如果没有真情实感，只是在形式上兜圈子，就有点儿像鲁迅所说的“装佯”了。它不仅降低了语言的表达力，也败坏孩子的胃口，因为“小孩子多不愿意‘诈’作，听故事也不喜欢谣言，这是凡有稍稍留心儿童心理的都知道的。”（鲁迅《二十四孝图》）

幼儿教师的口语是幼儿直接摹仿学习的对象。教师的语言质量的高低，在一定程度上决定着孩子们语言发展的水平。因此，幼儿教师要想提高口语表达水平，就不能不在清晰流畅上多花点功夫，所谓清晰不仅是指发音吐字，也包括抑扬适度、语气明朗，不会造成模棱两可的错觉；所谓流畅是指句子结构完整、文理通顺，合乎规范化的要求。

在日常生活中，幼儿的话多半是不完整的，比如他会用动作代替说话，问他看图书吗？他只点点头表示要看；即使讲话，其话语也往往是半句：“老师，我要。”要什么呢，用手指指玩具。在这种情况下，教师清晰流畅地作出示范就非常必要，而且也易于收到良好的效果。当然，我这样讲也并非主张教师给幼儿讲话就绝对不能

"此时无声胜有声"，就不能以眼神、动作代替语言，而是说教师要充分考虑到特定的听众，把话讲得完整些、浅显些，句子短些，使用生僻字眼慎重些。如果我们无视幼儿语言发展的特点，在口语表达中咬文嚼字，搞什么弦外之音、象外之象，不仅孩子们听不懂，恐怕讲的人也会觉得"对牛弹琴"，自讨没趣。

特别值得一提的是，幼儿教师无论是听孩子们讲话，还是自己讲话，都要特别有耐心。既要允许孩子重复他所说的话，自己讲话也要有必要的重复。这不仅因为幼儿的听觉感受性有着很大的个体差异，更因为幼儿辨别语言的能力只能在语言沟通中逐步发展和完善，幼儿教师讲话不能不照顾孩子们在接受能力上的差别这一特点。心理学家的实验表明，给五岁孩子和成人讲同样的话，前者要比后者多两倍的时间才能理解其意思。这就要求我们给孩子们讲话不能急躁，更不能发火。一语破的固然干净利落，但幼儿教师对孩子们讲话却不适用。

高尔基在《论不负责任的人和当代儿童读物》中写道："我可以断言，同小孩子讲话必须要'富有趣味'。"这确实是经验之谈。试问，一位语言无味、板着面孔讲话的人，孩子们会欢迎吗？所以，幼儿教师的口语表达，还需要具备诙谐机智的特色。

说话诙谐绝不是插科打诨、哗众取宠，而是要尽可能把话讲得浅显易懂、明快生动，使孩子们易于理解，乐于接受。为此，教师在遣词造句、语音语调、眼神手势等方面，都要充分照顾到幼儿的年龄特征；尤其是自己的面部表情应该非常丰富、鲜明，使孩子一看就懂。比如：眉开眼笑表示欢乐，紧咬嘴唇表示痛苦，双眉紧皱表示忧愁……同时，教师还可以用眼神跟幼儿直接交流情感，接受孩子们的反馈信息，对将要讲述的内容进行调整，等等。这样，孩子们就能在一种美的享受中学到知识，受到教育。

教师对幼儿讲话，总会受到许多干扰，很难一口气讲上 10 分钟，教师也从来不可能对着教案照本宣科，这就要求教师讲话时能因势利导，有应变的机智。

有一位幼儿教师正在给小朋友讲《小蝌蚪找妈妈》，这时，天上飞过一架飞机，孩子们的目光便同时转向窗外，看得手舞足蹈，嘴里发出轰轰的叫声。这位教师非常冷静，她也和大家一起看飞机。等飞机过后，孩子们把目光转向她时，她才说："这飞机真棒！你们知道不知道，以前我们国家连汽车都造不出来，更不要说造飞机了，明天，老师就给小朋友讲造飞机的故事。现在我们继续帮助小蝌蚪找妈妈吧……"这位教师临乱不慌，始终对孩子们保持着亲切感。如果她不能因势利导而去强行制止，那么这不仅会使整个教室乱成一团，而且还会使孩子们的好奇心也受到损伤，他们即使勉强静下来听故事，也会心不在焉。

幼儿教师当然不是演说家，但演说家那种"紧紧地抓住听众，一步一步地感动听众，与听众在心灵上进行沟通"，是很值得幼儿教师认真学习的。

高明的"糊涂教学法"

清朝画家郑板桥有一方闲章，其中的"难得糊涂"四个字，历来为许多人所赏识，并引为自己的座右铭。糊涂的本身并不值得肯定，但如果从辩证的角度看，教师从一些特定的条件、场合和问题出发，适当而有目的地运用"糊涂教学法"，会收到有益的效果。下面具体谈谈：

一曰真糊涂。教学紧连着科学，在教学实践过程中人们会遇到许多没有答案的问题，教师在揭示这些问题时应该实事求是，不能简单地加以肯定或否定。相反，对于这类疑难问题，教师如果自作聪明，轻率地加以肯定或否定，便会弄巧成拙，对自己的威信和对学生智力的开发都有影响。

二曰装糊涂。教学是一门艺术，在教学实践中，教师不能认为自己懂得的问题学生都应该懂得，便简化教学过程，简单地走过场。教师对待新授课尤其不能如此，而应该因势利导，循循善诱，抱着与学生一起研究问题的态度，设身处地，互相切磋，教学相长，最后达到共同完成教学任务的目的。这样一来，学生决不会认为老师不如自己，反而会感到老师教得亲切，也就听得入神。

三曰教糊涂。先把学生教糊涂，再使学生变清楚。只有让他们走一段弯路之后，学生的头脑才能变得更加清醒，从而达到对问题真懂的程度。如在讨论概念分类时，老师故意提出了这样一个问题："概念可分为哪几种?"学生纷纷回答："单独概念、实体概念、集合概念、普遍概念、负概念、正概念……"答得既不条理又不全面，重复颠倒，这一下子把学生的思路全搞乱了。后来老师歉意地对他们说："不是你们回答错了，而是我提问错了，应该先说明概念的分类标准，从外延分，从反映思维对象分，从属性分，等等。"这样一来，思路被理清了，学生恍然大悟，抑郁不安的心情豁然开朗了，百思不解的问题也迎刃而解了。这正是因为学生先有"山穷水尽疑无路"的苦恼，后来才有"柳暗花明又一村"的快感。

数学中有一门边缘科学叫模糊数学，诗歌中有一种体裁称朦胧诗，逻辑学中有一种推理形式称模态推理，少林拳术中也有一个绝招曰醉拳……它们都是在模模糊糊、朦朦胧胧、似醉非醉中渐渐进入佳境的。

模糊语言在教学中的妙用

随着现代模糊语言学理论的发展，人们已逐步地认识到，模糊性是思维的自然属性，自然也是语言的自然属性。它与语言的明确性一样，都是语义本质属性的一种表现。既然如此，那么，它也就必然体现在教学语言之中。为此在教学中，要追求教学语言信息的最佳效能，教师常常是不能"知无不言，言无不尽"的。过分的、不适当的明确往往使教学语言烦琐冗长、平淡无味，成为不吸引人的一个重要原因。为了教学语言的简略、含蓄，使之有主有次，有明有暗，有吸引力，教师恰当地运用模糊语言是十分有必要的。

模糊语言在教学中的运用，归纳起来，常见的有两种情况：

第一种情况是，教学学科内容带有模糊性的特点，与之相适应，教师在教学过程中也必须适当使用模糊语言。这种情况，在教学内容是文学艺术作品时最常见。这是因为，文学形象具有可言传、又不全可言传的微妙复杂的意蕴，它是一种带有模糊性的意蕴。它常呈于像、感于目、会于心，它与欣赏者之间的交流，常常是一种心灵的感应，一种感情的共鸣。在教学中，要使学生领悟其意蕴，教师就必须引导学生调动自己的全部心理潜能加以补充、想象和体验。要做到这一点，教师就要避免用过于切实的语言描述粘住学生的想象，而应该巧妙地运用暗示性的模糊语言让学生想象的翅膀飞翔起来，使学生深切地体验到那种不即不离、不粘不脱、亦此亦彼、的朦胧的审美意象。譬如（《诗经·蒹葭》中写道："蒹葭苍苍，白露为霜。所谓伊人，在水一方。溯洄从之，道阻且长。溯游从之，宛在水中央……"这首诗写的是怀念之情。但诗中的意象是模糊的。所谓的"伊人"是谁？是贤人，还是恋人？是男子，还是女子？诗中并未明确交待。再就是诗人对"伊人"是现实的寻找还是精神上的追求也是不确定的、模糊的。在教学中，这一切都不必明确交待，不必苛求学生理解或翻译成句法连贯、意义单一明确的句子。教师只要含而不露地运用模糊语言，略加暗示，就能以模糊语言独有的不确定性、不精确性的特性，带给学生充分想象和回味的空间和余地。如有位教师对该首诗这样讲述道："伊人"在诗人心目中，是那么富有魅力，她若隐若现，时明时暗，可望而又不可及，以至于在诗人看来，"伊人"似乎"在水一方"，又似乎"在水中央"，诗人好像能够接近她，又似乎永远达不到她……（这段话里教师用了两个"似乎"，讲的是"伊人""在水一方"与"在水中央"两种可能，由于没有确定，因而有模糊性。另外两个"好像"的情况也与此相同）。这位教师这么生动地一讲述，往往就容易开启学生的心理想象之门，引导学生在这朦胧、模糊的意象中深深地体验到一种上下求索的执著、艰辛、感伤和幸福的诗情。这样，虽然教师的语言是带模糊性的，但由此传递的审美信息，较之教学语言的直接铺叙要丰富得多、生动得多，这也正符合文学欣赏体验的特性，从而更有效地达到文艺课的教学目的。

第二种情况是，教学学科本身不带模糊性，但为了有效地提高教学效率，教师在教学过程中应该恰当地运用模糊语言。传统的教学观点认为，教学语言只要在语音、语调、语法等方面合乎规范即可，它强调的是语音的准确性、语词的标准性、语法的规范性。这种认识当然有它一定的合理性。但是从现代模糊语言理论的观点看，在某些情况下适当地运用模糊语言，也是语义明确性的必然的、必要的补充。它在教学中如果运用得当，定能够使教学简洁利落、委婉含蓄、意味深长、引人入胜，也更能调动学生的积极思维，激发学生的想像力，给学生提供充分想象和再创造的广阔空间。在课堂上，我们常常可以看到，教师上课之前或课后，常常会简略地概述本单元、本课的大意，有时是简介，有时是纲要，有时是摘要，这样的叙述都很简略。虽然模糊，但它包含的有效信息却更丰富。在课堂提问时，教师在有些方面需要交待清楚，但在谁回答、何时回答、怎样回答这个问题上，有时模糊一点反而会更好。譬如，叫学生思考某一问题后作答，教师常说："请认真思考一下吧!""考虑好了的同学请回答，谁先考虑好，谁先回答。"这往往更有利于鼓励学生开动脑筋。如果教师把对象定死、时间定死，效果反而会差些。在讲评作文时，教师也会常说："这次作文绝大多数同学做得较好。"或说："少数同学相当差。""绝大多数"、"少数"、"较好"、"相当"，这些都是尽量接近被反映对象的模糊判断语言。

十种受欢迎的课堂语言形式

语言，是人类交流思想的重要工具。有艺术的语言，能使深邃的思想和哲理浅显明彻，细腻的情感和心理纤毫毕现。教学语言，作为“传道、授业、解惑”的重要工具，如果不借助艺术的翅膀，决计越不出干巴枯燥、啰嗦晦涩的泥潭。教师怎样才能用艺术性的语言这种神奇的“胶水”来“粘”住学生，与学生更顺畅地沟通？一般而言，大致有以下几种方式：

妙语开场式

一篇文章须有引人注目的开头，一出戏要有紧锣密鼓的开首，一堂课亦应有妙言隽语的开场。好的开场，犹如磁铁，能把学生的注意力吸引过来；好似开胃酒，将学生的求知欲诱发出来。

有位老师在讲《激光及其在军事上的应用》一课时是这样开场的：

“激光，每当我看到这个词，就会使我思潮澎湃、激情荡漾。思潮澎湃，引我追溯到上古时代那充满奇幻色彩而又闪烁着智慧之光的神话故事；激情荡漾，令我遥望着未来世界那布满五光十色而又标志着人类进步的科学技术……”这个开场以跌宕起伏的对偶句，表现了教师的思潮澎湃和激情荡漾。一追溯一遥望，把学生的思绪由上古时代的神话故事，激光般地拉到未来世界的科学技术，此时的学生，个个凝神翘首。

快嘴连珠式

善说书者，大都能快嘴连珠，正是这种连珠炮般的吐词，才使得他们与听众实现了快速沟通。

老师在讲《孙子兵法》被历代兵书引用时，连珠炮似地一口气说出：“《吴子兵法》、《孙膑兵法》、《尉缭子》、《潜夫论》、《淮南子》等。至于唐代的《李卫公问对》、宋代的《虎钤经》、元代的《百战奇法》、明代的《登坛必究》，更是或全书、或某篇，以运用《孙子兵法》的观点来树立自己的学术论点。”

这段话中的快嘴连珠，渲染了气氛，烘托了主旨，吸引了学生，使学生加深了对孙子及《孙子兵法》一书的印象。

一字一顿式

有句写作谚语叫“文似看山不喜平”，说的是文章要有起伏、有波澜、有变化，教学语言亦如此。时而急促，时而舒缓，配之以抑扬顿挫，辅之以眉飞色舞，语言就不会平淡寡味了。

讲次声武器的威力时，老师举了法国次声武器试验所在一次试验失误中致死 30 人的事例，用的就是一字一顿的语调：“1968 年，4 月，28 日，黄——昏……”语调一字一顿，语气含肃蕴悲，一下子使满堂学生屏息静听。

对偶排比式

汉语修辞有数十种辞格，文章写得好的人，大都精于修辞。教学语言虽有别于书面语言，但教师若能运用种种修辞格，无疑会使语言斑斓多彩。对偶和排比这两种常用的修辞格，音节整齐匀称，节律感强，语意凝炼集中，概括力强，尤其适用于教学语言。

如在讲《孙子兵法》从战略高度来论述军事问题时，教师采用了对偶句：它“具有高屋建瓴的气势，详备富瞻的内容”，紧接着又用了排比句：“书中充满着对睿智聪颖的赞扬，饱含着对昏聩愚蠢的鞭挞，显露出对穷兵黩武的警告，贯穿着对军事哲理的探索。”

俚俗谚语式

俚语、俗语、谚语、歇后语，虽属“下里巴人”，却也不乏熠熠生辉，它往往能以“土”胜“洋”，给学生以听觉上的别开生面，思维上的别开洞天。寥寥数字，短短一语，好似画龙点睛，胜过滔滔不绝。

教师可用“敲锣卖糖，各干一行”、“哪吒的火轮、关公的刀”作引子，说明自己的行当、本职工作、业务专长就是拿手好戏，进而阐述撰写学术论文要选自己最熟悉、最擅长的题目。

教师在讲拟写军用文书的措施部分要有的放矢时说：“有的放矢提出的新措施、新办法，不是‘画上的耕牛——中看不中用’，而是可以执行的，能够行得通的。”

有时引用的歇后语，教师可以只讲前一半的谜面而不讲后一半的谜底。例如，老师在指出一些文章的弊病时说："有的是'丈二和尚'（隐'摸不着头脑'），有的是'膝盖上钉掌'（隐'离蹄<题>太远'）"，这样的讲法，学生乍一听新鲜，注意力集中了；再一想，颖悟、明白了。这种效果比之教师直言其意，印象更深。

幽默诙谐式

幽默是智慧的表现，幽默感是一个民族文化水准的标志，有经验的教师往往能用一两句幽默风趣的语言，引得学生忍俊不禁、哑然失笑。

一位教师在讲基因武器时列举了一种在非洲引起可怕的"裂各热病"的基因的例子，之后说："这裂各热病究竟是个什么样的病，我也不知道，不过，我想总归是一个比较麻烦的病。"（哄堂大笑）

这段话于紧要处显轻松，不想人所想，不急人所急，以轻描淡写般的若无其事表现了事态（事件）的严重性。

随机发挥式

演讲心理学告诉我们：人在演讲过程中常会因表达的清晰、顺畅，听众的入神、赞赏而使大脑细胞活跃异常，于是"灵感"不时冒出。教学过程同理，教师随时随机地将新涌的、新鲜的、新颖的事例拈来发挥，便可收到良好的效果。

以谐纠错式

课堂教学活动，涉及若干环节，关联诸多因素，失误、差错在所难免。面对窘境，无所适从的尴尬无济于事，故作镇静的掩饰于事无补，机智幽默的语言往往却能绝处逢生，柳暗花明。

老师在讲军事战略时，将"战略后方"误写成"战略后门"，板书刚毕，学生笑了，老师循着学生的眼光发现了错处，拿起黑板擦，灵机一动地说："这可恨的'后门'在脑子里的印象太深了，以致于我总要把它亮出来示众。"说罢此话，老师也跟着学生笑了。

以拙获巧式

《孙子兵法·作战篇》指出："兵闻拙速，未睹巧之久也。"它是指：用兵打仗只听说宁拙而求速胜的，没见过求巧而久拖的。明代李贽注曰："宁速毋久，宁拙毋巧；但能速胜，虽拙可也。"这些论述给我们以启发：教学语言，但能获巧，虽拙可也。

老师在讲孙子的战略战术思想时，列举了现代战争的巨大物资消耗之例后指出："日本军方人士在评论第四次中东战争时认为，像阿以双方18天内那样大的消耗，就是美苏这两个经济强国、军事强国也不可能坚持长期作战的。所以，我们可以说"现代战争不是'打不起'而是'打不起'。"这一"拙言"出乎学生预料，顿时吸引了全体学员的注意，老师则不慌不忙地往下讲："前面一个'打不起'是说现代战争不是打不起来，而是说打就打，随时都能打起来；后面一个'打不起'，是说战争的物资保障、后方勤务，也就是经济上支付不起如此巨大的开支和消耗。"听到这里，学生会心地笑了。

悬念断课式

明代文学家谢榛论及文章的开头和结尾时说："起句当如爆竹，骤响易彻；结句当如撞钟，清音有余。"授课亦然。一节课的暂停，一堂课的结尾，也应如撞钟，给学生留下不绝于耳的清音，不绝于脑的思索。

下课铃响之际，老师可根据所述内容设置一个悬念，例如："孙子把所著的十三篇兵法献给了吴王，吴王看了以后说了什么呢？且听10分钟以后再讲。""1970年前后，一种新的激光通信迅速发展起来了，这是一种什么样的激光通信呢？休息以后同学们就会知道了。""以上讲述的是要选择能够表现主题的材料，那么，是不是能够表现主题的材料全都可以用呢？请思考。下课。""二次大战以来，美国的军事战略经历了这样五次演变，20世纪80年代以来美国的军事战略又有了新的变化，这种新变化同以往的战略相比有什么不同呢？下次课我们再讲。”

幽默——有效的教育手段

“缺乏幽默是悲哀的”，即便在课堂上也同样如此。审时度势，在现代这个人们日益青睐口才、崇尚幽默的开放社会里，幽默感应在教师的语言艺术中占据特殊的地位。

幽默是一种行之有效的、不可放弃的教育手段。研究发现，幽默本身所具有的一些特性，为我们的教育教学活动提供了许多不可多得的有利条件。这从下面的论述中可略知一二。

幽默具有高雅性。幽默绝不是轻薄和滑稽逗乐，也不是哗众取宠，更不是低级趣味。我国著名作家老舍也说过：嬉皮笑脸并非幽默。幽默具有高雅性，它是人们高尚情操和完美人格的外显。莎士比亚也说过：幽默是智慧的闪现。因此，教师如果能恰当地运用幽默语言，会有助于陶冶学生的情操，培养学生健全的人格，使学生形成高尚的、健康的品质。

幽默具有启发性。幽默不是只为博得廉价的一笑，而没有更深刻的东西。幽默语言委婉含蓄，意味深长，类比、比喻、双关等修辞方法的运用，使幽默既引人入胜、妙趣横生、令人发笑，同时又鞭辟入里、启发思考、令人回味。也就是说，幽默能使人在发笑的同时，领会到其中蕴含的智慧和哲理，在笑声中得到启迪。幽默又往往不直接揭示问题的实质，而是给人以回味的余地，比起直露的语言来，它更具有启发性。因此，教师如果能够在课堂上巧妙地运用幽默的语言，则会有助于学生对所学知识的理解和记忆，其效果远胜于告诉学生现成的结论。这是符合启发式教学要求的。

幽默能使人产生兴奋。富于幽默感的语言，生动形象，鲜明深刻，既令人发笑，又促人深思，从而能保持人的大脑高级神经活动的兴奋性，减少疲劳。因此，教师把幽默的语言运用在课堂上，能够保持学生大脑的兴奋性，活跃课堂气氛，消除紧张和疲劳的现象，增强学生的学习兴趣。

幽默具有和善性。幽默语言委婉含蓄，轻松自然，有趣可笑，给人以温和、友善之感。一般容易为人们所接受。哲人莱卡尔曾说过：幽默不是轻蔑，而是爱。具有幽默感的人，使人感到和蔼可亲，也易平易近人。如果教师具有幽默感，它则会有助于融洽师生间的关系。

幽默具有教育性。幽默能够表达一定的思想情感和立场观点，具有巧妙的教育作用。幽默的语言用于正面教育胜过空洞的说教，而用于批评则胜于简单粗暴的斥责；它既不伤害人的自尊心，又能使其辨明是非，从而达到教育的目的。因此，对于教师来说，恰当地运用幽默的语言，会大大提高教育效果。

课堂提问与导课的技巧

讲课中的提问艺术

提问在教学行为中有很重要的作用。学问，学问，无论是教还是学，关键就在这个“问”字上。问，是个法宝。它是深入的阶梯，是长进的桥梁，是触发的引信，是沟通的契机。所以，古今中外的教育家都很重视它。宋代朱熹说：“读书无疑者，须教有疑，有疑者无疑，至此方是长进。”明代陈献章说：“前辈谓学贵知疑，小疑则小进，大疑则大进。疑者，觉悟之机也。一番觉悟，一番长进。”大科学家爱因斯坦也曾经说过：“提出一个问题往往比解决一个问题更重要。”大作家巴尔扎克也说：“打开一切科学的钥匙都毫无疑义地是问号。”这些都说明“问”是很重要的。

说到提问，人们不禁想起我国古代的圣人孔子。他的教学具有很高的提问艺术。他常常用一些巧妙的提问引导学生进入“愤”、“悱”的境界，他往往不是把结论直接告诉学生，而是用一些创造性的提问去启发学生思维，和学生一起得出结论。教学实践表明：提问艺术是一个教师教学艺术的重要组成部分，提问效果的好坏，往往成为一堂课成败的关键；教师讲课中不时出现的、发人深省的问号，往往被看成是智慧和创造的象征，它会在教学之间、师生之间实现和谐沟通。

提问在讲课中的作用，有以下几点：

激发。提问能起到激发学生思维的作用。问题就是矛盾，提问就是摆矛盾，它可以从对立的两方面给学生以刺激，引起他们的反射，从而促使其思维向前推进，因此它有很强的激励作用。所以，这叫提问激励法。当学生的思维还没有启动的时候，教师的提问会使他们产生悬疑，从而开启思维机器去主动地寻求答案；当学生的思维积极向前推进去攻克难点的时候，教师的提问会帮助他们开辟新的通道，接通新的联系，产生顿悟和突破；当学生要对思考过的问题进行整理的时候，教师的提问又会使学生的思维有条理地收拢，得出圆满的结论。好的提问不断激发学生和教师一起思索，一起破门而入，登堂入室，探取“所以然”的秘密。

提醒。提问能起到吸引注意力的提醒作用。教师讲课主要不能靠维持纪律来保证学生注意力的集中，而应该用问号把学生的思维紧紧钳住。有经验的教师对讲课中的“放”和“收”事先都有所设计，当学生注意力分散的时候，他能用巧妙的提问把它集中起来；当学生的注意力持续地集中到某一点产生疲劳感的时候，他又能用巧妙的提问把它引开，从而使讲课疏密相间，张弛结合，以保持学生听讲的兴趣历久不衰。

沟通。讲课中的提问，还有沟通作用。讲课中提出的所有问题，教师都必须给予明确的解答，有时是教师自己解答，有时是让学生回答。学生的回答实际上就是双向沟通，它可以当堂检验学生理解和掌握的程度、教师提问的效果，促使教师调整、补充甚至推翻原先的课堂设计。这样，在提问和解答中进行信息交流，使教学相长，取得更好的效果。

提问的方法有以下几种：

直问和曲问。直问就是直截了当地问，问的主旨即在探求直接的答案。例如，刘少奇所写的《论共产党员的修养》开讲便设问："共产党员为什么要进行修养呢?"这就是直问。曲问是一种迂回问法，即所谓问在此而意在彼。这种问法运用得好，会有很强的激发作用。有时教师虚提一问，而无须正面回答，其目的在于引导学生去探索；有时问题和答案都很简单，但释了疑之后却又引起更深的疑问。例如在讲茅盾先生的散文《白杨礼赞》时，教师问学生："第一段写的什么？第二段写的什么?"这问题并不难答，只要看看原文就会知道；第一段写的是白杨树，第二段写的高原景色。但是，教师提问的目的主要不在于此，而在于引起更深的疑问：为什么第二段不接着第一段写白杨树而去写高原景色呢？这不是离题了吗？只有弄清这个问题，才能使学生学到茅盾先生的艺术手法。在讲课中，直问和曲问都经常用到。直问开门见山，单刀直入；曲问曲径通幽，发人深省，二者都能起到激发作用。

宽问和窄问。宽问，又叫概括问或笼统问，是就提问的内容较宽、较概括而言的；窄问，又叫具体问，是就提问的内容较窄、较具体而言的。有人说，讲课忌用宽问，这不能一概而论。比如开讲的时候，教师就常常用宽问。宽问居高临下，窄问具体生动，各有各的效用，究竟怎么用，要由讲课的内容、对象和提问的目的来决定。

单问和重问。单问，就是集中提一个问题，然后集中释疑。有时一堂课就是由一个或几个单问组成，提问既成为线索，又显出层次。重问，就是重叠提问，又叫连续问，即在短时间内多次提问。重问有两种常见形式，一种是由窄到宽，即先用窄问搭桥，逐层深入，最后得出概括结论，这是归纳重问法，主要用来培养学生的概括能力；另一种是由宽到窄，即先用宽问领起，然后将其分解成一个个具体的窄问，这是演绎重问法，主要用来培养学生的具体分析能力。例如分析一段文章，教师先从字、句开始具体提问，最后再总问其特点，这就是归纳重问法；如果教师先问总的特点，然后再具体由词到句地提问，这就是演绎重问法。单问有稳扎稳打的效果，重问有连续沟通的效果。

明问和暗问。明问，就是提问时有明显的问句出现。暗问却不然，它用的不是问句，但在陈述中却能使听者产生强烈的悬疑。这是一种内在控制的提问法。在讲课中陈述一种反常的情况或结论，摆出对立的现象或看法，闪露出一点结论的光芒等，这都是暗问法。列宁就很善于使用这种暗问法。由于他用内在的逻辑力量不断使听者陷入疑团之中，所以即使没有用问句，他也会“用钳子从各方面把你钳住。”你若读一读《青年团的任务》，就会有这种感觉。鲁迅先生的讲课也有这个特点。这样的问答谈话有很好的沟通效果。

除此之外，还有虚问和实问、正问和反问等，也都各有所用。

谐美型新课导语例析

学生对一篇新教材的学习欲望及其学习效果，与教师两三分钟的导语有很大关系。成功的导语，如同已经拉开的大幕，让学生一眼就看到精美的置景；犹如乐章的序曲，使学生一开始便受到强烈的感染；又像是打开了殿堂的大门，诱导着学生产生沟通的欲望。谐美型导语就是造成这种效果的有力手段之一。

“谐美”，是一种美感形态。我们这里所说的谐美型新课导语，是指教师用诙谐幽默、机巧睿智的个性化语言导入新课。其特征是引人发笑，其本质则是激发学生的学习兴趣，进而形成互动性学习状态。现举几例如下：

一、巧用引证，唤起兴趣

教说明文是一大难题，学生对说明文普遍不感兴趣，认为它枯燥无味。针对这种情况，教师首先应在导语上下功夫，以便把学生学说明文的积极性调动起来。如在学习《眼睛与仿生学》一文时，教师可以设计一段具有滑稽感的导语，虽然不是对仿生学的科学介绍，但它为学生学习仿生学常识创造了活跃的课堂气氛，从而激起了学生掌握新知识的欲望。请看下例：

"教参上说，1960 年 9 月 13 日，有位名叫斯蒂尔的科学家，在美国召开的科学讨论会上，第一次提出了'仿生学'这个名词（板书'仿生学'）。从此，人们便把这一天定为仿生学诞生的日子。我很不服气！创造仿生学的老祖宗明明是我们中国人，怎么说成是蓝眼睛、高鼻子的外国人呢？（笑声）而且早在多少年前，我国的仿生学就成就惊人了，为何说是 1960 年才诞生呢？（笑声）

口说无凭，有吴承恩的《西游记》为证！（果断的手势引发大笑）该书的第六回讲得十分明白：孙大圣大战二郎神时，'摇身一变，变作一个麻雀儿，飞在树梢头钉住'。而二郎神也'摇身一变，变作一个雀鹰儿，抖开翅，飞将去扑打'……你们看，他们的模仿本领多大呀！这是何等高超、神奇的仿生学啊！（大笑）当然，这在当时不过是幻想而已。在向现代化迈进的今天，幻想正在逐步地变为现实。比方说，孙大圣那双在八卦炉中炼就的'火眼金睛'，有的部分已经变成了现实。这就是我们今天要学习的视觉仿生学。（轻松的笑声）"

二、妙用"双关"，引人入胜

老师以前指导学生修改文章，尽管讲了许多名人名言和写作故事，反复强调修改的重要性，可学生学习的积极性仍调动不起来，写完作文依旧懒得下功夫去修改。这次在讲《谈修改文章》一文时，老师便设计了这样的导语：

“大家常常写文章，可什么叫‘文章’呢？《辞海》上说：‘画绘之事，青与赤谓之文，赤与白谓之章。’人的脸皮有青有赤亦有白，可见，每个人的脸皮就是一篇天生的‘文章’。（笑声）古今中外，许多女同胞都是非常讲究‘修改文章’的！（大笑）你看吧：她们每天晨起梳妆，对着镜子，用增白霜反复‘揣摩’（涂抹），再用高级胭脂、唇膏精心‘润色’，还要用特制的眉笔仔细地修改‘眉题’。甚至于连标点符号也毫不含糊——非要用手术刀将‘单括号’（单眼皮）改为‘双括号’（双眼皮）不可！（笑声、掌声）你们看，这是何等严肃认真、高度负责的态度呀！

我们每个人都有自己的文章。要想使文章出类拔萃，成为‘真优美’，不在修改上下番苦功夫，行吗？（笑声）何其芳先生说：‘修改是写作的一个重要部分。’看来，这是一条至理名言（板书中心句）。”

三、手法多样，巧解难点

讲小说的时候，导语不宜正面论述作品的主题思想，深入评价人物，但教师可以采用多种手法，引导学生去深入探讨，全面、深刻地把握人物形象及其社会意义。例如，在讲莫泊桑的小说《项链》一文时，老师在导语中使用了歇后语和让学生对对联的方法，引导学生去领会作品的思想意义。

《项链》的作者批评了路瓦栽夫人爱慕虚荣、贪图享乐的思想，但对她又寄予了深切的同情。小说在结尾处点出项链是假的，把悲剧的根源归结为以假当真上，这就极大地削弱了作者对虚荣心的批判力量。这一点，学生不易理解，正是本篇的教学难点。为了巧解难点，老师在导语中可通过讽刺来否定和贬斥丑恶事物，引导学生深入领会课文：

“同学们，平时大家经常会听到一些歇后语，如：‘癞和尚戴花——疯美'、'睡在棺材里搽粉——死要脸'、'厕所里开电风扇——出臭风头'，等等。（笑声不断）今天，我给大家讲个新的，这个'歇后语'就叫路瓦栽夫人借项链——穷出风头；路瓦栽夫人丢项链——乐极生悲；路瓦栽夫人赔项链——自讨苦吃。（大笑）笑什么？这不算歇后语吗？对，不算。因为歇后语是约定俗成的，为群众所认可的。这些个人杜撰的话，只能算'×氏的油腔滑调'吧！但这些话有没有一定道理呢？大家已经预习了这篇小说，你对那位巴黎少妇有什么看法？现在我出个上联——'一夜风头项链即锁链'，请大家细读课文，根据你的理解对出下联。要求对仗基本工整，能表达你对主人公的看法。好，看谁对得又快又好。（参考下联：'十年辛苦悲剧实闹剧'、'十载艰辛可怜实可鄙'）"

与学生个别谈话及家访诀窍

与中学生谈话的技巧

教师与中学生沟通，找学生谈话是经常采用的形式，但要打开学生的心灵之窗，教师必须讲究谈话的技巧。

一、善于放松情绪

谈话前学生一般都怀着紧张不安的心情准备受"训"的，思想上有顾虑，心中有应酬老师的"腹稿"。如果教师不先消除其紧张情绪，那么谈话就会变成一问一答式的"审问"，甚至事与愿违。因此，当学生一进门时，教师就要通过热情招呼、让座或倒茶等礼貌行为给学生以亲切感，然后从学生的特长、爱好引出话题。教师可与爱诗者谈诗，善画者说画，好球者论球，对沉默寡言又无明显特长的学生可从拉家常谈起："你有多长时间没有回家了？父母希望你经常回去看看他们吗？"有时，教师还可以根据需要与学生下盘棋，或打一会儿球，等学生的紧张情绪完全放松后再导入正题。这样学生的"戒备"心理解除了，师生的心就靠近了，谈起话来就会显得自然、和谐、投机。

二、巧于相机试探

谈话开始后，教师不要急于亮出谈话的主题和意图，而以谈心的形式启发学生自由发表意见；当学生谈得情真意切时，教师可有目的地在关节点上画龙点睛地插上一两句，诱导学生吐真情、讲实话，用以证实事前了解的情况，获得新的信息和解决问题的依据。在一次中考过后，有人反映×××同学因害怕考试伪造生病证明欺骗学校。班主任找他谈话，他却振振有词，理据都有。后来，班主任抓住谈话间隙，讲了《比比谁的骗术高》的故事，使他终于说了实话，认了错。

教师进行相机试探可以采取"层次导引"，将所谈话题分为若干层次，诱使学生逐渐靠近主旨，在不知不觉中对要了解的内容提供情况和发表意见。这表现为以下几点：①投石问路。在学生谈兴正浓时，教师应捕捉疑点，含而不露地插入一句，刺探对方的反应和口气。②"激将辩白"。教师应牵住话头不放，在学生交代不清处故意从反面设问，刺激对方辩解，以便探听虚实。③即兴引发。谈话中止出现冷场时，教师可以讲个故事或笑话重新打开对方的笑口，使学生在谈笑声中再度敞开心扉，吐露真情。总之，教师不管采用哪种形式，都要用得巧妙、适度，恰到好处，使学生在迂回曲折的"游击战"中不经意地暴露自己的真实情况，从而达到沟通目的。

三、诚于言情感化

古人云："感人心者，莫先乎情。"教师与学生谈话，冰冷的态度，空洞的说教，严厉的批评，都会关闭学生心灵的大门，使学生不愿与老师沟通。因此，要“达理”必先“通情”。教师只有像对待自己的子女、朋友那样怀着真诚的爱，尊重学生，不发火，不质问，和颜悦色，平易可亲，用饱含知识营养的甜美语言去启迪和感化学生，才能使学生亲近和信任教师，和盘托出心底的秘密，心悦诚服地与老师沟通。例如，有两个学生为一件小事争执、打架，被班主任叫去“训”了几个小时，双方互相指责，“仇气”难消。该班任课的一位女教师把他俩请到自己的宿舍，打水给他们洗脸，拿药棉球给他们擦鼻血，找针线给他们缝撕掉的纽扣，边缝边和蔼地询问事情的经过，委婉而深情地责备说：“同学好比亲兄弟，有什么事不好商量，偏要打架？真叫人心疼。以后毕业分手了，想见面还不容易呢！”说得两个学生低头不语。接着她又因势利导地讲了老山前线战士用生命掩护战友的动人故事，感动得两个学生争着认错，其中一个学生主动承认这次打架的真实原因，是为了报复对方向班主任告他的“状”，当即向对方赔礼道歉，握手言好。

多用肯定的评语和差生沟通

品行差、成绩差的学生常会引起老师的不悦。愤懑之时，老师的一些牢骚便脱口而出，或斥骂：“老油条，总改不了你这德行！”或批评：“这是流氓行为！”或埋怨：“你不能争口气，考个90分吗？”或叹息：“我算服你了，真没办法。”这些言语均是“否定的评定”，以此作为“杀手锏”来转化差生只能是“治标不治本”，还容易起到与教师期望相反的作用。

美国著名的心理学家贝蒙（P. J. Bem），竭力倡导用“肯定的评定”策略来改变学生的态度和行为。他在进行了大量的实验与研究之后指出，如果经常使用“否定的评定”，就会逐渐使学生用一种否定的方式评价自己，如“我品质不好”、“我不聪明，搞不好学习”，随之他们的态度、行为就可能向这种否定的自我知觉支配下的行为方式趋近。

鉴于此，我们主张用“肯定的评定”策略去转化差生。其具体实施方式有多种，其中，“沟通”不失为一个重要的措施。

△沟通方式

常见的师生沟通方式是面对面、主客分明的，甚至是学生站着恭听，教师正襟危坐，充满“训话”的味儿。沟通应以双方平等为前提，学生对教师没有提防、害怕心理，无拘无束。这首先是教师对学生人格的肯定。

△沟通契机

教师要克服差生犯了错误才找他们谈话的习惯，而应平时多与他们接触，仔细观察和及时捕捉他们的“闪光点”。一旦发现他们有点滴进步或因某点成功受到奖励，此时与之沟通，肯定其进步行为，便会收到好的效果。在平时的劳动中、玩乐中、漫步中，教师也会捕捉到沟通的好时机。学生在心情愉快之时，有效的教育更易深入其内心。

△沟通语言

教师需尽量用肯定的语言平和自然地与学生进行沟通。例如，“我觉得你在××方面了不起，可以当我的老师。”“看得出，你正在改正欺负小同学的行为，这很好！”“你学习数学真努力”等，教师应把一些本来要批评、劝说的意思化为肯定的评定语言，这样可以启发他们发扬优点，克服不足。

△沟通内容

依据不同的情境，针对不同的学生，沟通内容是千差万别、不胜枚举的。仅举两例：

1. 提供“肯定”的榜样。“榜样的力量是无穷的”，然而，在沟通中如果榜样的提供方式是不妥的，那么这不但激不起学生的学习动机，反而会引起他的反感。如“××同学多好呀，你要是学到一点点我就满足了。”“××成绩好，你甭想超过她”等，就是失败的。

2. 引导正确归因。按照“肯定的评定”的策略要求，学生的品德行为或学习成绩哪怕是只有丝毫进步，我们都要充分肯定，并诱导他们认识到，这点“进步”完全是他主观态度的改变或发奋努力的结果，绝非外部压力或偶然条件造成的。这一点对巩固他们的新行为作用重大。有一回，班上几个差生的考试分数有点上升，老师想借此机会鼓励他们一番，便约他们星期天到自己家中玩。娱乐中，老师似乎是在无意地引导他们分析进步的原因。兹撷取其中一个片断：

学生：妈妈说话不算话，原说我考上80分给我买件小东西。可我昨天考了82分，她却不买了。

老师：为什么呢？（十分好奇的样子）

学生：她说全班许多同学都考得好，题十分简单，80分不算好。

老师：你同意妈妈的说法吗？

学生：题是比较简单。

老师：我不同意这个说法。你回忆一下：上学期第三单元测验，同学们都说题简单，你考多少分？好像没及格。这学期以来，我发现你的成绩在逐渐上升，尽管每次只增加几分。这是为什么？你们（向众人）注意他本学期来的表现没有？

众人（七嘴八舌）：他上课玩东西的次数少多了……上学期经常被老师叫起来却站着答不出问题……这学期好几次上课他举手发言很积极……课堂作业书写也认真多了。

待众人说完话，老师作了肯定性的评述，学生望着老师露出欣慰的表情，他此时心中一定会暗下决心：“更上一层楼”！

教师同学生进行“肯定”式的对话，正好应了明代教育家王守仁的宏论："今教童子，必使其趋向鼓舞，中心喜悦，则其进自不能已；譬之时雨春风，沾被卉木，莫不萌动发越，自然日长月化。"差生难得听到"肯定"的话，对他们多一份"肯定"，他们就增加一份自信。

表扬学生的艺术

教师表扬学生，是对学生的良好思想行为给予好评和赞美。有人认为教师表扬学生不过是给学生戴戴"高帽"，反正"油多不坏菜"，好话多说点不会错。其实，这并不尽然。只有恰当而准确的表扬，才能使学生明确自己的长处和优点，激起学生的进取心和荣誉感，使大家产生一种羡慕、向往的心理。相反，那些信口开河、随心所欲的表扬，有时不但起不到鼓舞激励作用，反而会使教师的威信下降。因而，有经验的教师总是善于根据学生的不同特点，运用不同的表扬方式，力求取得最佳的效果。他们常常这样做：

避免成见，实事求是。

所谓成见，是指教师在以往的工作中，对学生所产生的一种固定不变的看法。这种成见，往往影响教师实事求是地对待学生、表扬学生。而教师对学生进行表扬，关键是要实事求是，公平合理，绝不能掺杂着教师个人的好恶感情。教师应有太阳一样光明磊落的胸怀，把自己的光和热送到每一个学生身上。特别是对那些"双差"学生，教师万万不可抱有成见，要随时发现他们身上的闪光点，并及时给予表扬。只有这样，学生才能感到老师是公平的，是一视同仁的，从而培养了全体同学的荣誉感和上进心，使表扬真正起到鼓励先进、带动后进的作用。

调整心理平衡，促进同学团结。

心理平衡是同学之间保持友谊、互相团结的一种必要心理因素。表扬一些同学，必然要影响其他同学的心理平衡，教师如果表扬不当就会产生很大的消极作用，使受表扬的同学受到打击，没有被表扬的学生产生消极抵触情绪，而达不到表扬的目的。因此，教师在表扬时要注意照顾多数同学的情绪，注意表扬方法，不能让人感到教师把功劳、成绩都归于某一个或几个同学，而应使未受表扬的学生也能认识到自己作为集体一员的意义，并感到自己受到了尊重和信任，而不是被歧视和压制。

利用集体舆论，树立良好风气。

集体舆论对学生的影响往往比教师个人的力量要大得多，也有效得多。所以，树立一个良好的风气就显得十分重要了。在有些班级，好人好事不但得不到鼓励、赞美，反而遭到打击和孤立，教师的表扬也只能使受表扬者的处境更为难堪，这就是一个风气问题。一个好的班风的形成，是需要教师做多方面的沟通工作的。例如，有的学生做了好事，非但得不到同学的赞扬，反而遭到讽刺和打击。这时，有经验的教师不是自己出面表扬一下做好事的学生，而是让学生展开讨论，分清是非，把舆论的中心引导到正确的方面上来，使做好事的同学得到舆论的赞扬。

抓准时机进行表扬。

教师要善于发现每一位学生身上的闪光点，了解他们的每一点细微的进步，教师及时而适度的表扬往往是促进学生转变、前进的催化剂。如果教师缺乏对学生的了解和理解，不能及时地、准确地进行表扬，那么这对刚刚起步的学生无疑是一个无声的打击。而如果表扬的时机抓得不准，这也会使一些处于自负、骄傲心理状态的学生自以为是。因此，教师一定要抓准表扬的时机，要明确表扬并不是一种教育过程的结束，而是一种教育过程的新起点，不要为表扬而表扬，应预想到表扬的客观效果。

进行理论升华，提高思想境界。

有时学生做了一些好事或取得了一定成绩，但他们自己却不一定能清楚地认识其重要意义。这时教师的表扬就不应就事论事，只停留在事件本身，而应进行理论分析，使其上升到一定的思想高度，让同学们通过这一件件小事窥见一颗颗美好的心灵。这种表扬，可以帮助学生认识自身的价值，不断提高其思想觉悟。

批评学生的艺术

常听一些教师抱怨学生听不进自己的批评。其实，其原因并非全在学生身上，有时它与教师批评的方式方法不当或批评缺乏艺术性关系很大。

社会心理学认为，人的行为一经发生，都希望得到肯定的反应。即使是成年人，也大多喜欢表扬而不愿被批评，何况中小学生孩子气未脱，有时甚至需要“哄”呢！因此，要使学生接受批评，教师就必须分析和了解受批评学生的心理特点，努力达到与学生心与心交融、情与情沟通的境地。

有些教师一批评学生，脸上就出现猪肝之色，口中便发出雷霆之声，甚至污言秽语横飞，这其实是缺乏修养的表现。而有经验的教师都深知，批评决不等于训斥和责骂，也不等于讽刺和挖苦，更不等于拳头和教鞭。他们总是和颜悦色、轻声细雨，循循善诱，从而令受批评的学生心悦诚服。他们常常采用以几种方式：

一、采用不露声色的批评，寓批评于某种动作或意味深长的话语之中，促使学生深思、自责。这种方法特别适用于那些天真幼稚、年龄较小的学生。据说，著名教育家孙敬修见几个孩子在折树苗，便把耳朵凑过去，装出听什么的样子。孩子们好奇地问爷爷在听什么？他说是在听小树苗哭泣。“小树苗也会哭吗?”孩子们疑惑地问道。“是呀，你们折了它们，它们当然要哭。它们说，它们要快快长大好为祖国建设服务，请你们不要损害它们。”孩子们听了回答后，都哭了，脸也红了。后来他们自动组织起护林小组。孙敬修可谓懂孩子的心了。他未出一句责备之言，却取得了一般批评所难取得的效果。

二、借助于适当的寓言故事、历史典故、轶闻传说，或借助于批评别的类似现象，引起学生的联想、对照和类比，从而认识其错误的性质。这种含蓄委婉的批评较之直来直去的呵斥更易为学生所接受。它可使学生通过反省和斗争，进行自我否定，常常获得深刻的印象。由于这种批评方法是旁敲侧击式的，因此它有利于保护学生的自尊心。

三、那些自尊心受到严重损伤，完全丧失上进心，采取破罐子破摔的处事方法的学生，尤其需要理解、尊重，如果教师以表扬代替批评，倒也不失为良策。这可使学生振奋精神，看到前途和希望，使其濒临泯灭的自尊心得以恢复，从而弃旧图新，重新努力。教师应切记决不要再次触动他那受伤的心灵。要知道，批评过多，往往会使自己在今后遇到与学生沟通的障碍。

四、用幽默的方式说出严肃的真理，比直截了当地说出更能为人所接受。批评同样需要幽默。幽默，可以成为批评者和受批评者之间的润滑剂。川岛当学生时，鲁迅先生批评他不该把大部分时间荒废在谈情说爱上，并在送给他的《中国小说史略》扉页上写道：请你

从“情人的拥抱里”
暂时伸出一只手来，
接收这干燥无味的
《中国小说史略》。

鲁迅先生的批评既一针见血，又语重心长。他的批评语言既有诗歌的节奏和韵味，又有相声般的幽默和诙谐，令人痛而不怒，在不免发笑的轻松气氛中受到教育和启迪。

五、将心比心。教师与学生实行“心理位置互换”，是做好批评教育工作的关键。教师应经常想，假如自己处于受批评的学生那种境遇和心理状态之中，将会如何想，如何做？这样推己及人，将心比心，教师就能使自己的批评热情而诚恳，更具针对性和可接受性。受批评的学生也会感到教师的温暖，从而解除戒心和敌意，这

就为沟通提供了最佳的心理状态。

六、捕捉最佳机会，注意批评的时间、环境和场合。教师应注意能够不在大庭广众之下批评的，尽量不在大庭广众之下批评；不必指名道姓批评的，尽量避免指名道姓。但这并不意味着不指名道姓，就可以对批评的内容不负责任。批评一定要有真凭实据，以免伤害了众人的自尊心，使人人自危，变成了谨小慎微的“君子”。

总之，人的思想是复杂的，批评也是需要灵活多变的。只有教师具有宏大的气量和较高的修养，才能使批评扣人心弦，动人心扉，收到最佳的效果。

教师家访的谈话技巧

“家访”是中小学班主任工作的重要组成部分。每一个“家访”的班主任，无不希望能与家长推心置腹地沟通，共同研究改进对学生的教育。为此，班主任必须掌握“家访”谈话的艺术。否则，班主任就有可能达不到预期的目的，甚至不但不能加强与家长的联系，密切师生关系，反而会导致家长对班主任产生一种不信任情绪，而给自己以后的工作增添困难。

下面我们探讨一下“家访”谈话的技巧。

1. 在校内扎扎实实地做好班主任工作，是“家访”成功的前提。在学生心目中，班主任除了应是称职的教师外，还必须具备两条最起码的优点：负责、公道。所以，班主任只有做到这些才能取得学生的信赖和尊敬，从而为“家访”的成功奠定基础。由此观之，很难想象一个平时不认真工作、对学生极不负责的班主任，在“家访”中会受到欢迎。这是因为，学生常常在家中毫无顾忌地谈论老师，对班主任会谈得更多，而且他们对老师的某种评价，都是从具体事例中概括出来的。因而，家长不可避免地要受到孩子感情、观点的影响。也就是说，当你还未踏入学生家门时，学生家长已对你有了先入之见。对你的到来，家长或者喜形于色，热情款待；或者心怀戒意，不冷不热，有的甚至会讽言相讥，拒之门外。在这种情况下，一个不懂语言艺术的班主任，是很难获得“家访”的成功的。

2. 明确“家访”目的，突出谈话重点。“家访”的目的通常为：(1) 及时向家长反映学生在校情况；(2) 了解学生家庭情况、家庭教育状况和家庭环境对学生的影响，以及学生在家庭中的表现；(3) 和家长一起研究和改进对学生的教育。和以上三点目的相适应，“家访”谈话内容也应相应地分为三个组成部分：以班主任独白的形式介绍学生在校近况；以班主任发问、家长解说的形式了解学生家庭情况等；以双方交谈的形式一起研究改进对学生的教育。

班主任每次“家访”的目的都会不同，侧重点也会不同，或谈学习情况，或谈纪律情况，或谈劳动情况，因此在有限的“家访”时间内，班主任必须精心组织谈话内容，务求重点突出，以达到“家访”的目的。对一次综合性家访，班主任应分清主次，掌握好先谈什么，后谈什么；对目的比较单纯的“家访”，班主任则可开门见山，提出话题。例如：“您的孩子在绘画方面表现出特殊的才能，我这次来主要想跟你谈一谈如何培养孩子绘画才能的问题。”

3. 善于把握谈话的主动权。“家访”谈话不是随意交谈。“家访”谈话从总体上看，有主动和被动之分。班主任是谈话的发起者，班主任又是谈话中目的明确、预先有准备的一方。因此，在“家访”谈话中，班主任自然占主动地位。家长一方对谈话事先没有准备，对班主任的具体来意也不十分清楚，在谈话中，他们只是被动地接受班主任发出的信息，提供班主任指定方向的信息，承诺配合班主任协同教育孩子。因此，家长在“家访”中处于被动地位。认识到这一点，班主任在进行“家访”时，就应努力而巧妙地控制整个谈话内容，有条不紊地转变话题。你在使用谈话“主导权”时，一定要表现出对家长的尊重，并鼓励和启发家长谈你感兴趣的情况。万一家长谈话离题，你也不要生硬地把话题拉回来，要耐心地先听他讲，从中捕捉拉回话题的好时机。研究改进学生教育时，哪怕早已成竹在胸，你也要以谦虚的态度先征求家长的意见，看家长是不是有更妙的办法；若家长一时想不出什么办法来时，你才好说出自己的主意，用商量的口气问家长好不好，但不要用命令式的口气。

4. 不卑不亢，保持教师的尊严。无论家长的社会地位有多么高，他们在你面前，都只是家长而已。你和他们的关系也只是班主任和家长的关系。因此，你不要有自卑感。在访问那些经济状况较差、社会地位不高、文化修养较低的家长时，你要努力表现出自己的真诚坦率和对对方的尊重，从而增加他们对你的信赖程度。例如，一位班主任在初访某学生家庭时，见客厅里有两位年纪相仿的成年男子，她凭与学生容貌相似的程度，向其中一位说道："我是×××的班主任老师。如果没有猜错的话，你应该是×××的父亲。"对方点头称是。另一位则指着学生父亲插言道："他还是我们的×长。"班主任微微一笑，答道："这一点我早从'学生登记表'中知道了。不过，我这次来可是找学生的父亲的。"其巧妙的回答，便把自己置于与学生家长平等的地位上来了。接下来，她侃侃而谈，毫不拘谨，博得了家长的敬意。

5. 强调在教育学生方面校方与家长无利害冲突。有些家长溺爱孩子，常为孩子护短。你如果和这类家长谈及学生的过失，则会很容易出现不和谐的气氛。这时，你就要强调，在促使孩子上进方面，校方与家长无利害冲突可言。如果在对孩子的教育观点及对孩子某些言行的评价上存在分歧，你应千方百计地争取家长与自己协同步调，争取学校教育和家庭教育紧密配合。对屡教不改、过失严重并触犯校纪的学生，你也要预先就使家长认识到：采取这种教育手段是迫不得已的，从学生成长的总体上看也是有益的。

6. 努力表现出自己的称职。如果你能通过谈话使家长认识到这一点，他就会信任你，对你言听计从。你要抓住"家访"这个机会，表现出你对学生的热爱，为他们哪怕是微小的进步而由衷喜悦，为他们的一时退步而痛心疾首。在谈话中，你要表现出对学生的情况非常熟悉的特点：谈起班级情况来头头是道，对学生的性格、德智体美发展水平、优缺点了如指掌，向家长介绍学生情况时从不失实；要表现出你驾驭班级的能力；要让家长觉得你仿佛是一位经验丰富的舵手，永远是充满信心，从容镇定。你应记住不可借"家访"之机诉苦、告状，要家长"评理"，你那样就等于承认自己的无能和软弱，势必使家长怀疑你的能力，不再积极配合你的工作。

7. *顾及谈话的影响。*"家访"谈话时，有些家长唯恐有孩子在场班主任不能畅所欲言，常借故将孩子打发出去。而有些学生担心老师说自己的过头话，总想在场"监听"或在场外"窃听"。遇到这种情况，你不如坦率地向家长表示希望孩子留下，一起谈。并不是你所掌握的全部情况都要转达给家长，特别是对后进学生，你可以"多报喜，少报忧"，精心选择你的谈话素材。孩子已改正的错误，未经落实的情况或者你已经答应学生不再告诉家长的情况，绝不要再谈。当你发现自己的话有可能导致家长体罚孩子时，要尽力使家长打消这个念头，防止学生对你产生怨恨，使师生关系更为紧张。

8. *把学生的进步归功于家长，后进归于自己。*教师主动替后进学生承担责任，这是教师职业道德的一种表现。诚然，学生的进步中包含着教师许多辛勤的汗水；学生后进的原因也极为复杂，不一定都要由教师承担主要责任。对此，通情达理的家长心里也十分清楚。但你这么讲，会使家长深感你的为人谦虚和责任感强。相反，一旦学生有显著进步或者获得特别荣誉，你便炫耀自己的栽培之功，家长嘴上会迎合你，内心却可能是不快的。你若对后进学生一味强调其天赋差，"根子不正"，甚至把责任全部推卸给家长，那么这只能伤害家长的自尊心，损害你的形象。

9. *谈话要落脚到研究和改进学生教育上。*"家访"的目的重要的不在于谈论学生的昨天和今天，而在于如何使他有一个灿烂的明天。在“家访”谈话中，班主任介绍学生在体育或艺术方面表现出的特殊才能，是为了和家长一起谋求发展学生才能的条件；介绍学生最近以来令人忧虑的表现，是为了使家长意识到问题的严重性，寻找促使学生转变的措施。所以，任何一次“家访”都要落脚到研究和改进学生的教育上。

教师与学生争吵“十忌”

在教学中，学生和老师发生争吵的事是常有的。当学生一时头脑发热，说出过头话时，有经验的老师，总能保持稳定的情绪，平心静气地和学生讲道理，或暂时放一放，等适当的时候再找学生谈心。但是，也有一些缺少经验而又脾气暴躁的老师，面对学生的顶撞，往往感情失控，大发雷霆，说起话来犹如炮弹出膛，全不顾及后果。其结果是，不仅问题得不到解决，反而产生出更多的麻烦，轻则师生关系僵持，老师的教学工作受影响，学生的自尊心受挫，并且学习和思想的进步都大受影响；重则老师无法下台，在学生中的威信降低，学生则对老师产生抵触情绪，甚至干出违法的事来。一般来说，在与学生发生争吵时，教师要忌用以下“十式”。

一、挖苦式。如:“白吃了十几年饭，一点也不知害臊!”“你当然比老师聪明得多!”

二、比较式。如:“你和××同学比，相差十万八千里!”“你和×××一样没出息!”

三、挑战式。如:“我要怕你，就不当这个老师了!”“好！看看到底你说了算，还是我说了算!”

四、告状式。如:“走！到校长办公室去!”“我管不了你，叫你爸爸来教训你!”

五、预言式。如:“我看你什么也学不好!”“你早晚得进监狱!”

六、结论式。如:“这件事就是你的错!”“全校再也找不出你这样的学生!”

七、记账式。如:“早晚跟你算账!”“毕业鉴定上见!”

八、挑拨式。如:“同学们，他这是什么行为?”“这堂课被他搅得上不成了，大家看怎么办?”

九、驱逐式。如:“不愿听我的课，请马上出去!”“学校管不了你，明天收拾行李回家!”

十、罢课式。如:“好，我教不了，不教了!”“我走，这堂课让他给大家上吧!”

第十章 商务沟通

能否说动客户，是生意成功的关键。世界上最伟大的推销员乔·吉拉德说："在你准备向别人推销产品之前，你必须先百分之百地把自己说服，否则，你就无法打动别人。"良好的语言沟通是生意成功的关键。

商务沟通的一般技巧

开场白是沟通的前奏曲

每一个优秀的业务员都应该设计一个独特且吸引人的开场白，借此在短时间内吸引客户的注意力，让他停下手边的事，专心地开始听你介绍产品。

依照销售心理学的分析，最好的吸引客户注意力的时间就是当你在开始接触他的前 30 秒，只要你能够在前 30 秒内完全吸引住他的注意力，那么在后续的销售过程中你就会变得轻松起来。

用问题吸引对方的注意力，永远是比较好的做法。

当我们接触客户的时候，客户总是会有很多的借口，他们会说我们没有预算、没有时间、他们的销售额不好、他们最近很忙，等等。在那个时候，我们的销售过程总是比较艰辛的，所以我们就坐下来讨论，如何才能够更有效率地接触我们的潜在客户？我们想知道潜在客户或者那些在企业内能够决定是否购买我们产品的人，他们背后真正的需求是什么。每当我们打电话到一家公司或者去拜访一家公司的时候，我们会首先向他们公司的接待小姐说，请问你们公司负责产品采购的是哪一个部门或是哪一个人。当我们得到这个信息之后，我们就要求接电话的小姐，将电话转到这个经理或是老板那里，然后会直接地问："××经理，请问你有兴趣了解在未来的3~6个月之内提高你公司30%~50%的业绩的方法吗？"

通常我们所得到的第一个回应会是什么呢？大部分的客户会问："这是什么东西呢？"而我们就要直接说："如果你有兴趣的话，我可以去拜访你，只要花10分钟的时间。"当运用这种方式后，你发现自己会有80%以上的机会，可以很容易地见到你的潜在客户。

开场白还可通过自问自答的方式来设计。我们应该想想，客户如果问我们："为什么我应该放下手边的事情，100%地专心听你来介绍你的产品呢？"这时候你的答案应该在30秒之内说完，而且能够让客户满意并且吸引他的注意力。

所以，你应设身处地地站在客户的立场来问问你自己，为什么他们应该听你的，为什么他们应该将注意力放在你的身上？记住开场白只有30秒。

好的开场白应该会引发客户的第二个问题，当你花了30秒的时间说完你的开场白以后，最佳的结果是让客户问你——你的东西是什么？每当客户问你是干什么的时候，就表示客户已经对你的产品产生了兴趣。如果你花了30秒的时间说完开场白，并没有让客户对你的产品或服务产生好奇或是兴趣，而他们仍然告诉你他们没有时间，或是没有兴趣，那就表示你这30秒的开场白是无效的，你应该赶快设计另外一个更好的开场白来替代。

商务沟通的诀窍

一个成功的商业会谈的秘诀是什么？著名学者查理·艾略特

说:“关于成功的商业交往,没有什么神秘,专心致志地听人讲话——这是最重要的。什么也比不上注意听谈话人的讲话更能表达对他的恭维了。”

有这样一些商店老板,他选择最好的店址,花了数千元做广告,但却雇了这样一些售货员——他们不注意听顾客讲话,经常打断顾客的话,对他们显出不耐烦的样子,惹顾客发火,从而使顾客离开商店。

有一次,一位朋友在都市的一家百货商店买了一套衣服。这套衣服穿后使人失望:上衣褪色,把他衬衫的领子给弄黑了。

后来,这位朋友将衣服带回商店,找到与他交易的店员,告诉他事情的经过。不料,售货员总是打断他的话。

“我们卖了几千套这样的衣服,”售货员声明说,“你是第一位找上门来抱怨衣服质量不好的人。”他的语气似乎在说:“你在撒谎,想诬赖我们。让我给你个厉害看看。”

吵得正凶的时候,第二个售货员走了过来,说:“那是没有办法的,那种价钱的衣服,不能不那样,那是颜料的问题。”

“我气得差点一蹦三尺高,”这位朋友说,“第一个售货员怀疑我的诚实,第二个暗示我买了次等品。我气死了。我正准备对他们说,你们把这件衣服收下,随便扔到什么地方,见鬼去吧。正在这时,商店的老板出来了。他很内行。他的做法改变了我的情绪,使一个被激怒的顾客变成了满意的顾客。他是这样做的:

首先,他一句话没讲,听我把话讲完。其次,当我把话讲完,那两个售货员又开始陈述他们的观点时,他开始反驳他们,帮我说话。他不仅指出我的衬衫领子确实是因衣服褪色而弄脏的,而且还强调说商店不应当出售使顾客不满意的商品。后来,他承认他不知道这套衣服为什么出了毛病,并且直接对我说:‘你想怎么处理,我一定遵照你说的办。’”

“几分钟前我还准备把这件可恶的衣服扔给他们。可现在我回答说:‘我想听听您的意见。我想知道,这套衣服以后还会不会再染脏领子，能否想点什么办法。”他建议我再穿一星期，如果还不能满意，我可以把它拿来，他们一定解决。”

“我满意地离开了商店。7 天后，衣服不再褪色了。我完全相信这家商店了。”

这个人成为商店的经理并不奇怪。而他的那两个助手将当一辈子售货员，或者将被调到不与顾客打交道的部门去。

甚至一个被激怒的、正在激烈地述说自己的观点的批评者，也经常会在有耐性的、保持沉默听他讲话的人面前平静下来。

如果你想在商业领域有一个良好的业绩的话，请记住：要善于注意别人讲话并鼓励他讲话。

客户多说己受益

傻瓜喜欢谈论自己，而聪明人则喜欢听别人谈论他自己。在销售当中，你一定不要滔滔不绝地谈论自己的产品，而要把说话的权利让给客户，不知不觉中他就会自愿地和你做生意。

许多人在想博得别人赞同他们的意见时，总是自己说太多的话，尤其是售货员更易犯这个严重的毛病。你要学会让别人说出他自己的意见来，他对于自己的问题，总比你明白得多。所以，你应当问别人问题，让他告诉你一些事情。

有些人假如一旦不赞同对方的话，常常就想立刻插嘴。其实不可如此，因为那是不妙的。在他自己心中还有一大堆意思急于要说出来的时候，他不会注意到你说的话。所以，你应当耐心听他讲，心地要公开，态度要诚恳，鼓励他把意见完全发表出来。

有这样一个故事，可以提供参考。

美国某大汽车公司经理打算订购汽车内所用的帷布座套，织物数量需供一年之用。有几个大帷套制造厂家把货样送去备选。那位经理看完各家的货样之后，就让三家制造厂某日各派一位代表前来商谈，到时决定用谁的货。

王君是其中一厂的代表。当他去城里那天，忽然患了严重的喉头炎，王君后来自己说道："等到我去见那位经理的时候我竟因喉痛无声，甚至连一点小声音也发不出来。当时我被引进一间屋里，看见在座的有纺织工程师、采买主任、售货主任及公司经理。我使尽力气说话，但只能发出一点沙沙的声音。"

"我们是围桌坐的，于是我取纸片写道：'经理先生，我因喉痛发不出声来，我没话可说。'那位经理说道：'让我来替你说。'他展示我的货样并赞美样品的优点。他们立刻开始讨论我的货样。那位经理因为是替我讲话，所以讨论的时候也是一直帮着我。我只能随时笑着，点头及做一些手势。"

"那次奇特会商的结果，竟被我获得了订货合同。一共订购绒幔帷 50 万码，价值 160 万元——这是我从来未曾得过的、最大的一批订货量。"

"我知道若不是因为我患病不能说话，我一定得不到那笔买卖，因为我想提出的意见是根本错误的，完全是由于偶然，这才使我发现有时候完全让别人说话是上上之策。"

《纽约前锋论坛报》经济版，某日登出了一段醒目的广告——某商业组织要征聘一位具有特殊才能与经验的人。约瑟便投函于指定的信箱应聘。没几天，他接到信函要他去面谈，他在未去之前，先往华尔街搜集了关于那家买卖创办人的事迹。见面的时候，约瑟道："我感觉十二万分光荣，能进入像你创办的这样有成绩的商业组织。我听说在 28 年前你最初开办时，仅有一间屋子，一张桌子，一位速记员。那是真的吗？"

凡事业成功的人，几乎都喜欢回忆当年他的一些情况。这位先生当然也不能例外。他谈了很多关于当初他如何在只有 450 美元的现款及一种创业的意志的情况下就开业的，如何与揶揄讥笑他的人们斗争，他节假日一概不休息，每天工作 12 ~ 16 小时，最后怎样战胜了一切困难，直到现在华尔街的最大金融家也要向他来请教。他对于这样的成就很觉得意。最后，他简单地问了约瑟的经历，并请一位经理来说道："我认为这位约瑟就是我们所要征求的人才。"

约瑟费心尽力地去寻找他未来上司过去的成就，显然表示出自己关心他人的技巧，他鼓励别人多多谈话，从而给对方留下一个良好的印象。

有效平息客户的不满

做生意难免磕磕碰碰，客户发脾气，你不能再跟着发脾气。平息他们心中的不满和怒火，会为下一次生意带来方便。

当对方怒气冲天时

如果你拖延了交货的最后期限，当他给你打电话时，你一定可以想象得出他是多么生气。这种情况下，你如何既能平息客户的怒气而又能使自己心平气和地与顾客交谈呢？

例如，一个客户正通过电话向一家大型服装公司的儿童体育用品部经理大发雷霆："你们是怎么搞的？你们保证过按时把这批尼龙儿童棒球衫以每件12美元的价格交付我们。在这个星期的销售广告中我们已经做了大力宣传，可是你们公司的那个蠢货却通知我们这批货不符合质量要求，这下可好，你让我怎么办？"那个经理面红耳赤地坐在那儿听着，后来他说："这个客户没完没了地抱怨，说得我直冒冷汗，于是我也变得十分气愤，但我并不能显露出来。我只好平静地对他说：'您能稍等片刻吗？让我想想这事怎么办好'，于是我把话筒从耳边拿开，深深地吸了一口气，然后对自己说'好了，现在应该怎么办？'"

运动衫质量不符合要求是生产问题，所以站在客户的立场上，这家服装公司是完全没有道理的。因此这位经理应付顾客的惟一办法就是以最佳方式向他道歉并平息他的怒气。

后来，这位经理又重新拿起电话，先为让他久等而道歉，然后告诉这位客户，公司愿意以一批价格高一些的儿童春季夹克代替那批棒球衫，而且按他们宣传的价格每件只收12美元。并且他还向那位客户保证立即装货。

我们可以设想，如果这位经理不能在这么短暂的时间内机智地采取行动，其结果会如何？

当对方喋喋不休时

如果每次你都能高效率地结束你的电话，相信你的生意会越做越好。通常，根据打电话的礼节，主动打电话的一方也应主动结束通话。大部分情况下人们应该尊重这项礼节，但是有时候，主动打电话的人并不懂得这项礼节，因此有时为了打破僵局，许多经理在通话时突然挂断电话，想使对方认为电话断了线。其实这种方法并不高明，除非对方意识到这是玩笑，否则他不会原谅你的。

奉劝你不要使用这种方法，因为这种做法让他人一猜便知。相反地，如果你能得体地向对方说再见，会让对方十分满意。你或者直截了当地向对方讲明自己还有很多事情要做，没有很多时间听他在电话里讲。这时，你只需简单地说："谢谢你打电话来。"

当你要告诉客户坏消息时

当你必须传递一些令人不快的消息时，大多数经理认为电话并不是合适的工具，因为通过电话并不足以说明坏消息的严重性。然而，有时它却是惟一的工具。既然如此，经理们就不得不慎重选择用词。有一位妇女儿童用品商店的销售经理讲述了自己对这一事情的体会：

当我打这类电话时，总是先竭力缓和紧张气氛，我可以说："瞧，约克，我打电话来并不想让你烦恼，但我想你最好知道我们的生意有一些问题不尽人意。我已经写了一封信说明这些问题，几天后你就会收到。"

在电话里，我并没有说明事情的严重性，但是这个电话的确能使对方为即将接到的信做好思想准备。许多人认为坏消息知道得越晚越好，所以大多数人接到这类电话时，并不对细节问题寻根问底。

如果他们说：发生了什么事，给我点儿暗示吧。我的确会给他们一点儿暗示。但通常他们催我时，我只是简单地说："不，我想你最好先看信。然后你就会知道发生了什么而有所想法，在这以后我们再讨论商议解决的办法。"通常情况下，这种方法的确帮我解决了许多问题。

新颖的推销战术

推销员的思考模式以及应对技巧，必须异于常人，只有这样方能出奇制胜，所以我们要尽快摒弃那些老掉牙的推销术语。

不管你的风格如何，对你来说最重要的就是要了解你的顾客。如果顾客一和你沟通，就能放松心情，而且因为占用你的时间而觉得有所歉意的话，那么，你离成功也就不远了。

以"年资"作推销

有位销售人员去一家企业推销他公司的服务。他一进门就自我介绍："我叫××，是××公司的销售顾问，我可以肯定我的到来不是为你们添麻烦的，而是来与你们一起处理问题，帮你们赚钱的。"

然后，他问公司经理："您对我们公司非常了解吗？"

他用这个简单的问题，主导了销售访谈，并吸引了顾客的注意力。他继续说："我们公司在本行业的市场区域内规模是最大的。我们在本区的经营已有22年的历史，而在过去10年里，我们的员工人数由13人增加到230人。我们占有30%的市场，其中很大一部分都是客户满意之后再度惠顾的。"

"××先生，您有没有看到郑经理采用了我们的产品后，公司营运状况已大有起色？"

用这样一个简单的开场白，他已经为自己和他的公司，以及他的服务建立了从零到最大的信赖度。他已经回答了“它安全吗?”、“它可靠吗?”这两个问题。他打开了顾客的心，并且降低了顾客的抗拒，所以顾客马上就很有兴趣地想知道他过去的客户得到了哪些利益，而自己将会从中得到哪些好处。由此，顾客从开始的抗拒与疑虑变成后来的接受与信任。

“7 +1”成交法

所谓“7 +1”成交法，就是你设计一系列的问题，而每一个问题都必须让客户回答“是”、“可以”等肯定的答案。例如：

“先生，我们正在你们的社区附近作一些有关教育的调研，请问我可以问一下您对教育的看法吗?”

“可以。”

接下来问：“请问您相信教育和知识是一件有价值的事情吗?”或：“请问您相信教育和知识的价值吗?”

“相信。”

“如果我们放一套百科全书在您家里，而且是免费的，只是用来作展示，请问您能接受吗?”

“可以。”

“请问我可以进来向您展示一下我们的这套百科全书吗? 我不是想把这套百科全书卖给您，我所想要做的只是希望把这套百科全书放在您的家里，当您的朋友来到您的家里看到这套百科全书时，如果他们有兴趣，您只要将我们的联系电话告诉他们，请他们和我们联系。”

“可以。”

依照心理学家的统计发现，如果你能够持续问对方六个问题而对方连续回答六个“是”，那么，当第七个问题或要求提出后，对方也会很自然地回答“是”。

巧用对比说服顾客

一位草坪修剪工讲起他在底特律郊区和一些家庭主妇打交道的事。当一位主妇说她必须先和丈夫商量时，我问她："夫人，您每星期采购零杂用品要花多少钱?"

"哦，大概250美元吧。"她回答。

"您是不是每次去超市都要和您丈夫商量呢?"我又问。

"当然不会。"她说。

"那您每年光是采购这些零杂用品就得花1.2万多美元，那可不是一笔小开销啊。我注意到您说并没有征求您丈夫的意见，而我们现在谈到的仅仅是一个200美元的决定，所以我相信您丈夫不会介意您做主的，对吧?"

然后，我又趁热打铁地说："我星期三来替您家修剪草坪，您看上午合适还是下午合适?"

"那就下午吧!"

这位草坪修剪工用"对比"推销术轻易地说服了有抗拒心理的家庭主妇。

将心比心

许多顾客做事很有耐心，不把事情弄清楚决不往前踏一步，没有考虑清楚决不作出决定。这时候，你最好强调自己与他站在同一阵线上，是为他着想的，你代表的是他的利益。

贝吉尔是美国顶尖的保险推销员之一。有一次，贝吉尔去见一位准顾客，这位准顾客正考虑买25万美元的保险。与此同时，有10家保险公司提出计划，角逐竞争，尚不知谁能成功。

贝吉尔见到他时，对方立即道："我已麻烦一位好朋友处理，你把资料留下，好让我比较一下哪家便宜。"

"我有句话要真诚地告诉您，现在您可以把那些计划书都丢到垃圾桶里。因为保费的计划基础都是相同的起点，任何一家都是一样的。我来这里，就是帮助您作最后的决定。以银行贷25万美元而言，受益人当然是银行。关心您的健康，才是最重要的。不用担心，我已帮您约好的医生是公认最权威的，他的报告每一家保险公司都接受，何况做25万美元保金的、高额保险的体检，只有他才够资格。”

“我还需要考虑几天。”

“当然可以，但是您可能会耽误3天，如果您患了感冒，时间一拖，保险公司甚至会考虑再等三四个月才予以承保……”

“哦，原来这件事有这么重要！贝吉尔先生，我还不晓得你到底代表哪家保险公司？”

“我代表客户！”贝吉尔在迅雷不及掩耳的积极行动下，顺利地签下一张25万美元的高额保险，他所凭借的利器：一是及时的行动；二是恰当地利用了一些推销艺术，“我代表客户”让顾客相信，他所做的一切都是为了顾客的利益。

别跟“上帝”争辩

迈特是美国的一位汽车推销员，他对各种汽车的性能和特点了如指掌。本来，这对他搞推销是极有好处的，但遗憾的是他喜欢争辩。当顾客过于挑剔时，他总要与他们进行一番舌战，而且常常令顾客哑口无言，事后他还得意地说：“我令这些家伙大败而归。”

可是，经理批评了他：“在舌战中你越胜利你就越失职，因为你会得罪顾客，结果你什么也卖不出去。”后来，迈特懂得了这个道理，变得谦虚多了。

有一次，他去推销怀特牌汽车，一位顾客傲慢地说：“什么，怀特？我喜欢的可是胡雪牌汽车。你送我都不要！”迈特听了，微微一笑：“你说得不错，胡雪牌汽车确实好，该厂设备精良，技术也很棒。既然你是位行家，那咱们改天来讨论怀特牌汽车怎么样？希望先生能多多指教。”于是，两个人开始了海阔天空式的讨论。

迈特借此机会大力宣扬了一番怀特牌汽车的优点，终于做成了生意。迈特后来成为美国著名的推销员。

为什么迈特以前争强好胜却遭到批评，而后来不再与顾客争辩反而成了模范推销员？那是因为他掌握了一个重要原则：交易中不宜争辩。

一个企业，应该讲究信誉，进行商品交易时对买方的意见与抱怨应分清是非。有的企业为维护面子，决不容忍顾客对自己的商品进行挑剔，如果顾客的意见稍微偏离事实，他们就会奋起反击，使买方哑口无言。其实，这是一种错误的观念。企业的信誉不但来源于商品的质量优良、款式新颖、价格适宜、功效实用，而且还来源于科学、严格的管理，来源于较好的经济效益和热情谦逊的服务态度。而企业的面子是靠全体员工为顾客提供热情周到的服务来建立和维护的。这种热情周到的服务必须基于这样一种认识和宗旨："顾客是上帝"、"顾客至上"。如果意识到这一点，那么，企业就应当宽宏大量地对待顾客的意见与抱怨，站在顾客的角度，真诚地理解并欢迎顾客的异议，认真地分析和处理顾客的意见和建议，使顾客在与自己达成协议时保持愉快的心情，获得满足的快乐。

世界上最伟大的推销员

乔·吉拉德被誉为世界上最伟大的推销员，他在15年中卖出13 001辆汽车，并创下一年卖出1 425辆汽车（平均每天4辆）的纪录，这个成绩被收入《吉尼斯世界大全》。关于他推销的秘密，他讲过这样一个故事：

"记得有一次，一位中年妇女走进我的展销室。说她想在这儿看看车打发一会儿时间。闲谈中，她告诉我她想买一辆白色的福特车，就像她表姐开的那辆，但对面福特车行的推销员让她过一小时后再去，所以她就先来这儿看看。她还说这是她送给自己的生日礼物：“今天是我55岁生日。”“生日快乐！夫人。”我一边说，一边请她进来随便看看，接着出去交待了一下，然后回来对她说：“夫人，您喜欢白色车，既然您现在有时间，我给您介绍一下我们的双门轿车——也是白色的。”

我们正谈着，女秘书走了进来，递给我一打玫瑰花。我把花送给那位妇女：“祝您长寿，尊敬的夫人。”显然她很受感动，眼眶都湿了。“已经很久没有人给我送礼物了。”她说，“刚才那位福特推销员一定是看我开了部旧车，以为我买不起新车，我刚要看车，他却说要去收一笔款，于是我就上这儿来等他。其实我只是想要一辆白色车而已，只不过表姐的车是福特，我也想买福特。现在想想，不买福特也可以。”

最后她在我这儿买走了一辆雪佛莱，并写了张全额支票，其实从头到尾我的言语中都没有劝她放弃福特而买雪佛莱的词句。只是因为她在这里感受到了重视，才放弃了原来的打算，转而选择了我的产品。”

肯定许多营销员学过诸如推销经典之类的课程，但是他们没有成功。这是因为生活是多彩的，客户是多样的，销售方法也同样是多种的。如果一位营销员能够与客户成功沟通，并且促进公共关系的提升，那么他就有可能成为一个伟大的推销员。

商务沟通的心理要素

掌握打动人心的沟通术

在商业经营、推销中，如何打动顾客是一门艺术。打动人心的最佳方式，是你要与他谈论他最感兴趣的、最珍爱的事物，即投其所好。如若这样做了，成功就会离你越来越近。“说别人喜欢听的话，双方都会有收获”，这正是经营者的成功法则之一。

投其所好，是一种艺术、一种智慧，实际上是一种沟通。它是寻求不同职位、不同行业、不同经历的买卖双方的利益共同点，就像将两匹驰骋在旷野上的骏马拉入同一条跑道中一样。投其所好，是调动你的知识、才能的优势，向购买者发起心理攻势，直达“俘获”对方的目的。

有一位美国老妇人向史蒂夫·哈维推销保险。她以一个深入人心的微笑和温暖的握手解除了哈维的“武装”，使他成为一个“心甘情愿的受害者”。这位推销人员带来了一份全年的、哈维主编的杂志《希尔的黄金定律》，滔滔不绝地向他谈她读杂志的感受，赞誉他“所从事的是今天世界上任何人都比不上的最美好的工作”。她的迷人的谈话将主编迷惑了 45 分钟，直到访问的最后 3 分钟，她才巧妙地介绍自己所推销的保险的长处。就这样，老妇人和哈维成交了预定购买的、保险金额 5 倍的保险业务。

面包商杜维一直试着将面包卖到纽约某家饭店。他在连续 4 年内，经常打电话给饭店经理，参加该经理的社交聚会，甚至在饭店订个房间，住在那里搞推销，结果都失败了。杜维在研究了为人处世之道后改变了策略，决定找到经理的“兴趣点”，他打听到经理是“美国招待者协会”的主席，于是不论在何处举行活动，他都必定去出席，哪怕是跋涉千山万水。于是，杜维再次见到经理时，就和他谈论他的“招待者协会”，这一下子就打开了经理的话匣子。经理反应异乎寻常，语调充满着激情、热忱，“协会”显然是他的“生命之焰”、精神支柱。经理在面包商离开办公室之前，“卖”给了他一张协会的会员证。杜维只字未谈面包销售之事。几天以后，饭店的人主动打电话要他们送面包样品和价格单。4 年努力未成，一朝沟通得手，全在于“投其所好”。

求助于他人，有时用单刀直入、“竹筒倒豆子——直来直去”的方式，显然难以奏效。反之，若是运用曲径通幽、渐入佳境的方式，往往会达到预期的目的。投其所好不是教你狡诈，不是坑蒙拐骗，它也是真诚的一种。它需要动一点脑筋，是心智机能的调动，是经营者自身素质的提高。美国总统罗斯福为了“投其”一个谈话对象的“所好”，不管是纽约政客还是外交官，或是牛仔和骑兵，他都要在客人来到的前一天晚上“备课”，翻阅他所知道的、这位客人特别感兴趣的题目。

在经营、推销活动中，既要知彼，又要知己，同时再加上巧妙的周旋以及艺术的交谈、推销，你就能赢得主顾心甘情愿的解囊，从而在生意场上做到游刃有余，纵横驰骋。

用暗示影响顾客

语言的附加意义，有时候要比语言本身更有力量。

美国有一位推销员伯特，有一次为了推销一套可供一座四十层办公大楼用的空调设备，与建设公司周旋了几个月还是无法谈成。购买与否的最后决定权，还是握在买方的董事会手中。

有一天董事会通知伯特，要他再一次将空调系统向董事们介绍。伯特强打起精神，把不知讲过多少遍的话又重述了一遍。但董事们反应冷淡，只是连珠炮似的提了一大堆问题，用外行话问内行人，似乎有意刁难。

伯特心急如焚，眼看几个月的心血就要付诸东流，他浑身发热。这时，他忽然想到“热”这个妙计。他不再正面回答董事们的问题，而是很自然地改变了话题。他泰然自若地说：“哟！今天天气还真热，请允许我脱去外衣，好吗?”说罢，还掏出手帕，煞有其事地擦着前额渗出的汗珠。

他的话、他的动作立刻引发了董事们的连锁反应，或许这是一种心理学的暗示作用，董事们似乎一下子也感受到了闷热难耐，一个接一个地脱下外衣，又一个接一个地拿出手帕擦汗。这时，终于有一位董事开始抱怨说："这房子没有空调，闷死了。"就这样，董事们再也不需要伯特推销，自动地考虑起空调的采购问题。令人不可思议的是，拖了几个月之久的买卖，竟然在短短10分钟内就获得了突破性的成功。

很显然，该推销成功的真正关键在于伯特及时抓住了问题的重点，恰到好处地利用了环境提供给他的条件，并运用语言的附加意义或暗示语法，从而让他的话产生了极大的效应。

商务沟通的变通法则

沟通之路千万条

做生意的目的是要使生意成功，所以生意人不能在一条路上走到底。积极寻找打动对方的关键，加以言辞的妥当修饰，定会柳暗花明。

某营销方法咨询公司的柳先生到一家具商场去推销一项计划，一张口就吃了"闭门羹"。商场经理拒绝参加，使柳先生十分尴尬，但柳先生只是笑笑，说："无妨，那我就当您的一个顾客吧。"经理对此不能不表示欢迎。看过商品之后，柳先生指着一种优质进口床褥问商场经理销路如何，经理不由叹道："一般，顾客对一种新品牌总有个认识过程。"柳先生给他出了个"点子"：在楼梯口放张床褥，再在旁边迎门立一块告示牌，上书："踩断一根簧，送您一张床。"经理将信将疑地照办了。结果，顾客进店先蹦床成为该商场的一道风景，人们闻讯而至，争相蹦踏，笑声不息，接下来的经济效益就可想而知了。后来，商场经理专门宴请柳先生并主动表示愿意加入那项营销计划。

像柳先生一样，许多人的成功就在于直路不通，便走弯路，先给别人一点“好处”，让其受益；“予之”后，“取之”就容易多了。在新闻界有个很有名的例子，就是著名记者邵飘萍“贿赂”段祺瑞的传达长。第一次世界大战爆发时，段祺瑞召集内阁会议，讨论中国是否参战的问题。年轻的记者邵飘萍为采访到会议情况，驱车直闯北洋政府国务院，结果被挡在门外。他灵机一动，决定直接向段祺瑞的传达长请求，让他代为禀报。第一次请求被拒绝之后，他便单刀直入，掏出一叠钞票，取出一半递给那位传达长，说：“段总理接见与否，没多大关系，只求你禀报一声而已。这一半的钱你先拿去买茶叶喝，万一段总理接见，另一半也是全数归你所有。”不出所料，那个传达长接过了钞票便去作了禀报，段祺瑞终于答应接见他，邵飘萍采访成功。记者的许多经验都是值得我们学习的。人们都说记者是“嘴皮子最活的人”，恐怕“活”就活在他们能争取到采访对象。用“好处”贿赂一些机关人员又何尝不是一个好的办法？当然，这里的“好处”并不一定都是金钱，一些口头上的好处有时候也是能达到立竿见影的效果的。

小张被工厂“优化”下来后，就到南方某城市去打工。他虽是搞了十多年设计工作的，但却什么“绿卡”都没有。他苦苦奔波于各个人才市场之间，但还是求职无门。怎样才能“打进去”呢？他终于想出了一个办法。当他深入多个家具市场进行观察有了新的发现后，就找到一家不太景气的家具公司。“我们公司不要人”，他刚一开口，就被工作人员挡了回去。“你能听我说完我的想法吗？”于是他先简短精练地说了自己想如何改变家具样式，使之更适合现代人的需求的想法，然后紧接着说：“百听不如一试，你们先给我一个机会。让我试工两个月，如果经我设计的家具不能打开市场，不用你们说话，我就自己走人。”工作人员被他新颖的想法吸引了，赶忙向经理打电话说明了情况，结果小张顺利“过关”了。后来他设计的新式家具在订货会上果真受到欢迎。小张终于谋到了一份称心如意的工作。小张先声夺人地把自己的创见告诉别人，使他们知道了自己的才能；而对家具公司来说，小张的想法可是一笔“财富”，他们得到了实惠，自然要聘请小张的，这一招正迎合了人们向“好”的心理。我们求人大可不必让别人“笑到最后”，刚开始，就让对方尝到甜头，以后自己笑得也许会更灿烂。

然而，碍于某种情面，当我们给予对方一定的物质实惠时，说得太过于直接就有伤大雅，有时会使对方感到尴尬，甚至因厌烦而回绝我们。所以，提供“实惠”也是需要掌握一定技巧的。

黄某是一名经营科长。厂里紧缺一部分原料，他又和供应此种原料的某厂家的一位工作人员有过一定交情，厂里便派他去和那位业务员联系。因为此种原料在当时的国内市场十分紧缺，考虑到有一点难度，厂家便决定给予那位业务员一定的费用。黄某因此陷入了两难境地，凭他和那位业务员的交情，开口提钱的事有点太俗套，不说吧，又真难为了那个业务员。正在为难时，他突然想到那个业务员母亲的生日快到了。于是，黄某便想利用这次机会。在业务员母亲大寿那天，黄某把他拉到一边，说：“伯母大寿，我也没什么可送的，这不，我代表我们厂给伯母送来一份薄礼，也是我们的一片心意吧！”那位业务员一听是他们厂出的钱，心里已明白了，便顺水推舟地说：“老兄，你们厂真是重情义，兄弟我别的不说，原料方面的事别着急，我会尽我所能办到！”就这样，黄某既避免了使双方尴尬，又顺利地办好了想办的事。如果他生硬地把钱塞给那位业务员，直说求他办事，就会使人感到很“见外”，他即使当时应承下来，也是很勉强的。所以，我们即使在给人实惠时，也要把握分寸，有一个“度”，使对方舒舒服服地接受。

迂回沟通凭借力

双方初次见面，如果直接谈生意就可能会显得太突然。这时就要寻找中间关系，借他人之言说到主题，迂回一下很快就能达到目的。

某人为了推销百叶窗帘来到某公司，他知道某公司的经理与某局长是老相识，便打听到经理的住处，提一袋水果前往拜访，彼此寒暄后，他说出了几句这样的话：

“这次能找到您的门，是得到了王局长的介绍，他还请我替他向您问好。”

“说实在的，第一次见面就使我十分高兴。听王局长说，你们的公司还没有装百叶窗帘。”

第二天，他向该公司推销百叶窗帘便成交了。此人高明之处是有意撇开自己，用“得到了王局长的介绍”这种借人口中言传我心腹事，借他人之力的迂回沟通法，令对方很快就接受了。

社会纷繁复杂，真真假假、虚虚实实，有谁能时刻提那么高的警惕去辨别真假呢？因此，很多人就有了机会和空间。

一天，一位办理房地产转让的房产公司推销员，带着朋友的朋友的介绍信来到了一位朋友家。彼此一番寒暄客套之后，就听他讲开了：

“此次幸会，是因为我的上司赵科长极为敬佩您，叮嘱我若拜访阁下时，务请先生您在这本书上签名。”边说边从公文包里取出这位朋友最近出版的新著。于是这位朋友不由自主地信任起他来。在这里，赵科长的仰慕和签书的要求只不过是个借口，目的是对这位朋友进行恭维，使他开怀。

此种情况，由不得人家不照他的话去做。这种社交手段，确实难以招架。

素不相识，陌路相逢，让所求之人了解你与他是朋友的朋友，亲戚的亲戚，显然十分牵强，但一般人不驳朋友的面子，断不至于让你吃闭门羹。这是一条沟通的捷径。

与不相识的人打交道，通过第三者的言谈，来传达自己的心情和愿望，在办事儿过程中是常有的事。人们会不自觉地发挥这一技巧。比如：“我听同事老张说，你是个热心人，求你办这件事儿肯定错不了。”但要当心，这种话不是说说就可以的，也不能太离谱，有时有必要事先做些调查研究。

为了事先了解对方,你可向他人打听有关对方的情况。第三者提供的情况是很重要的,尤其是在自己与对方的初次会面有重大意义时,你更应该尽可能多方面地收集对方的资料。但是,对于第三者提供的情况,也不能全部拿来当话说,而是要根据需要有所取舍,配合自己的临场观察、切身体验加以灵活引用。同时,你还必须切实弄清这个第三者与被托付者之间的关系。这一点非常重要,不然,说不定效果适得其反。

第十一章 媒体沟通

采访的访问原则

访问在采访活动中占据着主导地位，从社会学角度看，访问首先是一种人际沟通。但与一般人际交往不同的是，访问经常是采访者主动地与陌生的对象沟通，而且不论在什么地方、什么时候，都要在有限的时间内使别人开口说真话，说心里话。采访同一个对象，有的人满载而归，有的人空手而归。那么，采访者怎么样才能在访问中敏锐地捕捉到别人易于忽略的某些“闪光的东西”、拨动社会生活中那些最敏感的神经呢？要做到这一点，采访者必须把握访问的三个原则：

一、保持平等的对话关系

在采访中，采访者经常要接触到不同的采访对象，他们在年龄、职务、文化程度、社会地位等方面存在较大的差异，这使采访者面临着一个严峻的挑战。俗话说“一个巴掌拍不响”，采访的进行既少不了采访者的主持引导，也离不开采访对象的参与，两者之间的对话关系如果得不到很好的处理，那么采访活动就无法正常进行下去。对于采访者而言，只有摆正自我，与采访对象保持一种平等的对话关系，他才能真正做到有效沟通。

平等的对话关系，具体来说就是采访者与采访对象要互相信任，无拘无束地交谈。访问的沟通方式应该是谈心式、聊天式、对话式的，而不应该是考试式、审问式的。这样，采访对象才能谈出真实情况，采访者也才能了解事实的真相。从事《焦点访谈》采访报道工作的章伟秋就曾在《提问三题》一文中特别指出，记者要注意“三不”，即“不居高临下，不盛气凌人，不藐视人”。只有这样，采访者才能消除自己与采访对象之间的隔阂，积极地推动采访活动的顺利进行。

二、做合格的对话者

采访者与采访对象之间的访谈，不是简单的“你问我答”的形式，而是要求双方在思想感情和知识上形成一种“双向交流”。访问是一个双向交流的过程，只有依靠双方的共同努力，才能使访问取得成功。

对于采访者来说，他总是希望采访对象能够乐意提供情况，而且谈话能够坦白直率、中肯切题。为此，采访者一方面要善于引导、启发，运用恰当的方式引出采访对象的谈话，促使采访对象谈出一些比较深刻的见解来；另一方面，采访者还要随时对采访对象的谈话做出反应，形成对话互动，促进沟通。同时，在交谈的过程中，采访者还要不时地为采访对象提供一些相应的信息，以便启发对方，使采访对象边交谈边进一步思考，以获得更多有价值的信息。

访问过程中这种面对面的交流，对采访者的综合素质也是一次严格的检验，如果采访者能够充分地施展出自己的聪明才智，就可以争取到最佳的采访效果；反之，如果采访者的基本功不过硬，就会在采访中捉襟见肘，从而导致访问的失败。

三、掌握采访的主动权

采访中的“访问”与我们日常生活中的拉家常、侃大山有着本质的区别，它服务于既定的目的，遵守一定的原则。在大多数情况下，我们所进行的采访都是与采访对象初次打交道，而且要在一定的时间内通过访问获取有关的信息，达到预期的目的。因此，这种谈话访问具有很强的目的性和制约性，采访者只有在访谈的过程中牢牢控制采访的主动权，才能做到事半功倍。有经验的采访者总是能让采访对象围绕采访的问题，畅所欲言，谈出心里话。

采访的沟通技巧

采访口才是关键

人们常说，记者工作中有两个“三七开”。

一是“七分采访，三分写作”。

二是“七分谈话，三分记录”。

还有人说，记者的主要本事就在于“三板斧”，即“会说，会记，会写”，而“会说”则居其中第一，是“第一板斧”。记者的采访谈话非常重要。可以这么说，采访口才是记者整个工作过程中关键的关键，重点的重点；只有善于同采访对象进行沟通的记者，才能打开对方的“话匣子”，才更有可能采访到好新闻。

采访沟通的主要技巧如下：

一、善于引说

对于不愿或不会与记者交谈的采访对象，怎样用语言巧妙地诱发和引导对方说话，无疑是记者采访谈话的第一关。

俗话说：“酒逢知己千杯少，话不投机半句多。”因此，记者采访谈话一开始必须表现出坦诚和亲切的态度，必须把握住对方的心理“脉搏”，必须寻找和利用双方的共同点，从而自然顺畅地引出话题。这具体表现在以下几点：

1. 对于容易紧张的群众采访对象，可以先拉拉家常，造成一种轻松与和谐的气氛，然后再提正题。

2. 对于不苟言笑的人，则可先说些相关的、格调较高的趣闻轶事或笑话，以活跃对方的思维，调动对方说话的积极性。

3. 对于口若悬河的领导干部，则应先表明采访的重点或中心，以免他们泛泛而谈，不着边际。

4. 对于生活圈子小、文化水平低的采访对象，则宜从眼前说起，从他了解的问题谈起，逐渐引出正题。

5. 对于批评性报道的采访对象，则应从理解谈起，以消除对方的敌意和戒备。

6. 在一些特殊场合，又可“即景”说话，一语双关，先活跃气氛，然后点明话题。

二、善于纠说

打开采访对象说话的闸门之后，有时他会谈兴大发，越说越远，越说越偏。那些不知领会采访者采访意图的人也常常会说话离题。面对这类情况，采访者绝不能听之任之，而应该果断和巧妙地用语言把对方的话头扭过来，使之归于正道。这种“扭话头”的功夫便是善于纠说的谈话技巧。它表现为：

1. 纠说应先保证语气的和蔼。

2. 其次要讲究方式。

(1) “巧提”，即提起相关正题的事实、材料，并请对方马上解说，以此转开对方的话头。

(2) “明点”，即以说明采访的中心或意图的方法，把对方的话头拉回来。

(3) “笑断”，即以微笑和善意肯定的话语切断对方的离题之言，并立即请他谈与中心直接相关的话题。

三、善于转说

转说与纠说不同，纠说是采访对象“说偏了题”，采访者给予纠正；转说是采访对象“答完了话”或“说漏了嘴”，采访者趁机转移话题或转变谈话中心。

善于转说主要应注意两个方面：

一是在一个话题谈完了之后，采访者要善于不失时机地把话语转移到新话题上去。

二是在对方漏嘴或不自觉地讲出有价值的事情的时候，采访者要善于转移自己的谈话中心和着力点，因势利导地套出出人意料的新闻。

四、善于听说

采访是一个双向性的谈话活动。对于采访者来说，善听与善说是一个事情的两个方面，两者同样重要。因为只有善听，采访者才能获得材料和发现问题；也只有善听，才能记住材料和使采访过程环环入扣，有序进行。

那么，怎样才算是善听呢？所谓的善听，就是要求采访者做到以下几点：

1. 善听关键之词。
2. 善听话中之意。
3. 善听弦外之音。
4. 善听多面之言。
5. 善听异常信息。
6. 善听独到之见。

五、善于问说

善于问说就是善问或善于提问。它是采访谈话的重点和核心，也是记者口才的根本，记者的水平或学问大体上也就在此见分晓。

记者口才从方式上说，最主要和最直接的表现就在于以上“五善”。但如果展开一点讲，记者口才的施展还必须做到另外“二善”。

首先是“善备”，即善于准备。

其含义主要是指采访者明确采访意图，了解采访对象，掌握相关知识，熟记采访内容等。

其次是“善观”，即善于观察。

人的仪表、服饰、心情、动作等体态语能直接地反映出一些信息。因此，采访者在采访交谈中就必须注意观察这方面的“细微末节”，以便稳、准、好地进行采访并由此达到理想的采访目的。

沟通有术新闻来

意大利女记者奥里娅娜·法拉奇是个记坛奇才。无论是谁，只要接受她的采访，就会在她那咄咄逼人、变幻莫测的提问攻势下自觉或不自觉地谈出一些有价值的材料来。连足智多谋、惯于斡旋的基辛格博士，也曾被她问出破绽，说漏了嘴，爆出令人惊奇的大新闻。你要达到奥里娅娜·法拉奇那样的善问境界，当然非一日之功。但是，也无需气馁，只要你能掌握一些提问的基本方式和技巧，并能在采访实践中灵活恰当地予以运用，那么，好新闻也就会随沟通而来的。

一、采访提问类型

美国哥伦比亚大学新闻学教授麦尔文·门彻尔认为，从方式上讲，采访提问主要分为两种类型：开放式；闭合式。

1. 开放式

所谓“开放式”，就是比较宽泛、抽象、概括或笼统地提问题，使采访对象回答时不受什么明显的约束或局限，有一定回旋余地，能畅所欲言。在我国，这类提问方式一般用于采访国家领导人、各级负责人、宣传干部、高级知识分子和文化层次较高的对象，以及重要外宾等。

在开放式中，问句也有一些模式，如“请您谈谈对××问题（事情）的看法”，“您对××问题有何评论”或“有何考虑”，

“对××之行你印象如何”，等等。这种提问方式的优点是使对方没有压力，可灵活回答和随意发挥，但采访者很难获得“新”闻。在我国，这种提问方式常用于礼仪性、政策性或宣传性采访。

2. 闭合式

闭合式又叫针对式或具体式。它是指紧扣主题，切中要害，比较明确、具体、细致，有“短、平、快”风格的提问方式。

如华莱士采访邓小平：

华莱士：“你每天工作多少时间？”
邓小平：“每天工作2小时。”
华莱士：“那你其他时间干什么呢？”
邓小平：“与孙儿们玩玩，也看些书。”
华莱士：“你有几个孙儿？”
邓小平：“有四个。最小的才一岁零两个月。”

闭合式提问对采访对象有一定约束，回答必须明确具体，切合实际。它的优点是效率高，采访者比较主动，容易得到第一手材料；缺点是把握不好有时会造成紧张气氛，引起不快，甚至产生对立情绪。意大利女记者法拉奇采访海尔·塞拉西皇帝，就因最后一个提问太尖锐、太具体，被采访对象摆手逐客。当然，这种情况是很少的。因此，在日常的大量采访活动中，闭合式仍不失为一种常用和高效的提问方式。

除门彻尔教授所归纳的上述两种提问方式之外，还有两种行之有效的组合型的提问方式：一称“漏斗式”；二叫“喇叭式”。

1. 漏斗式

所谓漏斗式，就是先比较笼统地提问，再针对性地提问，即先“开放”后“闭合”。

这种方式适合于文化层次较高、与记者打过交道和善谈的采访对象。

"先放后收"，既有利于对方自由发挥，又不至于跑题太远，它可以弥补纯"开放式"的不足，容易达到采访目的。

2. 喇叭式

"喇叭式"又称"倒漏斗式"，即提问"先小后大"，"先闭合后开放"。

这种方式适合那种坦率爽快、有口无心、不善言辞、文化较低的采访对象。

比如你去采访一位老农，若先问："您对目前党的方针政策有什么感想和认识?"他也许就怔住了。如果换个说法，先问："您老现在有钱花吗？年收入多少？十年前收入多少?"那他就会很自然地答出来。然后，你就可以再由此将问题拓展，将提问引导到"对党的方针政策的认识问题"上来。

二、善问有术

善问不仅在于掌握恰当的提问方式，还有赖于灵活地运用各种提问技巧。

所谓提问技巧，主要就是指在提问中使用的能促使采访对象打开话匣子，或者说出有价值的材料的具体方法。这种方法主要有以下几种：

（一）亲近提问法

在友好和亲切的记者面前，采访对象还有什么不好说的呢？因此，采访时记者先用热情友好的话语创造出亲近融洽的气氛，然后趁势打铁，切入正题，这就叫亲近提问法。

亲近法的窍门就在于记者应善于发掘双方在年龄、兴趣、经历、乡土等各方面的"亲近点"；有时，记者对采访对象像对知心朋友一样，先袒露一些自己的心事或苦衷，也能收到很好的效果。

（二）激发提问法

从某种利害关系的角度，用语言激发采访对象，使他觉得自己非说不可而向你倾吐，这就是激发提问法。毛泽东不愿谈自己的历史，斯诺就说“外界对你有种种传说和谣言……”为辟谣，毛泽东详细地谈了自己的经历。这就是此法的典型运用。

（三）迂回提问法

它是指开始不正面接触主题，而是先从采访对象身边的事情或关心的事情谈起，经过迂回，然后再正面提问。

这种提问法常用于采访那些不善言辞或比较拘谨，以及容易紧张的采访对象。

（四）欲擒故纵提问法

对于执意不回答的采访对象，你会怎么办呢？欲擒故纵，即在对方不愿开口的时候，你应以礼貌谦恭或体谅的话语，表示尊重对方意愿，明言放弃这次采访。这也许会收到意外的效果，对方反而愿意跟你谈了。

（五）直截了当提问法

时间就是金钱，效率就是生命。所以，你在采访一些“大忙人”的时候，就不能也无需拐弯抹角地提问。直截了当地、开门见山地就采访意图发问，对方会夸你精明。这是一种干脆利落、干净利索的采访提问法，这种方法也适合向大众采访对象提一些简单具体的问题。

（六）连续追问法

有些问题不是一两个提问就能解决的。所以，一开始问出了线索后，你必须紧紧抓住不放，一步一步地、连续递进地追问下去，直到“水落石出”为止。

（七）静默提问法

当你嫌对方回答得太少的时候，你不用直接请对方再说，而是在对方回答完毕时有意地沉默四五秒钟。对方以为你还在期待着，常常会接着再说下去，于是你便得到意外的收获。

应答措词有讲究

美国著名记者约翰·布雷迪说：“记者在采访中要精心选取词句，就像棒球比赛中投掷手要发挥熟练技巧投好每一个球一样。”从口才的角度说，记者对采访谈话语言本身如应答之声、关键之词，都是应该十分注意的。

首先，采访的语言技巧表现在应答之声上。

采访对象在回答问题时，记者不能只顾忙于耳听手记“采新闻”，而应对采访对象的讲话有适当的应答反馈，以表示对对方的尊重，表明自己正在倾听，并且听懂了、明白了。西方新闻界认为记者在听采访对象讲话时，不能有任何反应，以免产生“暗示”与“误会”，以示采访“客观”和“公正”。这是不对的。

采访谈话是双方沟通的一个互动过程。交谈中记者应有适当的应答反馈，其关键是记者在反馈的时候应注意用词和语气，具体表现在以下两点：

1．一般不要用社交应酬交谈中通行的“好——好”，“对——对”或“是——是”之类隐含表态和判断的词语，而只能用没有实意的虚词，如“嗯”、“唔”等。

2．语气上也不能有大的起伏和明显的感情色彩，吐字也要轻。

其次，你要学会抓关键之词。

从采访谈话的结构来讲，引说、纠说、转说、结说，以及为证实前答而重问、提敏感性问题等，都是关键的地方，最要注意措辞。为此，记者必须做到：

1. 引说应多用礼貌语。

2. 纠说宜多用委婉语。

3. 转说则应措词明朗。

4. 结说则宜语气亲切。

5. 为证实前面的某个问题而重问，不妨以自咎的语气先说一句“对不起，我没有听懂，您刚才说的是——”。

6. 在提敏感性问题时，可以用这样的句式：“据说——”，或者来个引言：“我想扮演一会儿吹毛求疵的角色，您——”。

7. 对某些不便直言或应有所避讳的事情，说话时，隐语、代用语就得派上用场。

再次，采访谈话的语言技巧还包括从整体上把握采访话语特色。它具体表现为：

1. 精练而简短，这是采访话语的首要特点

采访是要对方说话，而不是听记者说话。采访是有目的的，而不是茫然的。因此，话语简短，措辞精练，就是记者采访谈话、特别是问话的基本功。美国《亚美新闻社》驻白宫记者朱莉·穆恩来华采访邓颖超，先拖泥带水地谈自己就谈了45分钟，显得非常啰嗦。最后，邓颖超只好请她回去参看登在英文版《中国建设》上艾泼斯坦对自己的访问记。这样的采访实在大煞风景。

2. 采访话语的第二个特点是具体而新鲜

新闻是以“实”著称的。实就是确实、具体。新闻又姓“新”。因此，采访谈话就要注意抠事实，讲细节，“一步一个脚印”，语句表述也应具体形象，这就是具体；而新鲜，就是说语言表达要新鲜活泼。泛泛而谈，泛泛而问，是很难得到有价值的材料

的；陈腔滥调，老话重提，也很难采到好新闻。

3. 采访话语还要求情理两自然

人都有感情，人一般也是明理、讲理的。因此，记者说话就要使自己的谈话或问话合情合理。情绪不对不蛮说，问题非理不硬问。否则，你说话无情，他就用假意对付你；你所问非理，他就用假话搪塞你。当然，采访者也不能做作姿态，矫揉造作。话语出自内心，情理两相自然，采访才会成功。

主持人的沟通之道

说到“主持”，人们便会想到中央电视台的倪萍、白岩松、敬一丹，想到香港凤凰电视台的吴小莉、杨澜等主持人。他们主持节目，甜而不腻，美而不妖，听起来特别舒服，如饮醇醪，如瞰仙果。

什么叫“主持”？在词典里，“主持”一词有几种意思；用在这里，它是指负责掌握或处理，如主持文艺演出、主持集会、主持演讲竞赛等，即主持某项活动，是一种“当家人”的行当。在流行语中它简称为“DJ”。

社会是一个“共同体”，在社会生活中，为了保障正常的工作秩序和生活秩序，交换信息，交流情感，人们需要开展各种形式的活动。开展活动就必须有人进行组织，充当主导人物。主持及主持者就是这样产生的。同其他各种形式的社会活动和口才形式一样，主持也“古已有之”，由来已久。

社会生活中有各式各样的主持。

根据主持的内容分，它有社会活动主持和文艺活动主持之分，前者如主持会议、座谈、演讲、辩论、竞赛、评比、典礼等；后者如主持舞会、文艺演出、联欢等。

根据主持者在活动中所担负的职责，它有报幕式主持和角色式主持之分。报幕式主持如主持报告会。主持的职责是把会议事项和报告人等介绍给与会者，宣布会议的开始与结束，其作用虽贯穿始终，但只在开始和结束这两个时候表现。角色式主持一般是主持担负着活动的角色，在活动的开始、中间、结尾都有“戏”，并且其戏不能从整个活动中剥离抽出，否则便会“拆碎七宝楼台”。至于在一些广播节目里，主持即节目主持者，也即是“演员”，除主持者的主持外，不再有别的声音，则该主持属于特殊的角色式主持了。

按照主持的口语表达方式分，它有报道性主持、议论性主持和夹叙夹议性主持之分。报道性主持以叙述为主要表达方式，相当于记叙文。如主持会议的大会发言，主持一般只介绍发言人的姓名和发言题目等简单情况。议论性主持以评议说理为主体，相当于议论文。如主持演讲和竞赛，主持者总是随时说说“我”的现场感受。议论性主持一般以褒扬为主。夹叙夹议性主持是既叙且议，叙中有议，议中有叙，二者紧密结合；群众活动、文艺活动往往采用这种主持方式。

按主持者的数目分，它有一人主持、双人主持和多人主持之分。一人主持前后一贯，多用于政治性活动和短小的活动，多用于严肃场合。双人主持一般是一男一女，交替主持，互相配合。它有变化，具有艺术气氛，多用于文体活动。主持者有三位或三位以上，叫多人主持。它气势盛大，热烈欢快，多用于大型活动或喜庆场合。

主持的对象、内容不同，职责不同，要求便不同，主持也便有所不同。一般说来，主持及其沟通技巧，有如下要求：

一、面面俱到

一般地说，受主持的往往是一个群体，其间有各个方向、各个层次的人物。像一场文艺晚会，参加者有演员，有观众，有男女老幼，有工农兵学商。主持是主持全体参加者，因此主持者务必照顾全体，面面俱到，不忘记、不拉下参与活动的任何一个部分或层次的人们。否则，这可能造成麻烦，甚至引发哄闹事件，使晚会不欢而散。

二、说和唠

主持用语，不但要口语化，而且要生活化，要像“拉家常”一样温和亲切、活泼生动。即使有稿子，主持者也不宜念稿；要讲，也要用生活化的语言讲出来。

高、强、硬，更是主持口才的大忌。

“听众朋友，您好，我是徐曼。当我开始这次节目的时候，我忽然想到，我的孩子想吃香蕉，要我中午带几斤回家。说实在的，如果说买苹果、买梨，在北京到处都是，很容易买，什么烟台苹果、辽阳苹果、天津雪梨、天津鸭梨、鸡冠苹果、锦红苹果等等，那真是想买什么就有什么。可是呢，孩子要买香蕉，那就不容易了。好久在北京市场上见不到香蕉了。”这是徐曼主持中央人民广播电台《空中之友》节目的一段。似乎是主持人“我”在与听众“您”谈话聊天。做主持就应当如此，主持者以交心的态度和交流感情的方式，顺利打开听众的心扉。

三、有程式而不程式化

就一类活动而言，如典礼、舞会、集会等，有一定的程式，主持随之也有一定的程式。但是主持不应该程式化。就是说，主持每一次活动，主持者都应注意研究这次活动的参与者和内容等，因人而异来组织语言。例如：

1. 主持青年人的活动，语言应当活泼明快、充满朝气，哲理性强，寓意深刻。

2. 主持老年人活动，就不能像对待军人的那样。

3. 主持文艺活动，语言应当热烈、欢快。

4. 而主持政治活动，语言要庄重、质朴。

四、少而精

除了一部分角色式主持之外，主持常见的社会活动和文艺活动，话都不能说得过多。话说得过多，动不动长篇大论，势必喧宾夺主，且必使听众感到厌烦。喧宾夺主和听众厌烦，无疑就是主持的失败。

成功的、出色的主持，总是用最简洁精粹的语言造就的。主持者开腔即破题，一矢中的，收束则干净利索，戛然而止。例如，有人主持庆功表彰会结束得很精彩，他是这样结束的："听完发言，我想到了一件事：有人问球王贝利哪个球踢得最好？回答是：下一个！有人问名导演谢晋哪部戏排得最好？回答是：下一部。有人问一位名演员哪个角色演得最好？回答是：下一个！看来我们在庆功、表彰中也应牢记：下一个！下一部！散会。"

好主持的语言奥妙

主持有奥妙。主持者既然叫当家，就要会当家，当好家。怎样才能当好家？一曰工于开场，二曰巧于连接，三曰应变有术。

一、要工于开场

某高校邀请话剧《光绪政变记》中慈禧太后的扮演者郑毓芝作演讲，主持者是这样开场的："同学们，今天，我们好不容易把'老佛爷'慈禧太后请来了（掌声，笑声，听众的情绪顿时热烈起来）！'老佛爷'郑毓芝女士在戏台上盛气凌人，皇帝、太监、大臣见了都诺诺连声，磕头下跪，在台下却和蔼可亲，热情诚恳。她方才和我谈起，还曾扮演过《秦王李世民》中的贵妃娘娘，话剧《孙中山》中的宋庆龄。她是怎样把这些截然不同的人物演得栩栩如生的呢？下面就请听她的演讲（听众凝视主席台，热烈鼓掌）。"

主持者开腔第一句话就博得了听众的掌声和笑声。

好的主持，都是如此。既做主持，就应当这样。不然的话，下文难做，甚至当场丢丑，不能收拾。

工妙的开场，一般有四条：

一是直入点题，提纲挈领，要言不烦地把活动的内容主体讲明白。

二是调动全场情绪，使全场人人情绪高涨起来，注意力集中起来，处于亢奋状态，并造成一种氛围，一种全场和鸣共振的态势。

三是富于启示性、诱导性，导引全场进入角色、进入境界。

四是周到得体。

开场工妙，必须坚决摒弃那种陈旧、死板、千篇一律的套套，如“现在开会，请××上台讲话……”、“××文艺晚会现在开始，第一个节目……”；应根据活动的具体实际，或说内容，或讲形式，或道特点，或提要求，或谈“历史上的今天”，或言“此时在别处”。总之，主持者要因境制宜，做灵活的设计。而特别不能忘记的是，主持者能够在诙谐幽默之处，尽量来点儿诙谐幽默，使听众发出会心的微笑。

二、要巧于连接

主持一场活动，主持者一般都要在中间搭桥接棒，过渡照应，把整个活动连缀成一个有机的整体。有人主持“廷·巴特尔是我们学习的榜样”的演讲，其中第三位演讲者演讲《人与共产党人》，第四位演讲者演讲《要有一股艰苦奋斗的创业精神》。他在两篇演讲之间是这样致辞的：“共产党人是人，但又不等于一般人，共产党人要无私无畏，要经得起风吹浪打，当然离不开艰苦奋斗的精神。下面请听××同学的演讲。”短短的几句话，便使两篇演讲接续无痕。

主持者用连接语不外乎承上启下：肯定前面的，画龙点睛；呼出后面的，渲染蓄势。这两者都很重要，需看临场的情势来。从主持口才的实践看，主持者似乎都更加重视后者。

在主持中，并非演一个节目、搞一项活动，就要用连接语。用还是不用，话长还是话短，应视具体情境而定。若用连接话，则可以顺带，也可以反推；可以借言，也可以直说；可以设疑，也可以答问。总之，主持者不要弄成八股，应以别开生面而又恰到好处为原则。否则，它便不巧了。

三、要应变有术

变即变故，麻烦。主持一场活动或是别的什么，难免不遇上麻烦。如果遇上麻烦，主持者应当随机应变，用妙语化解和调节。其办法有：

（一）打圆场

比如在座谈讨论之中，与会者之间彼此意见相左，甚至唇枪舌剑、发生争吵，彼此互不相让。这时，主持者就要出来打圆场，其方法和步骤有：

一是转移注意力。主持者或者接过话题自己说，或者岔开话题换新题，把争论双方的注意力转移到别的方面。

二是沟通感情。主持者应寻找或帮助双方寻找共同点，缩小双方之间在感情上、心理上的距离。

三是公正评价。主持者应将双方的意见进行清理和归纳，站在公正无私的立场上进行评价，阐述双方都能接受的意见，但又不是无原则的“各打五十大板”。

四是引导自省。主持者应使双方从事实中反省自己的观点和错误，消除误会，认同真理。

（二）破僵局

僵局也是主持者常常碰到的难题。一些即兴式的活动，如即兴演讲、讨论问题、聚散场合，主持者讲过之后，无人开头，便形成僵局；“千呼万唤始出来”之后，又无人接上，再度形成僵局。主持者若遇到僵局，应尽快想方设法打破。方法有：

1. 做表率。无人来，自己上，主持者做个示范，以启发来者。

2. 点将。主持者可直接安排“下一个”，变被动为主动。

3. 注入催化剂。主持者要主动地讲一个故事，或讲一个笑语，或说一个典故，或说一则新闻，迂回过来，在潜移默化之中启迪听众思路。

4. 去顾虑。主持者可设想听众的顾虑，并一一破除，以激发他们的勇气。

（三）摆脱难堪

难堪有两种，一种是听众发难而造成的难堪，一种是主持者自己失误带来的难堪。遇到第一种难堪，主持者先要冷静地思考分析，人家为什么要发难？动机是什么？而后分别采取不同的对策。

1. 对于善意的发难，主持者当以赤诚相见，精诚所至，金石为开。这可以直接说明和解释，也可以因势利导，引入正路，还可以来点调侃。

2. 对于恶意的、欲置人于绝境的发难，主持者则当针锋相对，当然是内刚而外柔。其方法有：

一是顺贬，主持者可以先默认并接过对方给的难题，而后顺理成章地使对方陷入比自己更难堪的境地。

二是回敬，即古语所说的“即以其人之道，还治其人之身”。

三是釜底抽薪，就是直接揭出对方心怀的鬼胎。消除因自己失误带来的难堪，主持者当然也可以靠诚挚来取得谅解。但一般说来，兵不厌“诈”，主持者可以采用巧寻借口、金蝉蜕壳、暗渡陈仓等技巧。这就是说，过失既出，难堪既成，主持者不妨将错就错，让它产生逆转和突变，化逆为顺。

应付各种变故，主持者一定要谈笑风生，蕴藉一些，幽默一些。并且，主持者过后要及时地根据调查目的对采访材料进行归纳总结，对这些资料的有效性、可靠性情况做出进一步研究，“去粗取精，去伪存真，由此及彼，由表及里”，从中选择最能说明问题和反映事物本质的事实材料。例如，哪些资料中的信息可以说明什么问题，充分与否；哪些资料虽然不能直接说明问题，但能否作为间接或补充材料；哪些资料虽然是无效并且不可靠的，但换个角度处理能否使之成为有用的材料，等等。

电话通讯语言艺术

21 世纪是讲究“快节奏、高效率”的世纪。电话，是现代主要的通讯工具之一。现代人对于许多事务的处理，绝大多数是靠电话完成的。这是因为，电话具有传递信息迅速、使用方便、失真度小、效率高等优点。当然，如果对于电话的使用缺乏常识与素养，不懂打电话、接电话的礼节，人们就不能通过电话高效率地处理一切应酬事务，就不能依赖电话通讯达成愉快的应诺与协议。日本铃木健二先生曾说过这么一段话，很有道理：

> “不管是在公司还是在家庭里，凭这个人在电话里的讲话方式，就可以基本上判断出其‘教养’的水准。我每天除收到好多预约讲演的信件，还接到很多委托讲演的电话。我凭着对电话里的讲话方式就能判断其修养如何，凭对方在电话里的第一句话就可以基本决定我是去讲还是不去。”

如果说“文如其人”，那么，我们不妨也可说“话如其人”。用电话通话，互不见面，语言是唯一的信息载体。因此，打电话的艺术，主要体现在语言的表达上。为此，人们在打电话时必须从整体效果上考虑，掌握以下几个方面的原则：

1. 时间控制原则

时间控制，包括打电话时间的选择和电话交谈所持续的时间。除了紧急的要事以外，一般在以下时间打电话是不适宜的，否则便是一种很不礼貌的行为：

①三餐吃饭的时间；

②早晨 7 点以前；

⑧晚上 10 点半以后。

电话中交谈所持续的时间，也是打电话的礼貌之一。打电话的时间一般以 3～5 分钟为宜。如果一次电话要占用 5 分钟以上的，你应该首先说出自己要办的事，并问一下："您现在和我谈话方便吗？"假如这时不方便，就和对方另约一个时间。

2. 起始语控制原则

起始语控制，是指电话接通后的第一句话的语言要求。首先，你应该在对方还没有开口问你的大名之前，就报出自己的身份或名字。如"我是华联商厦，请问贵厂的'古马牌'羊毛衫可以提货了吗？"其次，寻人称呼要明确。特别是往一个不太熟悉的单位找人，你更不宜直接用简称。如"我是老杨，找小李接电话！"你是哪个老杨？找男小李还是女小李？对方肯定会糊涂。再次，打电话时你要注意文明礼貌。请看一例：

"喂！王华在吗？"

"对不起，他不在。您有什么事需要……"

"不在啊！算了，算了！"（还没等对方说完第二句话他就抢着说，并且随即挂断了电话）

这种冒失行为，给人留下了不礼貌的印象，也有损自我形象。

3. 语气语调控制原则

电话语言艺术，不仅要坚持"您好"开头，"请"字在中，"谢谢"结尾，更重要的是必须控制语气语调。比如，同样一句常用的"我很忙"，用不同的语气语调表达出来，产生的效果是不一样的。语调过高，语气过重，会使人感到尖刻、严厉、生硬、冷淡，刚而不柔；语气太轻，语调太低，会使人感到无精打采、有气无力；语调过长又显得懒散拖沓，语调过短又显得不负责任。一般说来，语气适中、语调稍高些、尾音稍拖一点，才会使人感到亲切自然。

另外，有些电话用语，以祈使句替代陈述句，语言效果也会好得多。如：

有事，等一下 { 有事，请稍等。
对不起，我很忙。

少讲一点，→对不起，我时间很紧。

替代后的语气，不管语调怎么变化，通话人也不会产生不悦情绪。相反，他会感到你诚恳可亲，是带着微笑在说话。

4. 情绪控制原则

情绪控制，是指心情不佳时或事情很急时，通话人希望能用最简单的语言，最快的速度解决问题时的语言控制。如果是情绪影响了语言，那么，结果将适得其反。请看下面两个事例：

A 例：

“喂，工商局吗？张明同志在吗？”
“张明同志不在。”
（急不择言）“怎么会不在?!”
（火了）“我怎么知道！”
（语塞）“那、那、那就跟你说吧。”
“对不起，你过会儿再打吧！”

B 例：

“工商局吗？请问张明同志在吗？”
“对不起，他不在。”

“哦，同志，那对您说也一样。我是中南百货大楼的，想与贵局……”

“好，请说吧。”

A 例，由于操之过急，说话得罪了人，事情反而没有办成；而 B 例，由于控制了情绪，注意了语言，事情很顺利地办成了。可见，要想把急事办妥，打电话时你必须注意说话从容，交待明确，切不可急得开口就呛人，让人一听就冒火。

人们对于怎样接电话也是很敏感的。这个问题，铃木键二先生认为：

“在现代化大生产的公司里，职员的使命之一，是一听到电话铃声就立即去接。遗憾的是，我往外打电话时，常常听到电话‘呤——呤——呤……’反复直响却没有人接。电话铃声响了五次都没有人去接的公司，肯定不会有大作为，这肯定没有错，因为这至少说明这个公司毫无一点时间的价值观念。再退一步说，如果一个办公室里的人员真地忙得连接电话的时间都没有，那又何必把电话设在这样的办公室里呢？更何况，根本不可能忙到如此程度。”

这一段话是很有针对性的。特别是在你替别人接电话时（指受话人不在），你更应该注意礼节。这是因为，打电话的人看不见发生了什么事，要向他作充分的解释，而不能简单地说：“他出去了”、“他不在”、你“不知道”等。你应说：

“陈先生刚出去，我帮您留话好吗？”

“他正在和人谈话，我告诉他，让他给您去电话，好吗？”

“陈先生出差去了，由张先生替代他的工作，您愿意和他讲话吗？

打电话的艺术，除了上述讲的时间控制、起始语控制和情绪控制外，还应注意：假如是与外宾、上级、长辈等通话，不论你是主叫方或被叫方，你必须做到在谈话结束后，听到对方确实把话筒放下后才把电话挂掉，这也是打电话中应有的礼貌。

第十二章　应酬沟通

介　　绍

自我介绍时的沟通

介绍是社交和接待活动中普遍使用的礼节，是见面相识和互相沟通的最初方式。巧妙得体的自我介绍，可以为双方进一步交往奠定基础，也可以显示良好的交际风度。介绍可以在许多场合进行，如宴会、舞会、亲友聚会、寿庆、婚礼、会议、商店，甚至路上相遇等。

自我介绍的基本程序是：自己先向对方点头致意，得到回应后再向对方介绍自己的姓名、单位和身份，同时递上事先准备好的名片。自我介绍时，你可掌心向内，右手轻按左胸，但不能用拇指指向自己；表情要自然、亲切，注视对方，举止庄重、大方，态度镇定而充满自信，表现出渴望认识对方的热情。如果担负一定的领导职务，自己不要一见面就自我夸示，只能说我在某单位工作。

作自我介绍时，你要注意掌握时机，如初次见面的时机或对方有兴趣的时机。内容繁简适度，态度谦虚，注意礼节。自我介绍一般以半分钟为宜，情况特殊也不宜超过1分钟。如对方表现出有认识自己的愿望，则可在报出本人姓名、供职单位及职务的基础上，你再简略地介绍自己的籍贯、学历、爱好、专长及与某人的关系等。当然，在进行自我介绍时，你应该实事求是，既不能把自己拔得过高，也不要自卑地贬低自己。介绍用语要留有余地，不宜用“最”、“极”、“特别”、“第一”等表示极端的词语。

在交际场合，如果你想结识某人，可采取主动的自我介绍方式。例如：“您好！我叫×××，见到您很高兴。”以引起对方的呼应；也可采取被动的自我介绍方式，先婉转地询问对方：“先生您好！请问我该怎样称呼您呢?”待对方作完自我介绍后再顺势介绍自己。总之，自我介绍要以自己的诚实和坦率，使对方愿意同你结识。

自我介绍除了用语言之外，还可借助介绍信、工作证或名片等信物证明自己的身份，作为辅助介绍，以增强对方对自己的信任。

居中介绍时的沟通

居中介绍即为他人介绍，就是介绍者把一个人引见给其他人相识沟通的过程。善于为他人做介绍，可以使你在朋友中享有更高的威信和影响力。充当居中介绍的人员，一般是公关礼宾人员、东道主、在场的地位最高者或与被介绍的双方都相识的人。

一、介绍顺序

居中介绍时，介绍者处于当事人之间。因此，介绍者在介绍之前必须了解被介绍双方各自的身份、供职单位以及双方有无相识的愿望，或衡量一下有无为双方介绍的必要，再择机行事。介绍的先后顺序，应坚持受到特别尊重的一方有了解对方的优先权的原则，应将职位低的介绍给职位高者，将年轻的介绍给年长者，将年龄和职务相当的男士介绍给女士，将客人介绍给主人，将未婚者介绍给已婚者，将本公司职务低的人介绍给职务高的客户，将个人介绍给团体，将晚到者介绍给早到者。在口头表达时，你应先称呼职位高者、长辈、女士、主人、已婚者、先到场者，再将被介绍者介绍出来，而后介绍先称呼的一方。这种介绍顺序的共同特点是“尊者居后”，以表示对“后来居上”的尊敬之意。对来宾中的已婚夫妇，即使他们站在一起，也应作享有独立人格的人分别介绍。如丈夫将妻子介绍给朋友相识，应先将对方介绍给妻子，然后将妻子介绍给朋友；而当妻子介绍丈夫给朋友相识时，应先将丈夫介绍给朋友，再把朋友介绍给丈夫。

二、介绍人的神态与手势

居中介绍者在为他人做介绍时，态度要热情友好，语言要清晰明快。做介绍时，介绍人应起立，行至被介绍人之间，呈三角站立，在介绍一方时，应微笑着用自己的视线把另一方的注意力引导过来。手的正确姿势应抬起前臂，五指并拢伸直，手掌向上倾斜，指向被介绍者，但介绍人不能用手拍被介绍人的肩、胳膊和背等部位；更不能用食指或拇指指向被介绍的任何一方。

三、介绍人的陈述

介绍人在作介绍时要先向双方打招呼，使双方有思想准备。介绍人的介绍语宜简明扼要，分寸恰当，使用敬词；一般不介绍私人生活方面的情况，如居住地址、婚姻之类。在较为正式的场合，介绍人可以说：“尊敬的×××先生，请允许我向您介绍一下……”或说：“××，这就是我向你常提起的×××介绍人”。同时，介绍人在介绍中要避免过分赞扬某个人，给人留下厚此薄彼的感觉。在介绍别人时，介绍人切忌把复姓当作单姓，常见的复姓有“欧阳”、“司马”、“司徒”、“上官”、“诸葛”等，注意不要把“欧阳明”称“欧先生”。当介绍人为双方介绍后，被介绍人应向对方点头致意，或握手为礼，并以“您好”、“很高兴认识您”、“幸会、幸会”等友善的语句问候对方，表现出结识对方的诚意。介绍人在介绍后，不要随即离开，应给双方交谈提示话题，可有选择地介绍双方的共同点，如相似的经历、共同的爱好和相关的职业等，待双方进入话题后，再去招呼其他客人。

四、对介绍的应答

一旦被介绍，你就成了大家注意的中心。这时你应做出应答：一是如果你是坐着的应起立，如不能起立，也应欠身表示；二是走向对方，注视对方，面露微笑，以示对对方的尊重；三是握手，这是信任和尊重的表示，也是互相致意和问候的一种方式；四是向对方打招呼，重复对方的名字或职务（职称）。

集体介绍时的沟通

集体介绍，依礼亦有顺序上的尊卑先后之别。集体介绍分"单向介绍"和"多向介绍"两种。集体介绍的顺序应比照"居中介绍"的顺序，并考虑"单向介绍"和"多向介绍"的特点。

单向介绍，如讲演、报告时，介绍者可只介绍主角；如为两个团体进行介绍，应先介绍东道主或人少的一方。介绍还要注重身份、地位，对尊者最后介绍。多方介绍则由尊而卑，或由近而远。其排列方法有：或以负责人身份为准，或以单位规模为准，或以单位名称的英文字母顺序为准，或以抵达的时间为准，或以座次为准，或以距介绍者的远近为准。

集体介绍的内容，原则上与"居中介绍"的内容相同。

称　　呼

称呼的原则

称呼是当面招呼用的表示彼此关系的名称。称呼语是交际语言中的先锋官。一声亲切而得体的称呼，不仅体现出一个人待人谦恭有礼的美德，而且使对方如沐春风，易于交融双方的情感，为深层沟通打下基础。

社会是一个大舞台，每个社会成员都在社会大舞台上充当特定的社会角色，而称呼最能准确地反映人际关系的亲疏远近和尊卑上下，具有鲜明的褒贬性。亲属之间，按彼此的关系，都有固定称呼。在社会交际中，人际称呼的格调则有文野、雅俗、高下之分，它不仅反映人的身份、地位、职业和婚姻状况，而且反映一方对对方的态度及其亲疏关系，不同的称呼可以使人产生不同的情态。如同是对老年人，你就可称其为老人家、老同志、老师傅、老大爷、老先生、老伯、老叔、老丈，对德高望重者还可称其为“某老”；切不可称“老头子”、“老婆子”、“老东西”、“老家伙”、“老不死”等。很显然，前者是褒称，带有尊敬对方的感情色彩；而后者则是贬称，带有蔑视对方的厌恶情绪。在交际开始时，只有使用高格调的称呼，才会使交际对象产生同你交往的欲望。因此，你在使用称呼语时要遵循如下三个原则：

一、礼貌原则

这是人际称呼的基本原则之一。每个人都希望被他人尊重，而合乎礼节的称呼，正是表达自己对他人的尊重和表现自己有礼貌修养的一种方式。在社交接触中，称呼对方要用尊称。常用的尊称有：“您”——您好，请您……；“贵”——贵姓、贵公司、贵方、贵校、贵体；“大”——尊姓大名，大作；“贤”——贤弟、贤媳、贤侄等；“高”——高寿，高见、高明；“尊”——尊客、尊言、尊意、尊口、尊夫人。

二、尊崇原则

一般来说，汉族人有从大、从老、从高的心态。如对同龄人，你可称呼对方为哥、姐；对既可称“爷爷”又可称“伯伯”的长者，以称“爷爷”为宜；对副科长、副处长、副厂长等，也可以直接以正职相称。

三、适度原则

许多青年人往往对人喜欢称师傅，虽然亲热有余，但文雅不足，且普适性较差。对理发师、厨师、企业工人称师傅恰如其分；但对医生、教师、军人、干部、商务工作者称师傅就不合适了。如把小姑娘称为“师傅（尼姑）”则要挨骂了！所以，你要视交际对象、场合、双方关系等选择恰当的称呼。在与众多人打招呼时，你还要注意亲疏远近和主次关系。它一般以先长后幼、先高后低、先女后男、先亲后疏为宜。

称呼的礼俗

美国交际学家戴尔·卡耐基说：“一个人的姓名是他自己最熟悉、最甜美、最妙不可言的声音。”在交际中，最明显、最简单、最重要、最能得到好感的方法，就是记住人家的名字。”记住并准确地呼叫对方的姓名，会使人感到亲切自然，一见如故。否则，即使有过交往的朋友也会生疏起来。

要记住人家的名字，除了了解和掌握中外人名的特点以外，你还需注意以下几点：一是对需要记住的姓名，注意力一定要高度集中。初次见面被告知姓名时，自己最好重复一遍，并请对方把名字一字一字地分别解析一下以加深印象；二是把姓名脸谱化或将其身材形象化，将对方的特征与姓名一齐输入大脑。如有个青年叫聂晶，他的名字是“三个耳朵三张口”，这样就容易记了；三是把对方的名字与某些事物（如熟看的地名、物名、人名等）关联起来；四是通过交谈，相互了解熟悉，并在交谈中尽量多地使用对方的名字；五是借助交换名片，并将名片分类整理；或把新结识的人的姓名及时记在通讯录上经常翻阅。这样，结识的朋友就不容易忘记了。

一、称呼的方式

称呼的方式有多种：其一，称姓名。如“张三”、“李四”、“王娟”等。称姓名一般适用于年龄、职务相仿，或是同学、好友之间。否则，就应将姓名、职务、职业等并称才合适。如“张三老师”、“李四处长”、“王娟小姐”等。其二，称职务。如“王经理”、“孙局长”等。其三，称职业。如“老师”、“空姐”、“乘务员”、“医生”、“律师”、“营业员”等。其四，称职衔。如工程师、教授、上尉、大校等。其五，拟亲称。如“唐爷爷”、“钱叔叔”、“胡阿姨”等。其六，一般称。如“先生”、“夫人”、“太太”、“小姐”、“同志”等，这是最普遍、最常用的称呼。

一般在正式场合的称呼，应注重身份、职务、职称、职衔等；在非正式场合，则可以以辈分、姓名等称呼。在涉外活动中，按照国际通行的称呼惯例，对成年男子称先生，对已婚女子称夫人、太太，对未婚女子称小姐，对年长但不明婚姻况状的女子或职业女性称女士。这些称呼均可冠以姓名、职称、职衔等。如“布莱克先生”、“上校先生”、“护士小姐”、“怀特夫人”等。对部长以上的官方人士，一般可称“阁下”、职衔或先生。如“部长阁下”、“总统阁下”、“总理先生阁下”等。但在美国、墨西哥、德国等没有称“阁下”的习惯。因此，对这些国家里的人士，人们可以“先生”相称。对日本妇女人们一般不称“小姐”、“女士”，而称“先生”。君主制国家，按习惯人们称国王、皇后为“陛下”，称王子、公主、亲王为“殿下”。其他有爵位的人，人们可以其爵位相称，也可称“阁下”或“先生”。对有学位、军衔、技术职称的人士，人们可以称他们的头衔，如某某教授、某某博士、某某将军、某某工程师等。外国人一般不用行政职务称呼别人，不称“某某局长”、“某某校长”、“某某经理”等。在美国，人们常把直呼其名视为亲切的表示，只是对长者、有身份地位的人例外。

二、称“字”不呼名

中国人除了有名之外还有字。《礼记·曲礼上》云：“男子二十，冠而字。”“女子许嫁，笄而字。”文人雅士还要以居处、境况、志趣等为自己取号。一般说来，名是由父亲或长亲起的，是供尊长叫的；字是为了“敬其名”而由来宾取的，是供别人叫的。如刘备被称为刘玄德，诸葛亮被称为诸葛孔明，关羽被称为关云长等。朋友及平辈之间互称其字，以示尊敬和亲近，自称只能称名，表示谦逊。一些人有名有字一直延续到近现代，如毛泽东字润之，朱德字玉阶等。

称呼的忌讳

在人际交往中，为了使自己对他人的称呼不失敬意，我们应避免在对人对事称呼上的一些忌讳。

一、不要使用绰号和庸俗的称呼

随意给人起绰号，如“哥们儿”、“姐们儿”、“大腕儿”等称呼不仅难登大雅之堂，而且会给对方造成不悦和伤害。

二、不滥用行业性或地域性的称呼

师傅、老板、出家人等带有行业性；使用很广的“爱人”这一称呼带有地域性，在境外或国外它却往往被理解为充当第三者的“情人”。

三、对不吉利的词语和恶言谩骂的词语要避讳

如“死”字，中国人历来就十分忌讳，并另造了一些词来表达死的含义，如百年之后、老了、去世、下世、过世、辞世、病故、病逝、长逝、长眠、仙逝、作古、远行，等等。再如北京地区

为了避免骂人嫌疑，将沾了“蛋”字边的东西都改了名：鸡蛋叫作鸡子儿，皮蛋叫作松花蛋，炒鸡蛋称为捧黄菜，鸡蛋汤叫木樨汤。这些言语忌讳不仅反映了人们趋利避害的思想倾向，也表示了人们对他人的尊重。

拜　访

拜访是指本人亲自或派人到朋友府上或工作单位去拜见访问某人的活动。人际之间、社会组织之间、个人与组织之间，总少不了相互拜访。拜访有事务性拜访、礼节性拜访和私人拜访三种，而事务性拜访又有商务洽谈性拜访和专题交涉性拜访之分。但不管哪种拜访，都应遵循做客的礼节，以便达到交流信息、沟通情感、增进友谊的目的。

事先预约，不做不速之客

拜访友人，务必选好时机，事先约定，这是进行拜访活动的首要原则。一般而言，当你决定要去拜访某位友人，应先写信或打电话与被访者取得联系，约定宾主双方都认为比较合适的会面地点和时间，并把参访人数和访问的意图告诉对方。拜访一般应避开吃饭和午休的时间，晚上拜访时间也不宜太长。在对外交往中，未曾约定的拜会，属失礼之举，是不受欢迎的。因事急或事先并无约定而必须前往时，拜访者则应尽量避免在深夜打扰对方；如万不得已非得在休息时间约见对方时，则应见到主人立即致歉，说“对不起，打扰了”，并说明打扰的原因。

守时践约，不做失约之客

宾主双方约定了会面的具体时间，作为访问者应履约守时，如期而至。访问者既不能随意变动时间，打乱主人的安排，也不能迟到早到，准时到达才最为得体。如因故迟到，访问者应向主人道歉；如因故失约，也应在事先诚恳而婉转地说明。在对外交往中，我们更应严格遵守时间。日本人安排拜访时间常以分为计算单位；在瑞典，如拜访迟到 10 分钟，对方就会谢绝拜会。准时赴约是国际交往的基本要求。

登门有礼，不做冒失之客

无论到办公室或到寓所去拜访，客人一般要坚持客由主定的原则。如果是到主人寓所拜访，客人在进入主人寓所之前，应用食指轻轻叩门或按动电铃，若是熟人、亲属，可在敲门后立于门口；若是初访或下级，应侧身站在门首的左侧，待有回音或有人开门相让，方可进入。若是主人亲自开门相迎，客人见面后应热情施礼问好；若是主人夫妇同时相迎，则应先问候女主人好。若你不认识出来开门的人，则应问："请问，这是×××先生的家吗？"得到准确回答后你方可进门。当主人把来访者介绍给他的妻子或丈夫相识，或向来访者介绍家人时，你都要面带微笑，热情地向对方点头致意或握手问好。见到主人的长辈则应恭敬地请安，并问候家中其他成员或保姆；当主人请坐时，你应道声"谢谢"，并按主人指点的座位入坐。若带有鲜花、果品、书籍等礼物，你可在进门之初奉献主人。主人上茶时，要起身双手接迎，并热情道谢。你在喝茶时要慢慢品饮，果品要小口细嚼，烟要少抽或不抽，如要抽烟需征得主人和女士的同意。对后来的客人你也应起身相迎，必要时，应主动告辞。如带小孩做客，你应要教以礼貌做人，使他尊敬地称呼主人家所有的人。如主人家中养有狗和猫，你则不应表示害怕、讨厌，不应去踢它、赶它。当然，主人也应遵循"尊客之前不叱狗"的传统礼节。

举止文雅，不做粗俗之客

古人云："入其国者从其俗，入其家者避其讳。"人们常说，主雅客来勤；反之，也可以说"客雅主喜迎"。在做客时，你在谈话时应围绕主题，态度也要诚恳自然，如有长辈在，亦应用心听长者谈话。在朋友家里，你不要乱脱、乱扔衣服。与主人关系再好，你也不要翻动主人书信和工艺品。未经主人相让，你不要擅入主人卧室、书房，更不要在桌上乱翻，床上乱躺。你的坐姿也要注意文雅。见人背语时，请你不要倾耳窃听。

适时告辞，不做难辞之客

"串门勿久坐，闲话宜少说。"初次造访以半小时为宜，一般性拜访以不超过一小时为限。造访目的达到，见主人显得疲乏，或意欲他为，或还有其他客人，你应适时告辞。假如主人留客心诚，执意强留用餐，你在饭后应停留一会再走，不要抹嘴便走。你应做到辞行要果断，不要"告辞"说过几次，却口动身不移。辞行时你要向其他客人道别，并感谢主人的盛情款待；出门后应请主人就此留步。

迎　访

预做准备

古人言："有朋自远方来，不亦乐乎？"这说明广交朋友，礼貌待客是中华民族的传统美德。迎访包括迎客、待客两个方面。如何礼貌地迎宾待客，总的原则应是主随客便，考虑周全，讲究礼仪，关怀备至，使来访者有宾至如归之感。

为了让客人有一个良好的“第一印象”，主人平时就应将办公室、会客室或家里的客厅收拾整洁，以免因“不速之客”的光临而手忙脚乱。从迎访角度讲，社交活动中的来访也有礼节性来访、事务性来访和私人来访三种。礼节性来访一般时间较短，主人待客要热情周到，事后还要注意“礼尚往来”；事务性来访，一般时间略长些，主人要想方设法替客人节省时间，并尽可能地使客人满意而去；私人或消遣性来访，通常伴有娱乐性活动和闲谈等，主人待客，应尽量做到轻松愉快。

无论是接待哪一类别的来访者，特别是应邀而来的客人，主人事先都应做必要准备。这包括做好室内外卫生和室内的布置，“洒扫门庭以迎佳宾”；备好待客的用品，如糖果、香烟、饮料和水果、点心等。如留客人吃饭，主人还得预备丰盛而可口的酒菜；如有小客人同来，主人还需预备一些玩具和小画书。为了向客人表示敬意，主人还要特别注重自己的仪表，作为女主人更应穿着得体。

热情迎候

在家不会迎宾客，出外方知少主人。如来访者来自外地，主人应按事先约定的时间专程前往车站、码头或机场迎候，接到客人后应致问候和欢迎，并说一些简短的欢迎词。如果是久未见面的，主人在见面时可以说：“久违、久违”（即久违雅教之意）。对初次登门的客人，主人应到寓所的大院门口或楼下迎接，见面时可以说：“久仰、久仰”、“百闻不如一见”；未及亲迎的，可以说“失迎、失迎”或“有失远迎”等以示歉意。如客人手提重物，主人应主动帮助接提，还要关照家人给予合作。接应客人时主人应面含微笑，握手问候和表示欢迎，这是必不可少的“迎宾三部曲”。

待客以礼

客无亲疏，来者当敬。在接待中，主人对任何客人来访都应热情欢迎 ，毫不见外地奉之为上宾。接客人进屋，主人应在前，客人在后；进客厅后，主人应请客人在上座就坐。所谓上座，即指较为尊贵的座位。室中的上座有：比较舒服的座位，较高一些的座位，宾主并排就坐时的右座和面对正门的座位。客人一旦落座，主人就不要再劝其换位。客人如果是老友挚友，主人可以不拘礼节，随便一些反而显得亲密无间；客人如果是师长，主人则应注重礼节，不可轻率、随便。如客人不期而至，则主人无论有多忙多累，都应立即停止手中的工作，热情接待。如客人没打招呼便推门而入，主人也应立即起身表示欢迎，而不能将其拒之门外。为了表示对客人的敬意，主人应请客人先入座。如在同一时间接待多方来者，应注意待客有序和一视同仁。客人进屋后，主人应处处体现对客人的恭敬与谦让。有的主人对不速之客冷眼相向，或边跟客人聊天，边看电视、看报纸、打毛衣，这是极不礼貌的。客人落座后，主人应热情献茶或奉上糖果、饮料；与客人谈话，主人态度要诚恳热情，不要频频看表，不要显出厌倦或不耐烦的样子。万一主人有急事要办，应向客人说明并致歉。

礼貌送客

在人际交往中，好的开场就像一束鲜花给人愉快；精彩的告别就像一杯芬芳的美酒令人回味。否则，它便会造成热情迎宾、冷淡送客的不良后果，给客人留下不好的印象。当客人要走时，主人应婉言相留，这是情谊留连的自然显示，并非客套与多余。当客人起身告辞并伸出手时，主人方可出手相握，切不可在送客时先“起身”或先“出手”，否则这会给人以厌客之嫌。迎客应主人走在前面，送客应客人走在前面。主人送客，一般应送到门外或楼下，目送客人远去时，可挥手致意，并道以“欢迎再来!”和上司一起送客时，你要比上司稍后一步。你最好不要在客人一走就马上聊天。客人来访，常带有礼品，主人应表示谢意，说声“让您破费了”或“让您费心，真不好意思”等，决不可若无其事，显出理所当然或受之无愧的样子。

问　　候

问候的形式与礼节

问候是一束最沁人心脾的鲜花，是一根最能拨响心音的琴弦。问候有多种形式和方式，是礼节性较强的举动。每一句真诚的问候，都是对被问候者尊敬和关心的表示，有助于保持良好的人际关系，沟通彼此的感情。

一、问候形式

问候的形式有日常的一般问候与特殊问候两种。

（一）日常问候

日常问候是亲友之间互致的问候，这种在日常生活中的问候大体有下列几种：

1. 按时间问候。如“早安”、“早上好”、“晚安”等。

2. 按场合问候，如家人在离家时，离家者应向在家的人道别：“我走了”、“再见”。在家的人也应回答：“你走好，早点回来!”在归家时，归家者应与在家的人打招呼：“我回来了”。同样，在社交和商务场合，熟人相遇，朋友相见，互致问候便是第一道程序。即使是一面之交，相遇也应打招呼。若你毫无表示，或漫不经心，则会被认为是傲慢无礼的表现。

3. 祝愿式问候。如“您好”、“新年快乐”、“圣诞快乐”、“福寿康宁”等。

4. 关心式问候。如“您身体还好吧”、“一切都顺利吧”、“家里人怎么样”等。

（二）特殊问候

特殊问候是亲友之间在不同情况下的问候。一是节日问候。在节日到来时，我们应向在远方的或不常见面的亲友及时地送去自己的问候，这是沟通感情、表明心迹的最简便而又极有效的方式。二是喜庆时的问候或道贺。如对方事业有成、乔迁新居等喜事时，我们要向他们表示祝贺并致问候。三是不幸时的问候或安慰。如对对方事业受挫、家庭变故、失恋、失火、被盗或亲人亡故等不幸，我们要表示同情和安慰，并给予必要的帮助。

（三）问候的方式

如何表示上述种种问候呢？常见的有以下几种方式：口头问候；书信问候；贺卡或明信片问候；电报、电话问候；送物问候。在致各种问候的同时，如有条件你可再适当送些礼物表示问候，则是更好的方式。

二、问候礼节

晚辈应先问候长辈，年轻人应先问候老年人，下级应先问候上级，普通人应先问候名人，男性应先问候女性，但年轻女性应先问候比自己年长的男性。总之，主动问候，这是尊重他人的表示；即使你比对方年长，主动问候也于己无损，只会多增加一份友情。

探　望

探望，亦称探视、探访，可分为专程探望、顺便探望、委托他人代为探望等，人们用以表达对亲朋好友和同事的情怀。除正常情况下的探望之外，更重要的是对身体不适或住院亲友的探望，这是一项较为特殊的交际活动。天有不测风云，人有旦夕祸福。在社交圈内，同事亲友患病或不幸伤残，在所难免。当一个人患病住院时，无论在病体上还是精神上他都是比较痛苦的，很需要外界的帮助和关怀。如果你对病人进行合乎礼节的探望，会使患者的精神为之一振；但在探视时，方法失当、礼节不周，也会适得其反。

掌握探视时间

探视病人，要为病人着想。你要严格遵守院方规定的探视时间；要避开吃饭和睡觉的时间，尤其要避开治疗和护理的时间。如病人在家休养，则你以下午探访为宜。当然，探望停留的时间也不宜太长，一般以 15～30 分钟为好；如病人挽留，最多也不要超过 60 分钟，以免病人疲劳。

注意表情谈吐

探视者的使命，就是要充当“社会护理”的角色，对患者进行精神上的安慰和必要的帮助，使患者增强战胜疾病的勇气。因此，探视者探视前应了解患者的病情和治疗进程，弄清患者的心态。在患者面前，探视者表情应当自然、亲切、冷静，一如既往；不要愁眉苦脸，故作沉重，长吁短叹，更不要一见面便“人未语，泪先流”，使患者思绪烦乱，六神无主，不利于康复。探视者与患者交谈的基本原则应是轻说，“报喜不报忧”。探视者应尽量选择轻松愉快的话题，多谈患者关心感兴趣的事，以转移对方的注意力，减轻精神负担。特别是对身患绝症的患者，有时善良的谎言胜过不该说的真话。探望病情严重的患者时，探视者不要谈论他们的病情，不要对医生的水平、治疗方法及用药妄加评论，也不介绍偏方，不谈患者敏感的问题；只能针对患者的心态或释疑、释虑，或开导、规劝，或鼓励、安慰。对患者的亲属，探视者不仅要给予安慰，还应尽力具体地帮助做一些力所能及的事情。

还有一种特殊的探望，既对在监狱服刑的囚犯的探望。这些失足者，有的是自己的亲人，有的是自己的朋友，他们虽然因违反法律而身陷囹圄，但中国传统的道德观念是“浪子回头金不换”，国家政策也是希望用各种方法将他们改造为对社会有用的“新人”。所以，除司法人员对他们的帮教外，亲人朋友对他们的探视也是一种帮教手段。

探望囚犯时，除了遵照政府规定的探视时间外，探视者应将探视活动视为与囚犯进行沟通的一个机会，在有效的探视时间内，对囚犯动之以情，晓之以理，给他送去他最关心的信息，向他灌输积极改造的道理，向他表达亲人对他的思念，对他进行富含亲情的安慰，同时在物资方面对他进行必要的帮助。另外，探视者还要注意倾听他对自己的诉求，适时解答他的困惑，帮助他减轻心理上的负担，设法使他的心情愉快，对前途树立信心，以利他更快地走向新生。

第十三章　沟通中的非语言因素

语言在交际中是有局限性的。语言文字由于自身的局限性，在语言沟通中也必然存在一定的局限性。这是因为，语言文字尽其最大的努力，表达出来的也只是相似，并不全等。实实在在的东西，不管是信息、情感还是其他的什么，用其他的方法直接感觉它，叫现量；语言文字充其量只是比量，只能近似于现量。因此，在语言沟通中，有时候它需要有语言之外的“语言”来做辅助；有时用语言之外的“语言”直接表现，比语言还要好，干脆就代替了语言。

语言之外的“语言”，我们过去常常称之为副语言或体态语。副语言总有一种给语言当“副手”，“功能或本事不及语言”之意。而实际上，这种副语言是有不同层次的，低层次的可以辅助语言或代替语言；而高层次的，甚至是语言表现不出或表达不完整的、不尽意的，它却可以传达表现出来。

语言之外的“语言”在某种程度上，能够比语言更充分而饱满地表现出一个人的素质、能力以及修养等。

语言沟通的空间位置

每个人的身体都占有固定的空间，在日常交往和语言沟通中，人们都在有意无意地保持着适当的空间位置。

一位心理学家做过这样一个实验。在一个刚刚开门的大阅览室里，当里面只有一位读者时，心理学家就进去拿椅子坐在他的旁边。试验进行了整整 80 人次。结果证明，在一个只有两位读者的、空旷的阅览室里，没有一个被试者能够忍受一个陌生人紧挨自己坐下。在心理学家坐在他们身边后，更多的人很快就默默地远离到别处坐下，有人则干脆明确地表示："你想干什么？"

这个实验说明任何一个人都希望在自己的周围有一个自己掌握的自我空间，它就像一个无形的"气泡"一样为自己"割据"了一定的"领域"。而当这个自我空间被他人触犯时，他就会感到不舒服，不安全，甚至恼怒。

就一般而言，沟通双方的空间位置能够表现出双方的关系、各自的地位、态度和情绪等信息和情感等。

一、表明关系

人们在交往中总会形成各种关系，这些关系往往反映在语言沟通过程中保持的空间距离上，关系亲密，距离相对就近；关系疏远，距离相对就远。空间距离与心理距离有相应的联系。美国人类学家爱德华·霍尔博士将之划分了四种区域或距离，各种距离都与对方的关系相称，并且他还把距离与关系数字化。

具体情况是，约 15 厘米之内是人际交往的最小距离，即我们常说的"亲密无间"，彼此间可能肌肤相触，耳鬓厮磨，以至相互能感受到对方的体温、气味和气息；亲密距离的远范围是在 15～45 厘米之间，身体上的接触可能表现为挽臂执手，或促膝谈心，也体现出亲密好友的人际关系。就沟通情境而言，上两类的亲密距离属于私下情境，只限于在情感上联系高度密切的人之间使用；在社交场合，大庭广众之前，两个人如此贴近（尤其是异性）就不太雅观。在同性别的人之间，它往往只限于贴心朋友，彼此十分熟识而随和；而在异性之间，它只限于夫妻和情人之间。

第二个距离属于个人距离，在 46～122 厘米之间。个人距离的近范围是 46～76 厘米之间，彼此正好能相互亲切握手，友好交谈。这是与熟人交往的空间。陌生人进入这个距离会构成侵犯；个人距离的远范围是76～122厘米，任何朋友和熟人都可以自由地进入这个空间。人际交往中亲密距离和个人距离通常都是在非正式的社交情境中使用的，在正式社交场合则使用社交距离。

社交距离已经超出了亲密或熟人的人际关系，而是体现出一种社交性或礼节上的较正式关系。其近范围是1.2～2.1米，一般在工作环境和社交聚会上，人们都保持这种程度的距离；其远范围是2.1～3.7米，表现为一种更加正式的交往关系。公司的经理们常常用一个大而宽阔的办公桌，并将来访者的座位放在离桌子一段距离的地方，这样，他们与来访者谈话时就能保持一定的距离。企业或国家领导人之间的谈判，工作招聘时的面谈，教授和大学生的论文答辩等，往往都要隔张桌子或保持一定的距离，这样就增加了一种庄重的气氛。在社交距离范围内，彼此已经没有了直接的身体接触；说话时，也要适当提高音量，需要更充分的目光接触。如果谈话者得不到对方目光的支持，他便会有强烈的被忽视、被拒绝的感受。

第四种位置是公众距离。这是公开演说时演说者与听众所保持的距离。其近范围是3.7～7.6米，远范围在7.6米外。这是一个几乎能容纳一切人的距离，人们完全可以对处于其间的其他人视而不见，不予交往，因为相互之间未必发生一定联系。因此，这个空间的交往，大多是当众演讲之类；当演讲者想与一个特定的听众谈话时，他必须走下讲台，使两人的距离缩短为个人距离或社交距离，这样才能实现有效沟通。

显然，相互交往时空间位置的远近，是交往双方之间是否亲近、是否喜欢、是否友好的重要标志。因此，人们在交往时，选择正确的距离是至关重要的。

二、表明地位

社会地位不同，交往的自我空间位置也有差异。因此，空间位置还可以展示人们在社会当中的地位差别。一般来说，空间的高度可以显示出地位的高低，地位高的总是高高在上，并且处在中央位置。过去皇帝的宝座相对来说要设立在最高处；体育比赛的领奖台冠军要比亚军高，亚军要比季军高，而冠军要处在中央位置。另外，空间的前后顺序也有讲究，一般来说是地位高的居前。在古代，超越了皇帝的位置是要杀头的。在现代的官方活动中，人们也是按身份与职务高低安排礼宾次序的。位置居中的人地位高，就是在正式或一般家庭的拍照中也能体现出这一点。一般来说，在第一排居中位置的人都是家庭中地位最高的、辈分最高的，然后在第一排依次向两旁排开；然后再第二排，从中间到两边，再往后排。当人们接触到有权力、有地位的人时，不敢贸然挨着他坐，而是尽量坐到远一点儿的地方，这都是为了避免因侵犯他的自我空间而惹他生气才这样做的。

三、表明态度

态度具有对象性，它是针对某一对象而产生的。态度还具有内隐性，它是个体的心理活动，不能直接被观察到，人们只能从相互间的语言、表情和行为中间接地进行分析和推测。一个人的距离语言，往往反映出他对某事物的态度。态度可能会使人远离对象，如沟通时双方距离较远，身体后倾，这表明一种消极的、否定的态度；相反则表明一种积极的、肯定的态度。空间的距离远近意味着态度的不同，身体的方向也反映着不同的态度。两人交谈，如果是正面相对，表明两人都是积极的态度；如果有一个人侧过身去，则表明的是消极、不爱听的态度；如果背过身去，态度最消极，表示不合作或反对。

四、表明情绪

情绪与空间位置也有很大关系。情绪高涨时，人们习惯于把自己的位置抬高，如跳跃、举手、登上高台、振臂一呼等；情绪低落则表现为位置变低，如低头、弓腰、双肩下沉等。

语言沟通中空间位置不是固定不变的，它具有一定的伸缩性，这依赖于具体情境、交谈双方的关系、社会地位、文化背景、性格特点、心境等。

国家不同、民族不同、文化背景不同，交往距离也不同。这种差距是由于人们对“自我”的理解不同造成的。例如，北美人理解“自我”包括皮肤、衣服以及体外几十厘米的空间，而阿拉伯人的“自我”则限于心灵，他们甚至把皮肤当成身外之物。因此在交往时，阿拉伯人步步逼近，总嫌对方过于冷淡；而北美人却连连后退，接受不了对方的过度亲热。同是欧洲人，交往时，法国人喜欢保持近距离，甚至呼吸的气息也能喷到对方脸上；而英国人则会感到很不习惯，步步退让，维持适合于自己的空间范围。

人们确定相互空间位置的远近，不仅取决于文化背景和社会地位，还有性格和具体情境等因素。例如，性格开朗、喜欢交往的人，一般更乐于接近别人，也比较容易容忍别人的靠近，他们的自我空间较小；而性格内向、孤僻自守的人，不愿意主动接近别人，宁愿把自己孤立封闭起来，对靠近他的人十分敏感。

此外，人们对自我空间的需要也会随着情境的变化而变化。例如在拥挤的公共汽车上，人们无法考虑自我空间，因而也就容忍别人靠得很近，这时已没有亲密距离还是公众距离的界线，自我空间很小，彼此间不得不通过躲避别人的视线和气息来表示与别人的距离。然而在较为空旷的公共场合，人们的自我空间就会扩大，如在公园休息亭或人较少的餐馆，别人毫无理由挨着自己坐下，就会引起自己的怀疑或不自然的感觉。所以，人们有时会试图通过选择适当的位置来独占一块公共领地。如在公园休息亭，如果我们想阻止别人和我们同坐在一条长凳上，那么从一开始我们就要坐在长凳的中间，这就会给人一种印象，似乎凳子比较短，这样我们就能够成功地在一段时间里独占这条凳子。

总之，要讲究语言沟通的高质量，要达到语言沟通的“文质彬彬”，人们不仅要注意言辞，还要注意语言交际中空间位置的把握，有意识地选择与他人交际的最佳位置。

语言沟通的面部表情

人的面部表情包括眼、眉、嘴以及颜面肌肉的变化等。仅就眉毛而言，它一般就有二十多种变化，如挤眉表示戏谑，横眉表示鄙视，竖眉表示愤怒，低眉表示顺从等。眼睛的表情则更为丰富。孟子就指出，从一个人的眼眸中，我们可以推断他是否诚实。所谓“胸中正，则眸子嘹焉；胸中不正，则眸子毛焉是也。”研究者也认为，人说谎话的时候瞳孔会扩大，儿童则常常会眨眼睛，而 9 岁以下的儿童想说谎却怎么也说不像。古代一些珠宝商人还从顾客的瞳孔变化中，来了解他是否对自己的货物感兴趣。

眼睛是五官中最重要的表情达意的部位。说话不是单方面的授予行为。当我们说话时，听者会用目光表示他们的反应。所以在说话时，我们也必须报以目光，以维系与听者的感情交流，这是一种默契。判断一个人是否心胸坦荡，最简单的方法是直视他的眼睛。做亏心事或做了一些见不得人的事的人，一般不敢与人对视。

在小范围的交流中，如讨论、聚会的时候，如果说话人旁若无人，眼光到处乱扫，有时看天花板，有时看桌上的摆设之类，则他给人的印象是自己故意避开别人的视线。这是一种胆怯、心虚的表现，其说话的效果也将大为减弱。所以，我们说话时应该抬起头，把目光转向我们的交际对象。

注视我们沟通中的听者通常有以下方法：

如果我们在整个谈话中，只是偶尔的注视，这也是不合适宜的。因为这表明我们有怯场的态度和表情，不但使人感到尴尬，而且会使人对我们的话产生怀疑，因为我们的表情说明我们并没有自信心。因此，我们应该不断地注视在自己目光所及范围内的听者，这样对方才会感到我们所讲的话是对他们说的。不过要注意的是，注视对方要避免目光与目光直接接触，这是需要练习的，否则像猫头鹰似地盯着别人，会造成对方的不安。即使我们本意不是想真正地注视他，但他不明白，也会误解为自己的外表有什么瑕疵，特别对于刚认识的异性朋友，误会也许会更大。因此，这一点一定要非常注意。

在大范围的场合说话，如一两千人的大场合，要说话者对每个听者都能顾及到也是不现实的。但说话者首先要明确一个思想，就是所有的人都是我们的听众，我们不能只注意某一个角落，从而把大批听者排除在外，我们的目光一定要顾及全场。在一些时候，依照说话内容的重点，说话者可以在适当的时机分别对某一部分听者加以照应，可以用数秒钟时间，这会使听者感到我们和他们融合在一起。如果我们能在不同的“数秒钟”内，向各部分听众行注目礼，那么在场的人就会感到我们和他们如同在做个别谈话一样，从而报以“点头”、“微笑”等反应，这就使得我们可以大胆地讲下去。如果听者表情冷漠或有其他莫名其妙的举动，说话者就应该检讨自己的说法是否正确了，应该立即加以纠正。

听者的反应，包括赞成或者反对，都是在说话者的不断注视中才能挖掘出来的。因此，说话者眼光的流露要自然，不停地眨眼，或者用眼角瞥人，都应该尽量避免。

在小范围的交谈中，注视还要掌握部位。研究者认为，注视他人身体的不同部位，会产生不同的沟通效果。注视的部位一般可以分为三种：第一种是亲密注视。视线停留在两眼与胸部之间的部分是亲密注视，是亲人和情人之间使用的。第二种是社交注视。视线停留在双眼与嘴部之间的部位属于社交注视。社交注视适用于酒会、舞会、茶话会等各种友谊集会。第三种是公事注视。视线停留在对方前额的一个假定的三角形部位叫公事注视。它适用于洽谈业务、贸易谈判或对外交往等正式场合。

虽然鼻子的表情相对来说比较少，而且大多用来表示厌恶之情，但用得适当也能够使话语生色。愤怒时鼻孔张大、鼻翼翕动，会使内心的感情表达得更为强烈。当我们内心对某件事不满意时，我们应该理智地处理它，千万不能向对方皱鼻子，特别是在劝说时；否则，它会让我们的努力前功尽弃。

嘴的感情基本上通过口型变化得以展现。惊愕时张口结舌，忍耐时咬紧下唇，微笑时嘴角微微上翘。最常用的综合表情是微笑，它体现了人与人之间融洽的关系。如在电梯里，我们向身旁的乘客笑一笑，道声早安；在餐厅吃饭时，对面坐着一个沉默的人，我们先开口笑笑可能让他一天都会心情愉快。

笑的时间也有讲究，它传达一定的意义。在一般情况下，持续5 ~7 秒的笑是愉快的笑，2 ~3 秒的笑往往让人不解其意。而笑的时间过长，则会使人感到不安或不愉快。

总之，面部表情有多种多样的变化，很难规定，不要按照一个刻板的模式去做，一切要自然流露，但这绝不意味着可以放任。人是有理智的，要学会控制，按照不同的社交需要去处理。

语言沟通是双向的，面部表情也不是单方面的事情，我们的面部表情表现得当，会使我们与受众之间的心理距离靠近甚至消失，从而可以更好地进行沟通和交流。

语言沟通的身体动作

人们在交往中往往会做出各种动作，比如手舞足蹈、点头哈腰、握手、拥抱、坐卧行走等。身体动作不仅可以传递出各种信息和情感，还能表现出一个人的文化修养。举止高雅大方会给人留下美好的印象，而动作粗俗无礼则会被人耻笑。

动作符合身份才得体。比如，晚辈和下级的动作就不能超过长辈和上级的。我国古代晏婴做了齐国的宰相，有一天坐车外出办事。车夫的妻子从门缝里偷看她的丈夫。她看到丈夫替相国驾车，抱持着大的车盖，鞭打着马匹，昂首挺胸，洋洋得意；而晏子却低头拱手，谦虚卑逊。车夫回到家后，受到妻子的教训，从此以后他的动作举止变得比晏子更加谦逊了。晏子感到奇怪，问他何故。车夫把事情告诉了晏子。晏子便推荐他做了大夫。古代是这样，现代也是如此。有时候我们看见首长接见外宾，翻译人员的动作和姿态如果压过了首长，我们看着就感到很别扭。

动作和表情不同，动作后天习得的成分大大多于表情。因此，动作的社会差异和民族差异就更加明显。许多行业都有自己的、特定的手势，像我们比较熟悉的体育裁判、音乐指挥、交通警察等。因此，我们如果到一个新的环境，在了解那里的情况时，千万不要忘记了解一下那里有什么特定的习惯动作，表示什么特定的意义和感情。

不同的身体动作还表现出不同的性格和心理。

动作果断、走路脚步平稳，站立时腰部背部挺直，背手站立，稳坐并且双手随便地放在腿上，手势不多，前面有桌子时双手十指交叉放在桌面上等，一般都是自信的表现。

而总向一处张望，双手或双拳向前舞动，搓手掌，搓下巴，摸胡子等，一般是期待的表现；

身体前倾，频频点头，侧头，四肢动作极少，是感兴趣、投入的表现；

仰头，晃动肩膀，把椅子坐满，把腿放在桌上等，是傲慢的举动；

而东张西望，来回变换姿势，打哈欠，抖腿等，则是厌烦的表现。

在了解了一些身体动作所表示出的意义和传达的情绪之外，人们在公共场合中就应注意克服不良的身体动作。尽量不要在自己或别人身上乱动乱摸。另外，如挖耳、抠鼻、搔头皮、修剪指甲，在别人身上弹灰拣毛、用手指戳别人的胸脯等，都是不优雅的举止。还要注意的是，中国人爱剔牙，这也不很雅观，尤其是在有外宾的场合，人们要尽量克服这一习惯。

语言沟通的副语言

副语言是一种有声音而没有固定意义的符号系统。比如音量、语调以及苦笑声、干咳声、口哨声、叹息声等。它们虽然不是语言，但是也能传达思想感情，是和语言相伴随而存在的一种辅助性语言和补充性语言。

副语言能够展示人物性格，能够在交际中让对方明了重点，还能够渲染气氛。副语言特别能展示出人的个性，一个人音量、声调的高低强弱、轻重缓急，以及一哭一笑都能表现出人物鲜明的性格特征。

人们在运用副语言的时候要注意一些问题。第一，出声要尽量轻些，避免噪音的出现。比如当众咳嗽、打喷嚏、打哈欠等，都不优雅，应该尽量克制或放低声音。再如吃饭、喝茶时不要发出响声，这也是一个人修养的体现。

第二，要尽量不说没有意义的词语，避免口头禅。有的人说话口头禅特别多，如北京人的“知道吗?”使人觉得他有些自以为是，很看不起人，这是不太好的口头禅。再如很多人口里流行的“那么”，有的主持人甚至句句都带，听众听久了也会感到很不舒服。

后 记

我在武汉大学主讲《演讲与口才》通识课，至今已有十年时间。因为工作需要，从1998年以来，我已陆续主编了四部专著。这其中，有的作为教程，有的作为教辅，有的作为专业工作者的参考书。从各方面反馈的信息来看，大多数读者都持肯定态度，这也为我继续在这个领域辛勤耕耘下去增添了新的动力。

近年来，演讲活动在我国呈现一种方兴未艾、蓬勃发展的势头，交际类、口才类的出版物“忽如一夜春风来”，出现了“千树万树梨花开”的景象。正是在这种形势下，武汉大学出版社告知我，我以前编著的《演讲与口才》已在书市上销售殆尽，现仍有书商求订。出版社希望我拨冗编著一套口才学方面的系列丛书，以满足市场需求。这个信息令我喜出望外，一是证明我的书还有读者喜爱，二是说明我从事的事业前景看好，三是推动我今后还可以在这个领域继续有所作为。因此，我愉快地接受了这个邀约。

经向我国演讲界刘吉、李燕杰、郭海燕等专家请教，结合我自己十余年在武汉大学所积累的教学经验，几经筛选，反复论证，我将主题敲定为语言艺术丛书，内容敲定为《演讲与口才（修订本)》、《语言沟通艺术》、《口头表达机智术》、《当代大学生演讲名篇赏析》。之所以选定上述主题与内容，一是这与我的专业结合紧密，编写比较得心应手；二是当代青年人为提高自身的口头表达能力，比较喜爱这类书籍；三是现代人际交往中各行各业对口才的要求越来越高，这类书籍的市场销售看好。以我的体会，这类书对口才欠佳者而言，只要有兴趣阅读，总会对读者有所裨益，对自身的口头表达能力或多或少有所提高；对口才很好者，只要有耐心阅读，读后也会有锦上添花的功效，对自身的表达品质有进一步提升。果真如此，便能证明我的初衷不讹。

这次出版的《语言沟通艺术》，已是这套丛书的第二本，其主旨在于通过本书，使读者对目前颇为时尚的“沟通”概念，有一个更为明晰和确切的了解，使读者能够更加理性地运用这方面的知识，广博见闻，增长才干，促进自身发展和身心健康，加速事业成功，从而使得整个社会更为和谐。

在本书付梓之际，我对指导本书编著的我国演讲专家刘吉、李燕杰、郭海燕教授，在各方面给予支持的编委会全体成员，不辞劳苦全面策划的作家朱新繁先生谨表衷心的谢忱！此外，本书借鉴了一些相关研究成果，在此一并向相关专家学者表示谢意！特别对武汉大学出版社蔡先保编审、王雅红博士、陶洪蕴编辑、滕敦林编辑甘作人梯的奉献精神，谨致崇高的敬意！

陈翰武

2005 年 8 月 8 日于武汉大学

参考书目

1. 潘肖珏著:《公关语言艺术》, 同济大学出版社 1991 年版。

2. 毛可敏编:《师生口才的训练术》, 东北师范大学出版社 1992 年版。

3. 李建南、黄淘安、王强东编:《口头交际的艺术》, 中国青年出版社 1993 年版。

4. 郑远汉著:《言语风格学》, 湖北教育出版社 1998 年版。

5. 陈冠任编著:《顶尖说话口才》, 中国工人出版社 2002 年版。

6. 马银春编著:《沟通口才》, 中国物质出版社 2004 年版。

7. 叶晗主编:《大学口才教程》, 浙江大学出版社 2004 年版。

8. 康家珑编著:《语言的艺术》, 海潮出版社 2002 年版。

9. 商谋子编著:《说话演讲好口才》, 中国盲文出版社 2004 年版。

10. 李忠实编著:《谈话的艺术》, 当代世界出版社 2004 年版。

11. 林可行主编:《智慧说话术》, 北方妇女儿童出版社 2004 年版。

12. 郑悦素编著:《口才全书》, 哈尔滨出版社 2004 年版。

13. 东方言编著: 《实用口才必备全书》, 当代世界出版社 2004 年版。

14. 刘艳春著:《语言交际》, 中国经济出版社 2005 年版。

15. 熊经浴主编:《现代实用社交礼仪》, 金盾出版社 2004 年版。